“双一流”建设专业学位研究生教学案例

社会保障教学案例精选

刘　钧　主编

中国财经出版传媒集团
中国财政经济出版社

图书在版编目（CIP）数据

社会保障教学案例精选／刘钧主编. --北京：中国财政经济出版社，2021.11

（"双一流"建设专业学位研究生教学案例）

ISBN 978-7-5223-0787-9

Ⅰ.①社… Ⅱ.①刘… Ⅲ.①社会保障-研究生-教案（教育）-汇编 Ⅳ.①C913

中国版本图书馆CIP数据核字（2021）第189488号

责任编辑：叶　彤　　　　责任校对：徐艳丽

封面设计：陈宇琰　　　　责任印制：党　辉

社会保障教学案例精选

SHEHUI BAOZHANG JIAOXUE ANLI JINGXUAN

中国财政经济出版社 出版

URL：http：//www.cfeph.cn

E-mail：cfeph@cfeph.cn

社址：北京市海淀区阜成路甲28号　邮政编码：100142

营销中心电话：010-88191522

天猫网店：中国财政经济出版社旗舰店

网址：https：//zgczjjcbs.tmall.com

北京时捷印刷有限公司印刷　各地新华书店经销

成品尺寸：185mm×260mm　16开　20印张　368 000字

2021年12月第1版　2021年12月北京第1次印刷

定价：85.00元

ISBN 978-7-5223-0787-9

（图书出现印装问题，本社负责调换，电话：010-88190548）

本社质量投诉电话：010-88190744

打击盗版举报热线：010-88191661　QQ：2242791300

总 序

专业学位研究生教育是培养高层次应用型专门人才的主渠道。中央财经大学自2003年开始实行专业学位教育以来，逐步构建了具有财经特色的高层次应用型专门人才培养体系，为经济社会发展做出重要贡献。截至2021年9月30日，学校在校硕士研究生5652人，其中，学术型硕士1751人，专业学位硕士3901人，分别占在校硕士研究生比例为31%和69%，专业学位研究生已经成为学校研究生教育的主体。

中央财经大学专业学位研究生教育始终坚持“质量优先、特色发展”的原则，目前已经形成了较为完备的、有一定特色的专业学位研究生培养体系。学校基本形成了以优质课程引领的课程体系和以案例教学为突破口的实践教学体系，促进科教融合和产教融合，加强国际合作，着力增强研究生实践能力、创新能力，取得了一定的成效。

但是面对新时代的新要求，当前专业学位研究生教育还存在着“培养方案不够优、案例教学不够深、专业实践不够实、教学师资不够专、论文标准不够明”等问题。专业学位硕士与学术硕士培养方案在课程设置方面差异不明显，同质化现象仍普遍存在。专业学位硕士案例开发与教学虽取得一定成果，但仍有较大提升空间。专业实践教学流于形式，组织不力。实践基地挂牌的多，发挥实效的少，管理和规范力度不够，远未形成产教融合发展的格局。专业学位硕士“双师型”导师队伍建设不够完善，校内外导师未能建立有效的沟通协调与合作指导机制。专业学位硕士学位论文写作和评判标准不够明确，大多参考学术硕士论文的评审标准，难以发挥学位论文评审对培养过程和学位论文写作的导向性作用。

针对上述问题，尤其是专业学位研究生案例教学方面的短板，近年来，学校坚持“科学规划、突出特色、鼓励创新、择优资助”的原则，高度重视研究生教材和案例集建设工作。学校围绕立德树人根本任务，以一流学科建设为目标，设立专项资金资助研究生教材和专业学位研究生案例集建设。推动习近平新时代中国特色社会主义思想和社会主义核心价值观念融入教材建设、融入课堂教学，培育学生经世济民、诚信服务、德法兼修的职业素养，初步建立了具有中央财经大学“财经黄埔”品牌特色的研究生精品教材体系。鼓励校内外教师、行业专家合作建设高质量教学案例库，推动编写案例教材、开展案例教学方法研究、加大案例教学比重，着力组织建设一批国际化、高水平的专业学位研究生教学案例集。

呈现在读者面前的专业学位研究生教学案例集由经济学、管理学、法学等学科的教学案例集构成，均由教学经验丰富、学术研究能力突出的一线教师组织编写。编者中既有国家级教学名师等称号的获得者，也不乏在专业领域造诣颇深的中青年学者。本系列教学案例集的出版得到了“中央高校建设世界一流大学（学科）和特色发展引导专项资金”的支持。我们希望本系列教学案例集的出版能够为专业学位研究生培养提供一线的案例素材，打造以专业能力训练为导向的案例教学体系，提高专业学位研究生的培养质量。

在编写专业学位研究生教学案例集的过程中，我们虽力求完善，但也难免存在不足，恳请广大同行和读者批评指正。

专业学位研究生教学案例集编委会

2021 年 10 月于北京

前　言

近年来，社会保障问题已经成为社会各界普遍关注的热点问题，其资金分配直接关系到百姓的切身利益，关系到中国政治经济体制改革的成败。随着我国社会保障改革和发展的推进，政府管理部门、企事业单位对高层次管理人才的需求越来越迫切。

中央财经大学劳动与社会保障专业从 2000 年开始招收本科生，从 2003 年开始招收硕士研究生，于 2020 年被评为国家级一流专业。20 年的风雨兼程，培养了一批又一批莘莘学子，见证了一代又一代“中财人”的努力和付出。

《社会保障教学案例精选》结合近期我国社会保障领域发生的现实事件，以社会保障体系各项目的构成为线索进行案例选编，突出案例的典型性，让学生在了解我们身边发生的“社会保障故事”的基础上，突出案例涉及的疑难问题和疑难情景，让学生了解我国社会保障发展的积极成果和存在的问题，启发学生深入地思考中国社会保障制度的改革和发展，了解中国现行的社会保障相关法律、法规的规定，并以此为依据思考其他相关问题，以达到“身临其境”“深入浅出”的教学效果。

首先，《社会保障教学案例精选》讲述我国社会保障制度改革的总体成果和不足。例如，正在进行的“金保工程”，就是社会保障信息进行全国联网的系统工程，有助于增进民生福祉，以推进社会保障管理制度的完善。“金保工程”在我国已经启动了很多年，进展如何，成果如何，有哪些方面需要改进，还存在哪些不足，我们将通过案例展示出来，详解社会保障卡如何发挥“一卡在手，走遍全国”的便携功能。

其次，《社会保障教学案例精选》从社会保障的构成项目（社会保险、社会福利、社会救助、社会优抚）几个方面编写案例集。在社会保障体系中，社会保险是社会保障的核心组成部分，因此，本书还从构成社会保险的基本养老保险制度、基本医疗保险制度、失业保险制度、工伤保险制度、生育保险制度、长期照护保险制度等方面分别编写，希望使学生对社会保障的核心部分有一个重点的把握。

《社会保障教学案例精选》共有19个案例，注重培养学生分析问题、解决问题的能力，每个案例后面附有使用说明，供学生、教师学习使用。

《社会保障教学案例精选》适用于劳动与社会保障、政府管理、保险等方面人才的培养和学习。

本书写作的时间比较仓促，可能存在不妥之处，恳请批评指正！

刘钧

2021年10月于中央财经大学

目　录

案例 1

一卡在手，走遍全国

——中国“金保工程”建设案例分析

刘晓辰　刘钧[①]

本案例以我国社会保障卡的异地就医直接结算功能为切入点，介绍我国“金保工程”建设的必要性和主要功能，介绍了我国政府在推进“金保工程”建设方面的努力，介绍了“金保工程”建设的进程，分析了“金保工程”建设中存在的问题，并提出了解决问题的对策建议。本案例写作的目的在于使学生了解“金保工程”建设的功能和建设进度，为完善“金保工程”的建设提出可行性的对策建议。

① 刘晓辰，女，中央财经大学保险学院在读研究生，研究方向：社会保障、风险管理。刘钧，女，经济学博士，中央财经大学保险学院教授，研究方向：劳动与社会保障。

案例正文①

一、案例介绍

2017 年 7 月 29 日，姜女士与家人到云南省丽江市旅游，却因宫外孕需要住院手术。出院当天，持有第二代社会保障卡的姜女士，成了云南省丽江市第一位跨省异地住院就医、基本医疗保险费用直接结算的受益者。在丽江市医院结算窗口，在市医院、医疗卫生、物价、医疗保险管理办公室、医疗保险局工作人员的见证下，姜女士的住院费用信息通过市医院的结算平台直接传输到国家医疗保险结算平台，国家医疗保险结算平台又将数据信息传送至姜女士参保的重庆市医疗保险结算平台。经过大约 1 个小时，姜女士参保地的医疗保险结算平台将她的医疗保险结算明细和结果传输回丽江市医院的结算中心。这次姜女士的住院费用为 5364. 2 元，减去基本医疗保险报销的费用 3528. 64 元，需要姜女士支付的费用为 1835. 56 元。这笔费用直接从姜女士的社会保障卡内扣除，异地就医直接结算的流程很快就完成了。

本案例中，姜女士的住院费用能够实现异地就医直接结算有赖于“金保工程”的实施，是“金保工程”阶段性成果的体现。“金保工程”是指利用先进的信息技术，以中央、省、市三级网络为依托，涵盖县、乡等基层机构，支持劳动和社会保障业务经办、公共服务、基金监管和宏观决策等核心应用，覆盖全国统一的劳动和社会保障电子政务工程②。“金保工程”是惠及百姓的重要民生工程，有助于提高社会保障制度实施的效率。

二、“金保工程”建设的必要性

（一）社会保障为众多人口提供保障

我国是拥有超过 14 亿人口的大国，社会保障的对象众多。同时，我国劳动年龄人口大约有 8. 8 亿人，且参加社会保险的人数逐年增多。劳动者个人工作的档案、就业

① 案例根据《一家三口来丽江旅游，妻子却“意外”住进了医院》一文改编，品略，www. pinlue. com/article/2017/08/1504/164038136316. html.

② 人力资源和社会保障部信息中心．金保工程建设的过去、现在和未来[J]．中国医疗保险，2009（6）．

状况、社会保险等个人信息的存储与调用效率影响着整个社会的运行效率，建立统一、高效的个人综合信息平台至关重要。

2016 年 11 月 1 日，人力资源和社会保障部发布的《“互联网 + 人社”2020 行动计划》提出，到 2020 年年末，我国社会保障卡的覆盖度将超过 90%，人人有社保、一人一卡的时代即将开启①。人力资源和社会保障部发布的《2018 年度人力资源和社会保障事业发展统计公报》显示，截至 2018 年年底，我国参加基本养老保险的人员逐年递增（见图 1 - 1），其中基本养老保险参保人数已经高达 94293 万人。与此同时，社会保障卡的覆盖人数已经高达 12 亿人②。随着我国惠民工程的建设，社会保障卡的覆盖面会更加深入。在公民普遍持有社会保障卡的情况下，与之匹配的线上系统亟须建设，个人信息将伴随居民终生，求学、就业、转换工作、医疗保险、养老、人口迁移等多层次、多方面的信息会跟随着个人流动。建设能够涵盖这些信息，且能够在各地、各省、各行业共通的统一平台尤为重要，而信息的电子化必不可少。我国的“金保工程”正是“互联网 + 政务”的阶段性改革建设中重要的一环。

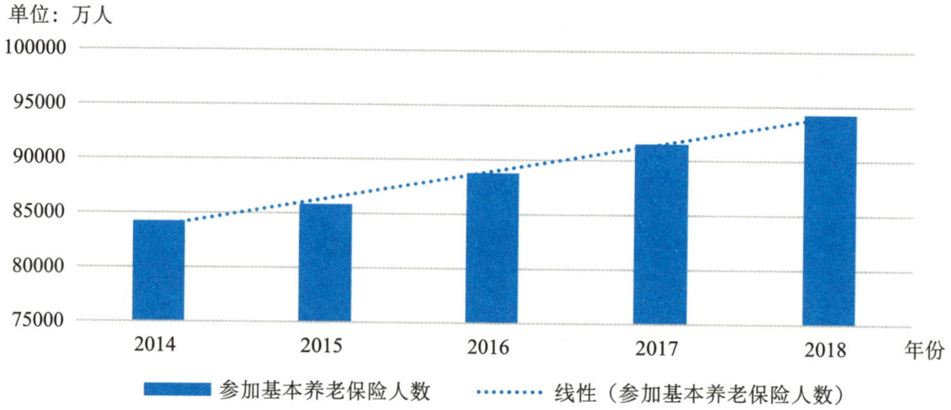

图 1 - 1　我国基本养老保险参保人数示意图

（二）人口流动性大

随着交通的便捷，劳动力资源、经济资源等在全国范围内的共享，我国人口的流动性逐渐增加。第六次全国人口普查显示，我国人口流动性（人户分离半年以上）比较大，经济发展、工作机会、人际关系等诸多原因导致人口的流动比较大，这使人

① 人社部. 人力资源和社会保障部关于印发“互联网 + 人社”2020 行动计划的通知.〔2016〕105 号.

② 中华人民共和国人力资源和社会保障部. 人力资源和社会保障事业发展统计公报 [R]. 2014 - 2018.

口异地就业、就医、养老、医疗等方面的问题十分突出（见图1－2）①。

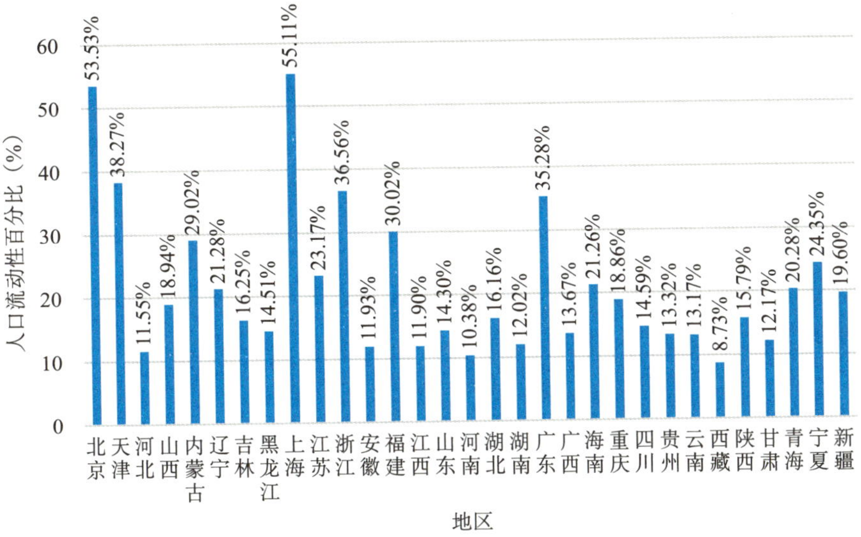

图 1－2　各省、自治区、直辖市人口流动性示意图

从图 1－2 可以看出，北京、上海常住人口中人户分离半年以上的人口超过 50%，天津、浙江、福建、广东的常住人口中人户分离半年以上的人口超过 1/3。对于人户分离的人口，其养老地往往回归原籍，其社会保险参保信息、档案所在地与户口所在地往往不同，社会保险缴费地与待遇领取地也会不同。对于流动性比较大的人口，其档案、社会保险参保信息、养老保险信息的转移和衔接、医疗保险信息的转移和接续也十分频繁，我国传统的纸质档案管理模式容易造成流动性较大的人口的求学、就业、党团信息的损毁或遗失，不同省、市之间信息存储方式、管理流程的差异也对信息管理的标准化提出了严峻的挑战。由此，建立能够汇集信息化个人档案、人口流动信息等相关信息的、统一的劳动与社会保障信息平台十分必要。统一信息平台能够将线下信息资料电子化、简洁化，将简化信息管理的流程、削减冗余操作，提高政务服务的水平和效率。

（三）异地就医直接结算

异地就医直接结算是指社会保险参保人在社会保险统筹地之外的地区就医时的医疗费用能够即时结算。我国流动人口众多，离乡外出就业、创业的人员不断增加，异地就医直接结算问题十分突出。与此同时，由于各地在医疗水平、医疗卫生资源、医

① 中国国家统计局．2010 年第六次全国人口普查主要数据公报［R］．2010．

疗保险政策等多方面存在差异，大量人口涌至北上广等地区看病就医，给这些地区异地就医直接结算的效率和业务水平带来较大压力。此外，随着经济的发展，人民生活水平不断提高，因出差、旅游、探亲等原因短暂停留外省的人口越来越多，这部分人口同样存在异地就医直接结算的问题。异地就医的医疗费用结算涉及基本医疗保险基金跨区域统筹支付、医疗档案流转、个人基本医疗保险信息对接等诸多信息，需要在各部门之间统一协调，“金保工程”的建设恰恰能够缓解异地就医直接结算中存在的流程烦琐、资金接洽困难等问题，其优势主要有以下几个方面：首先，统一建设的劳动与社会保障信息平台能够实现社会保险参与人员的个人信息在线流转，实现档案随着人员的线上流动；其次，“金保工程”的主旨在于建设中央—省—市—区—县的综合性平台，这一平台的建设将推动有关管理部门提高基本医疗保险资金收支的效率，为异地就医直接结算提供较大的便利。

（四）政府的监管

以地、市、省级为核心的统一的劳动信息管理、社会保险业务办理、社会保险资金划转的管理工作存在着许多差异化的操作，各地的办事效率和业务技能水平参差不齐，社会保险资金运用的状况也存在信息不透明的问题，因而由上到下的一致性监管原则和指标对于规范业务办理、简化操作流程十分重要。信息化、标准化的系统操作流程，可以减少办事人员随意操作的空间，能够降低业务错误率，减少人为地篡改信息等问题。跨市、跨省的统一平台能够使不同地区之间的业务办理水平有统一的标准，促进各地区之间互相监督。此外，人工智能、区块链等新兴技术能够应用到业务、监管的实务中，对于电子化信息的多终端共同控制更加透明。统一的大数据平台为自上而下的标准化监管提供了便捷的通道，新技术的不断应用与更新换代使“互联网＋政务”的进程加快，最终建立高效、便捷的服务平台。

三、“金保工程”建设政策的推进和实施

自20世纪90年代以来，随着“金字工程”的推进，政务信息化建设也拉开了帷幕。

1999年12月1日，劳动和社会保障部印发的《关于印发社会保障卡建设总体规划的通知》对发卡的意义、作用、信息标准、技术标准和管理规范等做出了规定。从此，社会保障卡的概念进入了我国居民生活，与居民的就业、就医、养老保险待遇领取等息息相关。社会保障卡是利用集成电路卡（即IC卡）技术实现劳动者、用人单位、人力资源和社会保障部的信息收集、识别、共享和交换的一种工具，也是持卡者与人力资源

和社会保障部管理信息系统的一种交互接口[①]。社会保障卡的建设及相应的改革便利了我国居民的就业、养老、医疗信息的交流，不断影响着我国居民生活的方方面面。

随着全国统一的社会保障卡信息的流通、应用，“金保工程”的概念随之出现。2002 年 8 月 5 日，国家信息化领导小组发布的《关于我国电子政务建设指导意见》规定，要加快 12 个重要业务系统建设，继续完善已经取得初步成效的办公业务资源系统、金关、金税和金融监管（含金卡）4 个工程，促进业务协同、资源整合；启动和加快建设宏观经济管理、金财、金盾、金审、社会保障、金农、金质、金水 8 个业务系统工程的建设[②]。从此，我国社会保障业务系统工程建设被列为中央政府指导的 12 个重要建设的电子政务工程之一。2003 年 8 月，国务院批准金保工程一期建设项目建议书，“金保工程”的建设正式拉开了序幕。2003 年 12 月 23 日，劳动和社会保障部印发的《关于全面实施金保工程　统一建设劳动保障信息系统的意见》明确了“金保工程”的建设任务及总体布局，对“金保工程”建设的初期发展具有较大的意义。伴随着社会保障卡发放、管理等各项政策的推进，“金保工程”项目也逐步推进落实[③]。2004 年 5 月 14 日，劳动和社会保障部发布的《关于印发金保工程劳动力市场信息系统指导意见的通知》将劳动力市场信息系统纳入“金保工程”的总体规划，提出在统一建设各级数据中心和中央—省—市广域主干网的基础上，推进各项劳动力市场信息化应用[④]。地级以上城市开始搭建集中式的就业服务与失业保险信息平台，最终实现“数据集中、服务下延、全市联网、信息共享”的目标。在数据中心的建设中，分设生产区、交换区和决策区。同时，市内局域网建设被提上日程，业务专网和服务专网在各省、直辖市的搭建及完善成为区域接入全国劳动、社会保障信息网络的重要一环。对于省级系统的建设，最终将形成完善、全面的省级统筹数据中心以及中央—省—市广域主干网。2007 年 11 月 2 日，劳动和社会保障部发布的《关于确定金保工程建设示范单位首批合格名单的函》指出，金保工程建设三年初见成效，69 个单位首批获得“金保工程建设示范单位”称号[⑤]。2011 年 4 月 20 日，人力资源和社会保障部发布的《关于印发“中华人民共和国社会保障卡”管理办法的通知》对社会保障卡的发行、制作、应用等环节的管理及其安全技术、产品、应用等方面提出了具体的指导意见，使社会保障卡的使用、流转程序更加规范，以更好地服务于我国的社会保障制度。同

---

① 中华人民共和国人力资源和社会保障部．关于印发社会保障卡建设总体规划的通知．〔1999〕213 号．

② 中共中央办公厅．国家信息化领导小组关于我国电子政务建设指导意见．中办发〔2002〕17 号．

③ 中华人民共和国人力资源和社会保障部．关于全面实施金保工程统一建设劳动保障信息系统的意见．〔2003〕174 号．

④ 中华人民共和国人力资源和社会保障部．关于印发金保工程劳动力市场信息系统指导意见的通知．〔2004〕5 号．

⑤ 中华人民共和国人力资源和社会保障部．关于确定金保工程建设示范单位首批合格名单的函．〔2007〕233 号．

“金保工程”建设联系紧密的是将金融功能引入社会保障卡的应用，实现“一卡多用，全国通用”。具有金融功能的社会保障卡在满足持卡人社会保障信息存储、查询及业务办理等需求的同时，还可以作为银行卡使用，满足了持卡人货币存取、转账等需求。2011 年 4 月 20 日，人力资源和社会保障部发布的《“中华人民共和国社会保障卡”管理办法》对社会保障卡提出了“一卡多用，全国通用”的建设原则，将社会保障卡跨地区接入提到日程①。2011 年 11 月 9 日，人力资源和社会保障部、中国人民银行联合发布的《关于印发社会保障卡加载金融功能相关规范的通知》提出，社会保障服务与银行服务相结合，并制定五年推广的安排，最终实现普及附带金融功能的社会保障卡应用②。2012 年 5 月，人力资源和社会保障部发布的《关于印发社会保障卡医保结算交易流程的通知》规定，实现参保人员就医“一卡通”，对异地就医模式、流程、信息流转方式提出了指导性意见③。2016 年，“金保工程”进入了二期项目的系统建设，跨部门信息共享、跨省级的全国信息资源共享以及跨层级的监管协同成为二期工程建设的重点。2016 年 7 月 7 日，“金保工程”二期启动仪式在北京举行。在一期建设成果的基础上，我国迎来了更复杂的二期工程建设。一期项目建设初步形成了“业务三级网络互联，应用软件基本统一、数据资源集中管理”的信息体系；二期项目将搭建更加广泛、精确的资源共享平台，以期实现在全国范围内跨业务协同、跨省级协作、跨层级监管。目前，“金保工程”二期的建设主要围绕两大系统展开，一是主要为人力资源管理、劳动者就业指导、职业培训、基本工资确定、劳动者合同管理提供服务的劳动信息系统；二是为居民办理养老、医疗、生育、失业、工伤等基本医疗保险的投保、报销、转移及其他各种业务办理、信息管理服务的社会保险信息系统。二期工程建设主要有以下几个方面：（1）二期工程建设着眼于完善系统覆盖面，建立全方位、多功能的数据集中统一平台，实现中央—地方的数据纵向联通以及地方—地方之间的数据横向联通，也即数据的“大集中”。同时，信息采集面涉及更为全面、广泛，通过劳动与社会保障统一信息平台能够连接到用户升学、就业、金融、医疗、税收、养老、征信等多方面的信息资源，形成科学化、全方位的个人资料库，通过统一平台对数据进行合理的分区管理，将个人的基础信息、业务信息、公共服务信息与相应公共信息、大数据信息相连接，实现实时、准确的数据交换，形成动态的资源库。目前，这一建设方向依然存在技术难题，保证相应平台的稳定高效、数据安全且、扩展、可

---

① 中华人民共和国人力资源和社会保障部．关于印发“中华人民共和国社会保障卡”管理办法的通知．人社部发〔2011〕47 号．

② 中华人民共和国人力资源和社会保障部．关于印发社会保障卡加载金融功能相关规范的通知．〔2011〕103 号．

③ 中华人民共和国人力资源和社会保障部．关于印发社会保障卡医保结算交易流程的通知．〔2012〕38 号．

监管性等是未来需要克服的障碍。（2）二期工程旨在建设“一体化”的服务平台，强调信息、服务在个人生命周期中的连贯性以及在各部门、各终端之间的互通互容，能够做到对服务管理的监管趋于一体化。“金保工程”建设最终服务于人，人一生会经历生老病死，其生存轨迹涉及各个社会部门，其个人信息往往存储于不同部门，且信息存储方式也大不相同。因而，以个体为单位，能够将不同部门信息资源在短时间内进行对接、耦合，形成立体的“以人为本”的信息流与服务流十分重要。这一前景要求各部门的数据存储、调用能够满足精准性、时效性和标准化的要求。当前，用户可通过网络、电话、村镇基层服务点、自助服务终端等多种公共服务渠道办理业务，一体化要求各服务终端的数据来源、时效、安全性等应保持一致，且各种渠道能够优势互补，形成集成效应。（3）二期工程建设离不开最终载体的普遍一致性，即“一卡通”的普遍应用。要想达到“一卡在手，走遍全国”的效果，社保卡的普及是必经之路。其一，要形成实体社保卡与电子社保卡的统一。网络信息化时代，各种信息资源的电子化是不可逆转的趋势，各种业务办理逐渐趋于线上模式，线上业务办理能够跨越区域、时间上的障碍，实现实时实地的操作。其二，要实现基于线上线下联合的跨地区统一。无论是网络、营业网点、业务流程，不同地区之间的协调十分必要，人员流动性、资源流动性、信息流动性十分高效快速的当今时代，跨区域的“一卡通”服务能够大大减少冗余流程。

2016年11月，《“互联网＋人社”2020行动计划》对“互联网＋政务”在劳动、社会保障及其他系统资源共享方面的具体建设提出了目标指引。《“互联网＋人社”2020行动计划》涉及基础能力提升、管理服务创新、社会协作发展3个方面的行动指南，涵盖了48项子目标，对居民信息管理、就业、创业、就医及信用体系建设等诸多方面进行了较为细致的刻画（见表1－1）[①]。

表1－1　　“互联网＋人社”2020行动计划

工作目标	业务领域	行动主题
基础能力提升行动	综合业务	一人一卡，全国通用；一数一源，多元采集；个人身份认证平台；人社电子档案袋；用卡轨迹图；大数据应用平台；人社信用体系；支付结算
管理服务创新行动	综合业务	公共信息服务；社保卡应用普及；业务流程优化；智能决策支持
	就业创业	网上就业服务；就业地图；就业精准扶持；档案信息服务；人力资源市场监管；失业预警

① 中华人民共和国人力资源和社会保障部．人力资源和社会保障部关于印发“互联网＋人社”2020行动计划的通知．〔2016〕105号．

续表

工作目标	业务领域	行动主题
管理服务创新行动	社会保障	网上社会保险服务；网上参保证明；全民参保精准识别；待遇资格认证；就医一卡通；医保智能监控；异地就医直接结算；社会保险基金智能监督；网上社会保险服务
	人才服务	网上人才服务；网上职业培训；人才供需指数；人才服务绿色通道
	权益保障	网上维权咨询；网上调解仲裁；劳动保障智能监察；权益保障联动处理；智能应急指挥；信用监管
社会协作发展行动	综合业务	社保卡应用拓展；精准识别能力输出；支付结算能力输出；信用评价能力输出；身份校核能力输出；社保卡应用拓展
	就业创业	人力资源市场供求信息监测；职业供求信息开放；线上家庭服务；创业服务平台；人力资源市场供求信息监测
	社会保障	权益信息开放查询；网上购药结算支持；健康服务

2019 年 3 月，人力资源和社会保障部办公厅发布的《关于全面开展电子社会保障卡应用工作的通知》对党的十九大提出的“建立全国统一的社会保险公共服务平台”“提供全方位公共就业服务①”等改革部署了工作任务，以推动“互联网 + 政务服务”“放管服”等改革要求的进一步落地。人力资源和社会保障部办公厅发布的《关于全面开展电子社会保障卡应用工作的通知》在“金保工程”建设的过程中具有重要意义。

截至 2020 年年末，全国 31 个省份和新疆生产建设兵团均已发行全国统一的社会保障卡，覆盖所有地区。全国社会保障卡持卡人数为 13.35 亿人，社会保障卡普及率为 95%。全国大部分地市全面开通 102 项社会保障卡应用。全国 31 个省份和新疆生产建设兵团均已建设机关事业单位养老保险信息系统。全国 12333 电话咨询服务全年来电总量为 1.55 亿次。“一卡在手，走遍全国”的目标在不远的将来就能够实现②。

四、“金保工程”建设中存在的问题

（一）大数据模式下的信息存储模式受到挑战

我国人口基数巨大，建设能够容纳十几亿人口接入、联通多种综合信息的电子信

① 中华人民共和国人力资源和社会保障部．关于全面开展电子社会保障卡应用工作的通知．人社厅发〔2019〕45 号．

② 中华人民共和国人力资源和社会保障部．2020 年度人力资源和社会保障事业发展统计公报［R］．中国政府网，2021－06－04．

息平台，防止多用户操作时发生“系统崩溃”的现象，并保证系统运行的稳定性、安全性、适用性并非易事。同时，对整体网络建设的分区、布局、整合更是难上加难。从传统的静态数据处理模式看，“小机型＋单体存储”的方式效率低下，数据中心的建设、维护的成本比较高，资源的利用率不高，极易造成资源的浪费。然而，以资源电子化、平台信息统一化为基础的“金保工程”建设对硬件、软件的要求通常比较高，个人档案信息、劳动关系、社会保险、金融业务等各种信息的存储与交互应用需要流畅、稳定的业务平台支持与大容量、高调用效率的信息存储方式的支撑。在“金保工程”中，使用何种服务器、何种信息存储方式是需要深入探讨的问题。

（二）数据归集模式开发的挑战

“金保工程”建设下，用户相关信息可以集中存储、集中调用，相比于分散存储的资料，其安全性备受关注。传统模式下，业务办理过程涉及大量纸质资料，这些资料的存储会占用大量的空间，其归档及后续查找、调用、销毁过程也会耗费大量的人力和物力。将纸质资料电子化是“互联网＋政务”的重要内容之一，“无纸化”的业务办理流程给用户带来更便捷服务的同时，也适合当今社会“绿色低碳”的时代要求。然而，电子化模式下数据归集、转化处理、监管及安全管理等更为具体的细节问题也迎面而来。如何保证信息的安全性、完整性、非结构化数据的可调用性，也成为“金保工程”建设过程中的难题。

目前，社会保障数据的存储采用Excel、TXT、XML等多种形式，存储分散、系统接口不一、非结构化信息广泛存在等现象给数据归集过程带来很大障碍；各部门业务系统的分散、技术标准与系统接口的相异性也给统一平台的建设提出了挑战。

（三）人力资源信息化、标准化的障碍

“金保工程”建设重要内容之一就是在全国范围内建立统一的人力资源服务平台，在推动人力资源领域发展的同时更好地服务于社会的发展进步。其中，就业、社会保险信息系统的建设更是重中之重。全方位的就业服务系统应当集人员的就业、培训、流动、档案经办、社会保险关系管理等多种业务于一体，通过专业的服务可以促进劳动力流动、实现人尽其才，让人口红利发挥积极的作用。然而，建设能够满足个性化需求的人力资源服务平台并非易事，基于“以人为本”的出发点和落脚点，不仅要求平台吸纳有关“人”的各方面信息资源，还需要对信息化的资源进行分类、调用，甚至需要对信息进行分析处理，得出适合人员个性化发展的信息输出。目前，我国人口档案的信息化进程比较落后，人员档案以纸质形式保存、流转，主要存储单位有机关、

学校、用人单位以及区县人力资源服务中心，各部门之间难以就人力资源信息顺畅地沟通，还存在档案遗失、缺失的问题，这使人力资源信息的统计困难重重，而信息的电子化更是难上加难。各省、市、区县将数以亿计的人力资源信息转化成网络可查形态需要耗费大量的人工成本和时间成本，人力资源信息留存标准的参差不齐也给信息的转换带来较大困难。

（四）社会保险服务平台建设的困境

人力资源和社会保障部发布的统计公报显示，截至2020年年末，我国参加基本养老保险人数为99865万人，其中，参加城镇职工基本养老保险人数为45621万人①。随着社会保险覆盖面的逐渐扩大，社会保险的保障水平的不断提高，社会保险服务平台的信息化建设刻不容缓。但是，在社会保险服务平台信息化的建设中，也遇到以下问题。首先，就参保居民来看，不同群体对信息化建设的接受程度有较大的差异。我国城乡居民社会保险建立的时间比较短，许多参保居民对于其内涵及保障功能了解得并不充分，且覆盖群体中城乡居民所占比重较大，参保人员对于社会保险的关注度比较低，这给社会保险信息化进程带来阻碍，因而对社会保险基本知识的宣传、普及与对信息化成果的推广、适用十分重要。其次，各地区之间、城乡之间、劳动者与城乡居民之间的保障水平参差不齐，不利于自上而下的信息化管理。目前，我国基本养老保险社会统筹的部分基金刚刚实现全国统筹，其他社会保险基金并未实现全国统筹，这使各省之间社会保险的保障水平存在较大的差异。社会保险信息要实现在各省之间联通，势必涉及社会保险基金的跨省市收付，其背后资金分配和使用的协调需要有关管理部门出台相应的政策措施。

（五）多元服务平台需要多部门合作

社会保障“一卡通”的目标是将多部门管理的信息统一整合，实现高效率的信息存储与流转，以提高整个社会的运行效率，提高人民的生活水平。除了个人基础信息、求职信息、社会保障信息外，尤为重要的是金融信息与医疗信息，而医疗、金融是社会上两个涉及民生的重要部门，其行业内部的信息联网尚未完全实现。

---

① 中华人民共和国人力资源和社会保障部．2020年度人力资源和社会保障事业发展统计公报［R］．中国政府网，2021－06－04.

五、解决金保工程存在问题的对策建议

“金保工程”既是系统工程的建设，也是改革的。在科技发展迅猛、信息高速流动的时代，“互联网+”已经成为大势所趋。我国社会保障信息建设20多年来已经发生了“从无到有、从有到优”的变化。在实现“两个一百年”的重要时刻，需要各方面专业人才共同努力、社会各部门的协同出力才能更快更好地实现政务工程建设。

（一）“云数据”存储社会保障信息

“云数据”实际上是在数据的存储、计算、调用等过程中充分利用虚拟化技术，其应用可以在提高系统性能的同时，降低运营的成本。“云数据”模式涉及“金保工程”的诸多方面，主要包含服务器、网络、存储、应用等领域的虚拟化。云数据中心虚拟化基础硬件设施之后，用户可以按照需要调用数据，可以获得无限量的数据存储能力和处理能力，也能够真正实现数据的共建、共享，不同省市之间的人力资源和社会保障业务系统之间的数据交换与共享也就可以实现。基于Hadoop分布式技术的大数据存储系统具有高容错性，如果采用这种系统，云数据中心能够实现高效采集和管理大数据的功能，能够解决传统模式下处理海量信息过程中时间和空间的局限性；同时，也能够满足批量业务办理的要求。随着科学技术的发展，电子信息行业也将有日新月异的变化，在此基础之上，“互联网+政务”过程中所遇到的问题也将迎刃而解。

（二）建立涵盖多种核心功能系统

在业务层面，开发的系统应当涵盖以下核心功能：建立数据目录，能够对数据进行分类管理；支持多种形式的数据源，包括外接数据和内置数据；实现运行维护管理，开发资源分配、同步、统计等功能，并进行Web监控、URI监控、Session监控、Spring监控等；从主机、应用、数据不同方面提供安全管理；能够输出数据统计、图形分析等多种内容，满足相关部门调用信息的需求。系统应当能够满足多方用户的登入使用，对用户管理、权限管理等有清晰的界定。为实现上述需求，技术层面要求我们将传统技术与互联网技术深度融合，例如，引入大数据ETL工具能够支持图形化的界面操作，支持Oracle、MSSQL、MySQL等RDBMS数据库，满足同步化以及数据输出的需要；在服务端与客户端结合采用Java、Python、Net等运行环境以及基于HTTP协议的浏览器环境建设大数据跨平台服务总条线；在信息搜索方面应当支持模糊和精确搜索；灵活运用OA系统，以提升系统的保密性、安全性，做到用户接入时间、地点、

方式的实时全记录。强大系统的开发维护需要更多交叉学科人才推动，集思广益才能让我们的社会更快、更好地发展。

（三）建立人力资源信息统一标准

针对人力资源信息化障碍有关管理部门应当出台相应的人力资源信息统一标准，采取历史档案、个体陈述、单位或所在地三方确认以保证信息真实性的方式，由相应档案存储部门上传纸质资源信息，并对信息采集的范围、标准、人员授权等细节做出合理的规范。完成信息采集之后，应当通过多网络互联综合分析用户信息提供个性化服务。在信息安全性方面，应当采取更为前沿的信息加密技术，例如区块链，实现信息的去中心化。

（四）建立突破地域限制信息库

通过统一系统，进行社会保险基金的筹集、投资、管理和发放，要求加快全国范围内实现社会保险基金使用联网的进程，以寻求高效的保值增值途径，这一进程不仅涉及社会保障领域，同样涉及突破资本市场壁垒、省市政府协调等方面的问题，这也是较难攻克的问题。此外，我国还存在着大量特殊工种、特殊岗位的工作人员，如高危行业从业者、职业病高发行业从业者等，此类参保人员对于社会保险存在更为个性化的需求。“金保工程”是建设，也是改革，应当将特殊职业、特殊工作的相关信息涵盖在内，建立全国统一的特殊工种岗位信息库，以适应特殊职业伤害保障的需求，并将相关的信息标准化、规范化。

（五）建立各部门相互协作、共同推进的平台

部门之间的信息透明、信息交流需要各管理部门相互协作、共同推进。就医疗资源来看，目前我国医疗保险定点医院、药店的覆盖面并不全面，医疗系统内部也尚未建立资源共享的信息化机制。建设社会保障“一卡通”应当扩展到医疗卫生资源信息，实现就医与社会保障卡使用的同步进行。同时，应当将患者就医的电子信息集中存储，实现社会保障卡的在线调阅。就金融资源来看，社会保障卡已经具备金融载体的功能，已经能够实现现金的存取转、交易记录查询等基本金融业务的办理。在此基础上，应当扩充社会保障卡的身份认证功能，联通持卡人在各个部门活动所形成的征信记录，使社会保障持卡人多元化的信息能够在全国范围内随时调阅。多部门之间的相互联通，需要政府力量的推动，在具体建设的过程中可以采取分步走的方式，在人力资源与社会保障统一平台中载入其他部门的链接，逐步将高需求应用直接载入平

台，以便更高效地服务社会保障缴费单位、参保人、受益人。

参考文献

[1] 人力资源和社会保障部信息中心．金保工程建设的过去、现在和未来[J]．中国医疗保险，2009（6）．

[2] 中华人民共和国人力资源和社会保障部．人力资源和社会保障部关于印发“互联网 + 人社”2020 行动计划的通知．〔2016〕105 号．

[3] 中华人民共和国人力资源和社会保障部．人力资源和社会保障事业发展统计公报［R］．2014 – 2018.

[4] 中国国家统计局．2010 年第六次全国人口普查主要数据公报［R］．2010.

[5] 中华人民共和国人力资源和社会保障部．关于印发社会保障卡建设总体规划的通知．〔1999〕213 号．

[6] 中共中央办公厅．国家信息化领导小组关于我国电子政务建设指导意见．〔2002〕17 号．

[7] 中华人民共和国人力资源和社会保障部．关于全面实施金保工程统一建设劳动保障信息系统的意见．〔2003〕174 号．

[8] 中华人民共和国人力资源和社会保障部．关于全面开展电子社会保障卡应用工作的通知．〔2019〕45 号．

[9] 中华人民共和国人力资源和社会保障部．关于印发社会保障卡医保结算交易流程的通知．〔2012〕38 号．

[10] 中华人民共和国人力资源和社会保障部．关于印发社会保障卡加载金融功能相关规范的通知．〔2011〕103 号．

[11] 中华人民共和国人力资源和社会保障部．关于印发“中华人民共和国社会保障卡”管理办法的通知．人社部发〔2011〕47 号．

[12] 中华人民共和国人力资源和社会保障部．关于印发金保工程劳动力市场信息系统指导意见的通知．〔2004〕5 号．

[13] 中华人民共和国人力资源和社会保障部．关于确定金保工程建设示范单位首批合格名单的函．〔2007〕233 号．

[14] 柴立，解建仓，龚尚福．大数据背景下金保数据中心建设关键技术研究［J］．现代电子技术，2019（5）．

[15] 张萍萍．对“金保工程二期”网络平台安全体系建设探讨[J]．科学技术创

新，2018（12）.

[16] 陈嘉哲．医保异地结算的现状与瓶颈[J].财政与金融，2018（1）.

[17] 陈明．社保数据应用与系统建设的思考[J].中国人力资源社会保障，2016（6）.

[18] 许鑫．浅谈金保工程运维工作的发展[J].中国新通信，2018（12）.

[19] 张冬．浅谈金保工程安全体系研究与应用[J].电脑迷，2017（6）.

[20] 吴国华．浅谈大数据时代人力资源管理信息化建设[J].人力资源管理，2016（7）.

[21] 洪霞．南京市人力资源和社会保障金保工程数据上传工作建设与实现[J].科技风，2017（11）.

[22] 金怡．南京市金保工程二期建设思路探讨[J].信息化研究，2015（10）.

[23] 吕丽娟．金保工程一期网络和安全建设成果及二期建设思路[J].信息网络安全，2010（10）.

[24] 管梅莹．金保工程的公共服务与实现机制研究[J].经济师，2014（12）.

案例适用说明

一、案例的适用范围和教学目标

1. 案例的适用范围。本案例适用于保险学、劳动和社会保障、风险管理、公共管理等专业开设的《社会保障理论研究》课程。

2. 案例的教学目标。本案例旨在使学生了解、掌握社会保障卡的功能以及建设“金保工程”的必要性，了解建设“金保工程”的进程、存在的问题和解决问题的对策建议。本案例旨在培养学生将学习的社会保障理论应用于解决“金保工程”建设中的问题，提高学生分析问题和解决问题的能力。

二、启发思考题

1. 为什么说“金保工程”是惠及百姓的重要民生工程？

2. 我国政府是如何推进“金保工程”建设的？

3. “金保工程”二期的建设目标有哪些？

4. “金保工程”建设中存在哪些问题？

5. 如何解决“金保工程”建设中面临的问题？

三、建议课堂计划

建议讲述4课时，并进行讨论。

1. 课前计划。课前发放从网络上搜集的案例资料，让学生了解事件发生的经过。

2. 课堂计划。主持人要保持中立的态度，组织学生开展讨论，评价学生的讨论，可以采取模拟会议的形式、辩论会的形式讨论问题。

3. 课后计划。讨论结束后，让学生提交案例分析报告。

案例 2

社会保险缴费违法、违规列入失信名单案例分析

刘钧[①]

社会保险缴费是社会保险制度得以顺利运行的经济基础。及时、足额地缴纳社会保险费是法律、法规和部门规章规定用人单位、劳动者必须履行的义务。如果社会保险制度的运行缺乏稳定的资金来源，就会使社会保险制度陷于入不敷出的困境，就会影响到退休人员的基本生活，也会造成劳动者个人社会保险权益的损失，更会影响社会保险制度的信誉。目前，我国社会保险缴费违法、违规问题一直屡禁不绝，也是社会保险行政管理部门一直难以解决的棘手问题。本案例基于发生在我们身边的具体案例，分析社会保险缴费违法、违规事件发生的原因及其造成的危害，政府管理部门出台的有关惩治社会保险缴费违法、违规行为的措施等，以期为学生认识社会保险缴费的意义提供具体的案例指导，以加深其对社会保险缴费意义和作用的理解，提高学生分析问题、解决问题的能力。

① 刘钧，女，经济学博士，中央财经大学保险学院教授，研究方向：劳动与社会保障。

案例正文

一、社会保险缴费违规案件的发生

2000 年 7 月，李某到某市的某环卫所从事环卫工作。2018 年 9 月，李某年满 60 周岁。在办理退休手续时李某发现，某环卫所并未为其办理参加社会保险的手续，以至于李某退休时不能领取基本养老保险金。2018 年 9 月，某环卫所想为李某补缴社会保险费，但是，某地社会保险经办机构不给李某办理补缴社会保险费的手续。事后，李某又同某环卫所多次交涉，均未就李某的养老保险待遇问题达成令人满意的协议。2018 年 12 月，李某将某环卫所诉诸辖区内的劳动人事仲裁机构。李某的权益是否可以得到维护？

李某的问题比较具有代表性，案件涉及的要点在于，用人单位违规不缴纳社会保险费，结果造成劳动者的社会保险权益损失，用人单位是否需要承担责任？

近几年，我国社会保险缴费违规、争议的案件频发，其主要表现在以下几个方面：(1) 用人单位不为员工办理参加社会保险缴费的手续，造成员工无法享有相应的社会保险待遇。例如，一些用人单位同劳动者协商约定，不参加社会保险，每月多得 200 元工资；参加社会保险，每月少得 500 元工资。在这种情况下，员工主动放弃社会保险缴费。(2) 一些用人单位虽然为员工办理了参加社会保险缴费的手续，但是用人单位在员工工资、人数上做手脚，试图达到少缴、漏缴社会保险费的目的。其实，仔细查阅我国人力资源和社会保障部历年发布的《人力资源和社会保障事业发展统计公报》就可以看出其中的端倪（见表 2－1）。

表 2－1　2007～2018 年我国社会保险检查违法、违规单位数及补缴基金金额

年份	主动检查（万户次）	涉及劳动者（万人次）	书面检查（万户次）	涉及劳动者（万人次）	未办理参保单位（万户）	补缴费用单位数（万户）	补缴基金（亿元）
2007	160	—	138	—	11	18	52
2008	180.8	—	171.2	—	12.6	16.4	49
2009	175.1	—	179.6	—	9.1	14.1	46.4
2010	173.1	—	177.2	—	8.8	13.9	48.2
2011	184.8	—	200.8	—	8.5	12.8	52.8

续表

年份	主动检查（万户次）	涉及劳动者（万人次）	书面检查（万户次）	涉及劳动者（万人次）	未办理参保单位（万户）	补缴费用单位数（万户）	补缴基金（亿元）
2012	207.6	11000	213.1	9000	8.4	12.5	52.2
2013	202	9000	235.7	10000	5.9	9.4	34.8
2014	198	9781.1	233.5	10000	5.96	6.4	27.9
2015	192.5	9569.1	219.6	8472.8	3.9	4.1	21.3
2016	190.8	8209.6	222.6	7965.8	3	3.8	17.3
2017	171.9	6910.7	207.6	7449.2	1.7	2.8	12.9
2018	138.1	6240.3	199.5	6792.5	0.9	1.9	9.3

资料来源：人力资源和社会保障部：《人力资源和社会保障事业发展统计公报（2007—2018 年）》，人力资源和社会保障部网站，www.mohrss.gov.cn。

从表 2－1 可以看出，从 2007～2018 年进行的社会保险缴费历年检查中，尽管未办理参加社会保险缴费手续的用人单位数在逐年下降，但是其涉及的用人单位依然约有 1 万户。尽管漏缴、少缴社会保险费的用人单位数也在逐年下降，已经从 2007 年的 18 万户减少到 2018 年的 1.9 万户，但是我们依然可以看到，社会保险缴费违法、违规案件依然屡禁不绝。在社会保险缴费违法、违规的背后，是巨额的社会保险费的流失，以至于 2018 年补缴的社会保险费依然有 9.3 亿元①。

从表 2－1 还可以看出，近几年我国社会保险缴费违规案件的特点主要有几个方面：（1）违规案件涉及的用人单位比较多。截至 2018 年年底，在主动接受检查和书面检查的单位中，依然有 0.9 万户的用人单位未为劳动者办理参加社会保险缴费的手续，依然有 1.9 万户的用人单位少缴、漏缴社会保险费，造成社会保险费的流失。（2）社会保险缴费违规涉及的劳动者比较多。以人力资源和社会保障部公布的 2018 年年底的统计数据为例，补缴社会保险费的 1.9 万户用人单位涉及的劳动者为 37.5 万人②。可见，社会保险缴费违规涉及的劳动者比较多，涉及的面比较广。（3）社会保险缴费违规涉及的资金金额比较大。以人力资源和社会保障部公布的 2018 年年底的统计数据为例，在社会保障行政管理部门进行的检查中，需要补缴的社会保险资金高达 9.3 亿元③，缴费违规涉及的金额比较大。（4）社会保险缴费违法、违规的案件频发。尽管社会保障行政管理部门不间断地进行主动检查和书面检查，但是，社会保险缴费违法、违规的案件却依然频发，不仅造成了社会保险资金的流失，而且严重影响了社

①②③ 人力资源和社会保障部．2018 年度人力资源和社会保障事业发展统计公报［R］．人力资源和社会保障部网站，www.mohrss.gov.cn.

会保险在社会公众中的信誉，更造成了用人单位社会保险缴费负担的不平衡。一些用人单位即使不缴纳社会保险费，也得不到有效的惩罚，或者惩罚的力度不够，以至于社会保险缴费违规案例频发，且屡禁不止。

二、社会保险缴费的征收管理

社会保险制度是社会保障体系中的核心部分，社会保险制度主要是在劳动者（或公民）面临生、老、病、死、残等人身风险时，提供经济补偿或物质帮助的制度安排。我国的社会保险体系主要由基本养老保险、基本医疗保险、失业保险、工伤保险、生育保险、长期照护保险等制度构成。其中，基本养老保险主要保障老年人年老、失去劳动能力后的基本生活需要；基本医疗保险主要保障劳动者（或公民）患病需要医疗诊疗时的经济补偿问题；失业保险主要保障劳动者失业后的基本生活需要；工伤保险主要保障劳动者因职业伤害给予医疗救治、职业康复和经济补偿的需要；生育保险主要保障劳动者因节育、分娩、哺乳等暂时丧失劳动能力或影响劳动的经济补偿需要；长期照护保险主要保障失能、半失能老人的基本生活需要。社会保险缴费征收的管理是指社会保险征收机构对社会保险缴费的征收、稽核和监管的总称。

（一）社会保险缴费的登记管理

我国政府于2019年3月24日发布修订的《社会保险征缴暂行条例》规定，企业在办理登记注册时，同步办理社会保险登记。缴费单位的社会保险登记事项发生变更或终止起30日内，到社会保险经办机构办理变更或者注销社会保险手续。

1. 用人单位申报事项。用人单位应当按月在规定期限内到当地社会保险经办机构办理缴费申报，申报事项主要包括以下事项：（1）用人单位名称、组织机构代码、地址及联系方式；（2）用人单位开户银行、户名及账号；（3）用人单位的缴费险种、缴费基数、费率、缴费数额；（4）职工名册及职工缴费情况；（5）社会保险经办机构规定的其他事项。在一个缴费年度内，用人单位初次申报后，其余月份可以只申报前款规定事项的变动情况；无变动的，可以不申报。

2. 用人单位代替职工申报的事项。职工应当缴纳的社会保险费由用人单位代为申报。代职工申报的事项包括：职工姓名、社会保障号码、用工类型、联系地址、代扣代缴明细等。用人单位代职工申报的缴费明细以及变动情况应当经职工本人签字认可，由用人单位留存备查。

（二）社会保险费的征收主体

社会保险缴费的征收主体是指政府授权的有权征收社会保险费的管理部门。目前，我国社会保险费的征收主体主要有以下几类。

1. 社会保险经办机构征收社会保险费。例如，北京、上海社会保险费的征收就是由社会保险经办机构征收的。

2. 社会保险行政部门核定，由税务部门征收社会保险费。人力资源和社会保障部行政管理部门核定缴费工资基数，税务局代收。2018 年 3 月 21 日，中共中央发布的《深化党和国家机构改革方案》规定，将基本养老保险、基本医疗保险、失业保险等各项社会保险费交由税务部门统一征收。国税、地税机构合并后，实行以国家税务总局为主与省（自治区、直辖市）政府双重领导的管理体制。例如，河北省社会保险费的征收就采取这一征收模式。

3. 税务部门征收社会保险费。例如，广东省、浙江省社会保险费的征收就由税务部门征收，不需要人力资源和社会保障行政部门核定缴费工资基数。

（三）社会保险缴费的征收方式

为了维持社会保险制度的运行，政府通过参与收入分配的方式强制介入，筹集社会保险资金。社会保险资金可以通过纳税的方式筹集，也可以通过缴费的方式筹集。

1. 社会保险税。社会保险税是政府强制参与国民收入分配的手段，是政府职能的体现。世界各国政府发布的法律、法规大多明确规定，纳税是每一位公民应尽的基本义务，并以社会保障法或者社会保险法为依据，对资金的征收、管理和支出以及征收机构、人员和手段进行规范化的管理。社会保险税通常具有强制性、权威性、无偿性和固定性的特点，其征收不受任何组织和个人的干扰和制约。

2. 社会保险缴费。社会保险缴费则不同，社会保险缴费在征收机关、征收标准和征收制度等方面难以统一，并且征收机关的征收权力经常受到多种因素的制约，其强制性和规范性比社会保险税要差一些。尽管社会保险税和社会保险费的征收机制不同，但是社会保险纳税或缴费是维持社会保险制度有序运行的基础保证。我国政府从 20 世纪 90 年代开始逐步建立了以缴纳社会保险费为核心的社会保险制度。

（四）社会保险资金的征收依据

社会保险缴费的多寡同职工的工资、缴费职工人数和缴费率密切相关。下面分别介绍这些因素之间的关系。

1. 缴费工资基数。我国政府将职工工资确定为缴纳社会保险费的工资基数。缴费工资基数是征缴社会保险费用的基本依据。用人单位的缴费工资基数是按照用人单位发放的工资总额确定的。职工个人的缴费工资基数通常是按照职工的工资总额作为缴费工资基数的。我国政府发布的《社会保险法》规定，用人单位应当按照国家规定的本单位职工工资总额的比例缴纳基本养老保险费。职工应当按照国家规定的本人工资的比例缴纳基本养老保险费。但是，当职工工资低于当地在职职工平均工资的60%时，按照当地在职职工平均工资的60%作为缴费工资基数；当职工工资高于当地在职职工平均工资的300%时，按照当地在职职工平均工资的300%作为缴费工资基数。

2. 缴费率。缴费率是指社会保险缴费额占缴费工资基数的比率。其计算公式为：

用人单位缴费率 = 用人单位缴费额/职工工资总额

职工个人缴费率 = 职工个人缴费额/职工缴费工资基数

我国社会保险各项目的缴费率是按照用人单位和职工个人缴费分别规定的，目前我国各项社会保险的缴费率见表2－2。

表2－2　　我国社会保险各项目的缴费率

社会保险项目＼缴费主体	用人单位缴费率	个人缴费率
基本养老保险	16%	8%
基本医疗保险	6%	2%
失业保险	1%	1%
工伤保险	0.2%、0.4%、0.7%、0.9%、1.1%、1.3%、1.6%、1.9%左右①	不缴费
生育保险	1%	不缴费
长期照护保险②	尚未确定	尚未确定
缴费率合计	24.2%～25.9%	11%

从表2－2可以看出，我国用人单位承担的社会保险缴费占劳动成本的24.2%～25.9%，个人承担的社会保险缴费负担占工资额的11%，用人单位和个人承担的缴费率合计大约为35.2%～36.9%。

① 工伤保险缴费率是工伤保险行政管理部门根据用人单位所在行业的风险等级制定的差别缴费率。2015年7月22日，人力资源社会保障部、财政部联合发布的《关于调整工伤保险费政策的通知》规定，按照《国民经济行业分类》对行业的划分，根据不同行业的工伤风险程度，由低到高，依次将行业风险类别划分为一类至八类。各行业工伤风险类别对应的全国工伤保险行业基准费率为，一类至八类分别控制在该行业用人单位工资总额的0.2%、0.4%、0.7%、0.9%、1.1%、1.3%、1.6%、1.9%左右。

② 目前，我国长期照护保险正在试点实施中，有些地区已经开始设立险种单独筹集长期照护保险费，有些地区则从基本医疗保险中划拨资金用于长期照护费用支出。

3. 缴费职工人数。用人单位雇用的全日制职工是用人单位的社会保险缴费职工人数。全日制职工是指职工按照政府发布的法律、法规和部门规章的规定[①]从事全时工作的职工。非全日制职工是指个人按照政府发布的法律、法规和部门规章的规定[②]从事非全时工作的职工。

区分全日制工作的职工和非全日制工作的职工有助于防止用人单位将全日制工作职工计入非全日制工作的职工，以达到规避社会保险缴费的目的。

社会保险缴费同用人单位雇用的员工人数正相关。社会保险缴费也可能造成用人单位负担的畸轻、畸重。例如，劳动密集型企业会由于雇用的劳动力多而承担较多的社会保险缴费，而资本密集型企业、技术密集型企业雇用的劳动力相对较少，其社会保险缴费负担就会比较轻。

4. 缴费额。缴费额是指用人单位、个人缴纳的社会保险缴费的总额。

（1）用人单位缴费额。用人单位缴费额的计算公式为：

用人单位缴费额 = 职工平均工资额 × 缴费职工人数 × 缴费率

= 用人单位职工工资总额 × 缴费率

从以上公式可以看出，职工工资总额越高，用人单位的缴费额就越多；缴费率越高，用人单位的缴费额就越多；缴费职工人数越多，用人单位的缴费额就越多。反之，职工工资总额越低，用人单位的缴费额就越少；缴费职工人数越少，用人单位的缴费额就越少；缴费率越低，用人单位的缴费额就越少。

（2）职工个人缴费额。职工个人缴费额的计算公式为：

职工个人缴费额 = 职工个人上年度月平均工资 × 缴费率[③]

从以上公式可以看出，职工个人上年度月平均工资越高，缴费额就越多；反之，缴费额就越少。

可见，用人单位瞒报、少报缴费工资基数或者缴费职工人数，就可以达到漏缴、少缴社会保险费的目的，就会造成社会保险费的流失。

---

① 我国《劳动法》《国务院关于修改〈国务院关于工作时间的规定〉的决定》规定，实行日 8 小时、周 40 小时的工作制。

② 非全日制用工以小时计酬为主，是指劳动者在同一用人单位平均每日工作时间通常不超过 4 小时、每周工作时间累计通常不超过 24 小时的用工形式。

③ 目前，我国政府对职工个人的社会保险缴费工资基数规定，职工工资低于当地在岗职工平均工资 60% 的，按照当地在岗职工平均工资的 60% 确定为缴费工资基数；职工工资高于当地在岗职工平均工资 300% 的，按照当时在岗职工平均工资的 300% 确定为缴费工资基数。由此可见，职工个人的缴费工资之和并不一定等于用人单位的缴费工资基数。

三、社会保险缴费违规的主要原因

造成用人单位、个人漏缴或者少缴社会保险费的原因是多方面的，既有历史的原因，也有现实的原因。下面分别介绍造成社会保险缴费违规的主要原因。

（一）社会保险缴费违法、违规的历史原因

我国社会保险在进行以缴费为核心的制度改革以前，社会保险缴费是以职工标准工资为基础计算的。职工的标准工资主要由职工工资中的四项组成，其主要包括工资、奖金、津贴和补贴。此后，社会保险缴费才逐步扩大到职工工资总额。这使许多用人单位错误地认为，漏缴、少缴社会保险费是“历史遗留问题”，不是什么重大问题。

1999 年 1 月 22 日，国务院发布的《社会保险费征缴暂行条例》（以下简称《条例》）规定，缴费单位、缴费个人应当按时足额缴纳社会保险费。但是，这一《条例》并未对如何核定缴费工资基数做出明确的规定。2006 年 11 月 15 日，劳动和社会保障部发布的《关于规范社会保险缴费基数有关问题的通知》（以下简称《通知》）规定，纳入社会保险缴费基数的工资范围包括：计时工资、计件工资、奖金、加班加点工资、特殊情况下支付的工资、津贴和补贴等十一项内容。同时，《通知》规定，不纳入社会保险缴费基数的工资范围包括十七项。也就是说，凡是国家统计局有关文件没有明确规定不作为工资统计的项目，均应当作为社会保险缴费工资基数。2010 年 10 月 28 日，全国人大常务委员会通过的《社会保险法》进一步规定，社会保险费实行统一征收，实施步骤和具体办法由国务院规定。用人单位未按时申报社会保险缴费工资的，将按照单位上月缴费额的 110% 确定下一年的缴费工资。尽管政府出台了一系列的法律、法规和部门规章对社会保险缴费工资基数做出了明确的规定，但是一些用人单位依然不缴、少缴、漏缴社会保险费，社会保险缴费违规问题依然屡禁不止。

（二）社会保险缴费违规的现实原因

造成用人单位缴费违规的现实原因比较复杂，既有主观的原因，也有客观的原因，其主要有以下几个方面。

1. 社会保险缴费违规的主观原因。一些用人单位、个人遵守法律、法规的意识不强，缴费意识淡薄，故意不缴、少缴、漏缴社会保险费。人力资源和社会保障部的有关工作人员介绍，缴费单位漏缴、少缴的方法通常是在缴费人数和缴费工资基数上做手脚。有的单位只给部分职工申报社会保险缴费，以各种理由不为季节工、外地城镇

职工、农民工办理参加社会保险的手续，不缴纳社会保险费，以逃避缴纳社会保险费的义务。有的单位不按职工实际发放的工资申报社会保险缴费工资基数，奖金、过节费、生日补助等名目繁多的补助并未列入用人单位或者个人的缴费工资总额，致使社会保险费大量流失。例如，有些企业将应当支付给员工的工资转化为企业内部职工股份后，就可以不计入用人单位工资总额，也不计入个人的缴费工资基数①。在用人单位违规方面，不按照职工人数缴费的单位占违规单位的22%，不按职工工资总额缴费的单位占违规单位的78%②。

2. 社会保险缴费违规的客观原因。造成社会保险缴费违规的客观原因比较复杂。造成用人单位违规的客观原因主要有以下几个方面。

（1）社会保险缴费的强制性不足。目前，我国实行的以缴费为核心的社会保险缴费制度，存在着强制性弱、行政执法力度不强等方面的问题，这也就给一些用人单位违法、违规提供了制度空间。我国政府发布的《社会保险稽核办法》（以下简称《办法》）第3条规定，县级以上社会保险经办机构负责社会保险稽核工作。县级以上社会保险经办机构的稽核部门具体承办社会保险稽核工作。《办法》第11条规定，被稽核对象少报、瞒报缴费基数和缴费人数，社会保险经办机构应当责令其改正；拒不改正的，社会保险经办机构应当报请劳动保障行政部门依法处罚。被稽核对象拒绝稽核或者伪造、变造、故意毁灭有关账册、材料，延迟缴纳社会保险费的，社会保险经办机构应当报请劳动保障行政部门依法处罚。社会保险经办机构应当定期向劳动保障行政部门报告社会保险稽核工作情况。劳动保障行政部门应当将社会保险经办机构提请处理事项的结果及时通报社会保险经办机构。

在被稽核对象拒绝稽核或伪造、毁灭有关账册、资料，延迟缴纳社会保险费的问题发生时，社会保险经办机构只能报请社会保障行政部门依法处罚。社会保障行政部门也需要诉诸人民法院行使强制执行权。这种做法不仅损害了社会保障行政部门作为行政执法部门的权威性，而且由于程序繁冗，时间拖延，对社会保险费的征缴造成不利影响。社会保险稽核部门在社会保险缴费稽核工作中不能充分发挥行政稽核、行政监督、行政处罚的作用，是用人单位少报、瞒报社会保险缴费基数的主要原因③。

（2）社会保险行政部门采取的抽查措施，存在着覆盖面不足的问题。由于人力、成本的限制，目前社会保险经办机构的缴费稽核仅以部分抽查为主，存在着检查、抽

---

① 刘翠青，李广厦．完善《社会保险法》有关社会保险缴费基数规定的建议[J]．江淮论坛，2018（5）：82.

② 新浪财经．北京漏逃社保缴费4年查出8.1亿［N/OL］．www.finance.sina.com.cn/xiaofei/consume/20060301/1055574567.shtml.

③ 刘翠青，李广厦．完善《社会保险法》有关社会保险缴费基数规定的建议[J]．江淮论坛，2018（5）：84.

查覆盖面不足的问题。在这种情况下，用人单位漏缴、少缴社会保险费就会不可避免地存在。

（3）社会保险行政部门与其他执法部门合作不到位，造成社会保险经办机构难以实时掌握用人单位雇用人员的情况。一些用人单位由于改制挂账、被工商管理部门注销、军工企业转制、关停并转等原因，未能及时缴纳社会保险费。例如，国家工商管理部门在注销一些用人单位的时候，未同社会保险行政管理部门有效地协调，结果造成一些用人单位被国家工商管理部门注销而逃避了社会保险缴费，并造成劳动者权益的损失。

（4）劳动用工形式的多样化，使劳动者社会保险权益未能得到有效保护。例如，一些劳务派遣单位未能为被派遣劳动者办理参加社会保险的手续或者未能按照被派遣劳动者实际得到的工资缴纳社会保险费，结果导致用人单位、劳动者未能及时、足额缴纳社会保险费，造成社会保险费的流失，并造成被派遣劳动者社会保险权益的损失。

（5）一些用人单位效益低下，既不能按时、足额地支付工资，也没有办法缴纳社会保险费。例如，一些用人单位盈利水平低下，缴纳社会保险费就会破产、倒闭。在这种情况下，一些微利的用人单位就会长期不缴纳社会保险费。

四、社会保险缴费违规的危害

社会保险缴费违规，不仅破坏了社会保险制度运行的公平性，还会给政府、劳动者个人带来一定的经济损失。

1. 社会保险缴费违规破坏了制度运行的公平性。不缴、漏缴、少缴社会保险费，使一些用人单位逃避履行缴纳社会保险费的义务，降低用人单位的劳动成本，增加这些用人单位的利润。但是，这种做法对于按时、足额缴纳社会保险费的用人单位是不公平的。在现收现付制的社会保险资金运营模式下，按时、足额缴纳社会保险费的用人单位、个人承担着同期面临风险人员的养老、医疗、失业、工伤、生育、失能责任，而不缴纳社会保险费的用人单位、个人则不承担同期面临风险人员的养老、医疗、失业、工伤、生育、失能责任。在这种情况下，不缴、少缴、漏缴社会保险费的用人单位存在着不承担责任或者承担责任不足的问题。如果违法用人单位得不到有效的惩治，这会影响社会保险制度运行的公平性，也会影响社会保险制度的信誉。

2. 社会保险缴费违规侵害了劳动者的合法权益。用人单位不为员工办理参加社会保险的手续，会造成劳动者法定权益的损失，损害劳动者的合法权益。例如，本案例介绍的某环卫工人，到 60 周岁准备退休时，才发现用人单位并未为自己办理参加社会保险的手续，以至于劳动者到退休时无法获得基本养老保险、基本医疗保险的保障。

3. 社会保险缴费违规会造成社会保险缴费的流失。用人单位不缴、少缴、漏缴社会保险费，会造成社会保险缴费的流失，也会加重政府转移支付的负担。如果这一问题得不到有效的遏制，不仅会影响社会保险制度运行的公平性，也会影响到社会保险制度运行的可持续性。

五、完善惩治社会保险缴费违规的对策措施

完善惩治社会保险缴费违规行为需要采取综合措施，以维护社会保险制度的有效运行，其具体措施主要有以下几个方面。

1. 完善社会保险稽核制度。

社会保险稽核是确保社会保险缴费应收尽收的重要制度。例如，我国政府发布的《社会保险稽核办法》规定，社会保险缴费情况稽核内容包括缴费单位和缴费个人申报的社会保险缴费人数、缴费基数是否符合国家规定，对于不符合政府规定的用人单位，需要限时整改，社会保险稽核整改的工作流程见图2－1。完善社会保险稽核制度有助于规范社会保险费的征缴，有助于督促违规的用人单位补缴社会保险费。对此，需要做好以下几个方面的工作：（1）监管用人单位申报缴费的职工人数，防止用人单位只为部分职工办理参加社会保险的手续。（2）监管用人单位的工资总额，监管职工个人的缴费工资基数，以防止用人单位、个人采取各种手段，违规缴纳社会保险费，造成社会保险缴费的损失。（3）监管有缴费能力却不缴社会保险费的用人单位，堵住其规避社会保险稽核的漏洞。

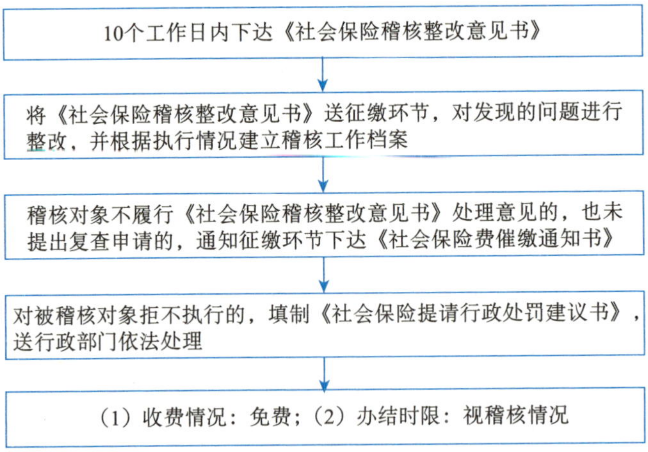

图2－1　社会保险缴费稽核整改程序示意图

2. 完善社会保险缴费的征收制度，有利于杜绝不缴、漏缴、少缴社会保险费的现象。

对此，需要做好以下几个方面的工作：（1）规范收入统计制度。中国人民大学郑功成教授早在2002年就呼吁，尽快完善收入统计制度。他认为，重新确定工资性收入的统计范围，将职工的实际工资作为计征社会保险费的基数，将有利于缴费负担的公平化，可以取得缴费率下降、社会保险待遇提高的双重效果①。所以，重新界定和规范工资总额的构成，可以防止用人单位采取花样翻新的薪酬计划，规避社会保险缴费。（2）将税务部门征收的企业所得税、个人所得税作为缴纳社会保险费的缴费工资依据。依法缴纳社会保险费是用人单位、个人的法定义务，以用人单位缴纳的企业所得税、个人缴纳的个人所得税为依据比社会保险行政管理部门核定的缴费工资基数更可靠。对此，建议有关管理部门以税务部门征收的企业所得税、个人所得税作为缴纳社会保险费的缴费工资依据。（3）委托税务部门代收，更有利于提高用人单位、个人守法的力度，有利于遏制违法、违规缴费事件的发生。2018年3月13日，第十三届全国人民代表大会第一次会议审议通过的《国务院机构改革方案》提出，改革国税地税征管体制，合并省级和省级以下国税地税机构，由税务机构来征收各项税收、社会保险费、非税收入等。从2019年起，社会保险缴费统一归税务征收，有助于结束有些地方由社会保险经办机构征收社会保险缴费，有些地方由税务部门征收社会保险缴费的局面。但是，由于各种原因，造成一些地区的社会保险缴费征收工作依然由社会保险行政部门行使②，适时推进由国家税务部门征收社会保险缴费的工作亟待解决，这也是提高行政管理效率的重要措施。

3. 完善社会保险缴费的社会监督制度。

建立社会保险缴费的社会监督机制，有助于发挥社会各方面的监督作用。对于不缴、漏缴、少缴、逃缴社会保险费的用人单位、个人，将其列入社会保险失信③单位、个人名单，以强化社会监督的作用。

（1）针对失信个人的对策措施。针对失信的个人可以采取如下措施：①乘坐交通

① 郑功成等．中国社会保障制度变迁与评估［M］．北京：中国人民大学出版社，2002.

② 截至2019年1月1日，我国36个省市（自治区、直辖市和计划单列市）中已有20多个省市税务部门不同程度征收社会保险费，有10多个省市（自治区、直辖市和计划单列市）未转由税务征收。

③ 社会保险失信行为主要有以下情形：（1）用人单位未按相关规定参加社会保险且拒不整改的；（2）用人单位未如实申报社会保险缴费基数且拒不整改的；（3）应缴纳社会保险费却拒不缴纳的；（4）隐匿、转移、侵占、挪用社会保险费款、基金或者违规投资运营的；（5）以欺诈、伪造证明材料或者其他手段参加、申报社会保险和骗取社会保险基金支出或社会保险待遇的；（6）非法获取、出售或变相交易社会保险个人权益数据的；（7）社会保险服务机构违反服务协议或相关规定的；（8）拒绝协助社会保险行政部门、经办机构对事故和问题进行调查核实的；拒绝接受或协助税务部门对社会保险实施监督检查，不如实提供与社会保险相关各项资料的；（9）其他违反法律法规规定的。

工具受到限制，其主要包括限制严重失信行为责任人乘坐飞机、列车软卧、其他动车组一等以上座位、轮船二等以上仓位、G字头动车组列车全部座位等。②若失信人是公务员或者事业单位人员，则不能参加道德模范、文明单位等各类评选表彰，以前获得的荣誉称号也会被撤销。

（2）针对失信用人单位的对策措施。针对失信的用人单位可以采取如下措施：①将被列为重点监督对象，增加社保监督检查和稽核的力度，若再次发生违反社会保险缴费相关法规的行为，延长公示期。②被限制参与各类社会保险相关项目，如社会保险业务合作、申请财政补贴、申请社会保险资金支持和参加政府采购活动等。

4. 多部门合作，联合惩处违规的用人单位。对此，应当做好以下几个方面的工作。

（1）社会保险行政部门应当同工商部门、税务部门、医疗卫生等部门合作，联合惩处违规的用人单位。例如，相对于社会保险行政部门，工商行政管理部门更清楚管辖区内企业注册登记、经营的情况；税务部门更清楚用人单位工资支付的情况，由此决定社会保险行政部门必须同其他管理部门协调、合作，核实用人单位、个人缴费工资基数。对此，政府有关管理部门应当改革社会保险缴费工资基数、缴费人数由用人单位自主申报的制度，建立社会保险行政部门同税务部门、工商管理部门信息共享的工作机制，以准确地核定用人单位的缴费人数和缴费工资基数。

（2）针对不缴纳社会保险费的用人单位建立资金强制划拨制度。我国政府发布的《社会保险法》规定，用人单位未按照规定足额缴纳社会保险费的，由社会保险费征收机构责令其限期缴纳或者补足。用人单位逾期仍未缴纳或者补足社会保险费的，社会保险费征收机构可以向银行和其他金融机构查询其存款账户；并可以申请县级以上有关行政部门做出划拨社会保险费的决定，书面通知其开户银行或者其他金融机构划拨社会保险费。用人单位账户余额少于应当缴纳的社会保险费的，社会保险费征收机构可以要求该用人单位提供担保，签订延期缴费协议。用人单位未足额缴纳社会保险费且未提供担保的，社会保险费征收机构可以申请人民法院扣押、查封、拍卖其价值相当于应当缴纳社会保险费的财产，以拍卖所得抵缴社会保险费。

（3）惩治违规的用人单位。我国政府发布的《社会保险法》规定，用人单位不办理社会保险登记的，由社会保险行政部门责令限期整改；逾期不改正的，对用人单位处应缴纳社会保险费数额一倍以上三倍以下的罚款，对其直接负责的主管人员和其他直接人员处500元以上3000元以下的罚款。用人单位拒不出具终止或者解除劳动关系证明的，依照《中华人民共和国劳动合同法》的规定处理。用人单位未按照规定足额缴纳社会保险费的，由社会保险费征收机构责令限期缴纳或者补足，并自欠缴之日起，按日加收万分之五的滞纳金；逾期仍不缴纳的，由有关行政部门处欠缴数额一倍以上三倍以下的罚款。

5. 完善法律、法规和部门规章，依法维护劳动者的合法权益。

针对用人单位不缴、少缴、欠缴、逃缴社会保险费，造成劳动者合法权益损失的，政府出台的有关法律、法规和部门规章应当明确规定由用人单位承担。目前，我国仅有《工伤保险条例》对用人单位不缴费造成劳动者权益损失的，由用人单位承担。对此，笔者认为，有必要将其扩展到所有社会保险权益，依法维护劳动者的合法权益。本案例中，某环卫所应当承担李某的养老保障责任。

参考文献

1. 人力资源和社会保障部 . 2018 年人力资源和社会保障事业发展统计公报[R]. 人力资源和社会保障部网站，www. mohrss. gov. cn.

2. 刘翠青，李广厦 . 完善《社会保险法》有关社会保险缴费基数规定的建议[J]. 江淮论坛，2018（5）：82.

3. 新浪财经：北京漏逃社保缴费 4 年查出 8.1 亿［J］.［2006 – 03 – 01］. www. finance. sina. com. cn/xiaofei/consume/20060301/1055574567. shtml.

4. 刘翠青，李广厦 . 完善《社会保险法》有关社会保险缴费基数规定的建议[J]. 江淮论坛，2018（5）：84.

5. 郑功成等 . 中国社会保障制度变迁与评估［M］. 北京：中国人民大学出版社，2002.

案例适用说明

一、案例的适用范围和教学目标

1. 案例的适用范围。本案例适用于保险学专业、风险管理专业硕士、劳动与社会保障专业、公共管理学专业开设的《社会保障理论研究》课程。

2. 案例的教学目标。本案例旨在使学生了解、掌握基本养老保险资金征缴方式、征缴依据和征缴基数的核定，了解我国基本养老保险资金征缴中存在的违规问题、造成违规的原因、危害，探讨解决问题的对策。培养学生将学习的社会保障理论，应用于解决基本养老保险资金征缴中存在的问题，提高学生解决实际问题的能力。

二、启发思考题

1. 我国社会保险费的征收主体有哪些？

2. 我国社会保险费征收的依据是什么？

3. 我国社会保险缴费违法、违规的危害有哪些？

4. 结合我国经济发展的实际，分析我国社会保险资金缴费违法、违规的主要原因有哪些？

5. 解决我国社会保险缴费违法、违规的措施有哪些？你觉得还应该采取哪些措施？

三、建议课堂计划

建议讲述 4 课时，并组织学生讨论。

1. 课前计划。课前发放从网络上搜集的一些案例资料，让学生了解案例资料中的内容。

2. 课堂计划。主持人要保持中立的态度，组织学生开展讨论，评价学生的观点，可以采取模拟会议、辩论会、问答等方式讨论问题。

3. 课后计划。讨论结束后，让学生课后完成案例分析，提交案例分析报告。

案例 3

众说纷纭的提高法定退休年龄

沈奂　刘钧[①]

法定退休年龄是指政府管理部门依法确定的劳动者可以解除劳动义务，获得全额养老金的年龄。20 世纪末，我国已经出现人口老龄化的迹象，人口出生率逐年降低，学术界开始对提高法定退休年龄展开研究。从提高法定退休年龄的观点提出至今，许多社会机构面向不同群体做过问卷调查，几乎所有的调查结果都显示，公众普遍反对提高法定退休年龄的政策。针对提高法定退休年龄引发的争议，社会各界纷纷发表意见。反对者大多仅凭个人的主观理解发表评论或者出于自身利益的考量，反对提高法定退休年龄。一些专家、学者不仅从人口学的角度进行讨论，而且从精算学、管理学、法学等领域展开研究，他们大多支持提高法定退休年龄。目前，我国对于提高法定退休年龄的争议主要集中在提高法定退休年龄的政策是否符合我国人口发展的现状、能否缓解基本养老保险资金的缺口、是否会产生就业压力、是否会造成福利损失等方面。本案例针对社会各界对提高法定退休年龄引发的争议做出评述，以加深学生对法定退休年龄的理解。

① 沈奂，女，中央财经大学在读硕士研究生，研究方向：社会保障、风险管理。刘钧，女，经济学博士，中央财经大学保险学院教授，研究方向：劳动与社会保障。

案例正文

一、案例介绍

2019年7月8日，某大学教授孙某年满60周岁，办理了退休手续。退休后，孙某觉得自己的身体状况还允许继续工作，无奈已经退休，他觉得自己每日无所事事，郁郁寡欢。孙教授退休前每月工资为16000元，退休后仅有6400元的养老金。孙教授觉得，6400元对于自己和老伴退休后的日常生活支出没有问题，就是害怕自己将来会患上大病，会因为失能需要别人照顾。如果自己和老伴得了大病，这些养老金够不够用？如果自己和老伴失能了，可以拿出多少钱请护工照护？对于未来养老费用支出无法预期的忧虑，促使孙某决定，再找份工作干干，不能现在就开始养老。

本案例中，孙某的困惑比较具有代表性。目前，我国一些脑力劳动者深刻地感到，60周岁退休比较早，退休后无所事事，还想再干几年。一些体力劳动者，特别是女性劳动者，比较愿意早点儿退休，不希望法定退休年龄再提高了。社会各群体对于退休年龄的诉求存在着比较大的差异。如何满足社会各群体的愿望，改革退休年龄管理的规定，考验着管理者的信誉和智慧。

二、我国提出"提高法定退休年龄"的背景

目前，社会各界关于"提高法定退休年龄"的争议比较激烈。造成社会各界激烈争议的原因，不仅有人口背景，还有制度设计背景，更有世界各国社会保险制度改革的背景，下面分别讲述。

（一）我国提出"提高法定退休年龄"的人口背景

我国提出"提高法定退休年龄"的人口背景是人口老龄化不断加深的必然结果。中国已经于1999年进入老龄化社会。2000年11月底，第五次人口普查结果显示，我国60周岁及以上人口达到1.3亿人，占总人口的比例为10.2%，65周岁及以上人口已经达到8811万人，占总人口的比例为6.96%。以国际标准衡量，我国已经进入了人口老龄化社会。2006年，全国老龄办发布的《中国人口老龄化发展趋势预测研究报告》指出，中国是较早进入老龄社会的发展中国家之一。2021~2050年，我国人口会

进入加速老龄化阶段。到 2050 年，我国老年人口总量将超过 4 亿人，老年人口占总人口的比例将达到 30% 以上。从 2051 年到 2100 年，我国将进入重度老龄化阶段，2051 年我国老年人口的规模将达到最高峰值，约为 4.37 亿人①。国家统计局发布的《2018 年国民经济和社会发展统计公报》显示，截至 2018 年年末，我国 60 周岁及以上的人口数达到 2.5 亿人，占总人口比例为 17.9%；65 周岁及以上的人口数达到 1.7 亿人，占总人口比重为 11.9%②。

随着医疗技术水平的不断提高，我国人口预期寿命逐年提高。据国家统计局发布的报告显示，2018 年我国人口的预期寿命已经达到 77 岁，而在新中国成立初期我国人口的预期寿命仅为 35 岁③。根据世界卫生组织的测算，2018 年我国人口预期寿命位于世界第 52 位④。

死亡率是衡量一个国家或地区人口健康水平的重要指标之一。1949 年以前，我国人口死亡率长期处于较高的水平。民国期间，死亡率达到 25‰～33‰⑤，新中国成立后我国人口的死亡率迅速下降，达到低死亡率水平。与此同时，我国人口的出生率呈现出逐年下降的趋势，长期处于较低的水平。据国家统计局统计，2018 年我国人口的出生率为 10.94‰，人口自然增长率较低，且呈现出逐年下降的趋势。2018 年，我国人口的自然增长率低至 3.81‰⑥。

快速发展的人口老龄化严重影响了经济的发展和社会人口的结构，其中最直接的影响是基本养老保险资金的收支平衡。人口老龄化带来了许多社会经济方面的问题，其主要有以下几个方面。

1. 人口老龄化以及高龄化导致的老年抚养比上升，使养老压力在代际间逐级传递。自 2000 年以来，我国老年抚养比正在持续地上升。根据国家统计局公布的数据测算，2018 年我国老年抚养比达到历史最高水平，为 17%。第一代独生子女大多已经进入婚育的年龄，许多家庭呈现出“422”“421”这种“倒金字塔”式的家庭人口结构，即 4 个老人、1 对夫妻、1 个或 2 个孩子，这给处于中间的一对夫妻带来了较大的养老压力。

---

① 原新等．中国人口老龄化发展趋势预测研究报告［R］．全国老龄工作委员会办公室，2006.

② 国家统计局．中华人民共和国 2018 年国民经济和社会发展统计公报［R］．中国政府网．2019-02-08.

③ 国家统计局．沧桑巨变七十载民族复兴铸辉煌——新中国成立 70 周年经济社会发展成就系列报告之一［R］．2019.

④ WHO. World Health Statisitcs 2018［R］. 2018.

⑤ 侯杨方．民国时期中国人口的死亡率[J]．中国人口科学，2003（5）：37-45.

⑥ 国家统计局．2018 年经济运行保持在合理区间发展的主要预期目标较好完成[EB/OL]［2019-01-21］. www.stats.gov.cn/statsinfo/auto2074/201901/t20190122_1646084.html.

2. 人口老龄化对消费和经济发展具有不利的影响。人口老龄化初期，会对消费产生正效应，但是继续发展下去，就会对消费需求产生一定的抑制效应。同时，由于劳动年龄人口占总人口的比例逐步降低，会持续削弱社会活力、抑制创新动力，潜在地影响经济的发展，会对经济的持续发展带来较大的挑战。

3. 人口老龄化对基本养老保险制度产生较大冲击。笔者认为，导致基本养老保险资金出现缺口的主要原因有4个：（1）基本养老保险制度从“现收现付制”转变为“统账结合制”过程中存在转制的成本，这些转制成本到底由谁来承担的问题，始终未得到有效解决。（2）人口老龄化加剧，带来老年人对基本养老保险资金的需求增加。（3）养老金待遇水平的不断提高，也会造成退休人员对养老保险资金的需求增加。（4）基本养老保险资金出现入不敷出的压力很大。目前，大多数专家、学者认为，人口老龄化必然会使我国基本养老保险资金出现入不敷出的缺口。

（二）我国提出“提高法定退休年龄”的制度背景

我国城镇企业职工的退休制度源于1951年政务院发布的《中华人民共和国劳动保险条例》，我国现行的法定退休年龄可以追溯到1978年。1978年，第五届全国人民代表大会常务委员会第二次会议批准的《国务院关于安置老弱病残干部的暂行办法》和《国务院关于工人退休退职的暂行办法》对工人、干部的退休条件做出了明确的规定。对于工人来说，男性年满60周岁，女性年满50周岁，连续工龄满10年，可以退休。对于干部来说，男性年满60周岁，女性年满55周岁，参加革命工作年限满10年，可以退休。对于特别繁重体力劳动与其他有害于身体健康的工作、丧失劳动能力、因公致残的职工，退休条件视情况予以放宽。此外，我国政府针对某些职业还制定了相应的特别规定，如高级专家、骨干教师、医生等职位，可以采取自愿方式延迟退休年龄；对于特殊工种、完全丧失劳动能力和公务员，可以提前退休。

我国现行的法定退休年龄的相关规定是在特殊历史背景下制定的，是在人口平均寿命短、经济发展水平比较低的情况下制定的。随着经济体制改革的不断推进，我国经济社会发生了比较大的变化，人口预期寿命也在不断地延长，以往的退休年龄的规定已经难以适应经济和社会发展的需要，暴露出了一系列的问题，逐步引起了社会各界的关注。在这一背景下，一些专家、学者提出了提高法定退休年龄的政策建议。

（三）发达国家正在不断地“提高法定退休年龄”

在经济合作组织（OECD）国家中，提高法定退休年龄已经被公认为是应对人口老龄化挑战的有效措施之一。例如，英国政府规定，从2011年起到2020年，女性公民领取养老金的年龄每2年提高1岁，逐步提高到与男性公民相同的65周岁。英国政府制定的远期目标是到2046年将所有公民领取养老金的年龄提高到68岁①。德国政府从2012年起逐渐提高法定退休年龄。从2012年到2024年将法定退休年龄每年提高1个月，从2025年到2029年每年提高2个月，其目标是到2029年将法定退休年龄提高到67岁②。美国政府规定，从2003年开始，将法定退休年龄以每年延迟几个月的幅度提高，预计到2025年将法定退休年龄提高到67岁，选择延迟退休的人员领取到的基本养老金标准要高于正常情况下领取的养老金③。预计有一半的经合组织国家在未来会提高法定退休年龄，一些国家将法定退休年龄的确定与预期寿命挂钩，从而使经合组织国家在未来的几十年里会采取立法措施将平均退休年龄提高1.5岁。虽然各国人口老龄化的程度不同，各国政府采取的措施也不同，但是OECD国家采取的提高法定退休年龄的政策和经验值得我国政府学习、借鉴。

三、我国社会各界对于“提高法定退休年龄”的争议

（一）支持“提高法定退休年龄”的观点

1. 从人口年龄结构变化出发，支持“提高法定退休年龄”。西南财经大学教授林义认为，鉴于我国人口老龄化带来的巨大压力和人均寿命逐渐延长，目前的法定退休年龄偏低，应该考虑逐步提高法定退休年龄④。中国人民大学教授李珍认为，我国人均寿命日益提高，45年前规定的退休年龄在今天显得偏低⑤。辽宁大学副研究员罗文元认为，我国现行法定退休年龄存在两个方面的缺陷，其一是法定退休年龄偏低，退休年龄不能随着影响因素的变化而随之调整，其二是法定退休年龄划分的依据不合理⑥。中央财经大学副教授张川川认为，在综合考虑各方面的因素、人口预期寿命延长和老年人口健康状况总体改善的情况下，提高法定退休年龄相对而言是更可行、也更合理的政策选项⑦。中国人民大学教授郑功成认为，延迟退休的初衷并不是为了解决养老金支付的压力。他提出，只要将基本养老保险制度上升到全国统筹层面，按照法律、法规的要求实现全面覆盖，我国养老保险基金至少在未来30年左右都不会出现

①②③ 何家华．典型国家延迟退休年龄的政策选择及其功能研究［D］．华中科技大学，2019.

④ 林义．关于我国退休制度的经济思考[J].当代财经，1994（1）：9-13.

⑤ 李珍．关于退休年龄的经济学思考[J].经济评论，1997（1）：87-92.

⑥ 罗元文．养老保险制度中关于退休年龄的探讨[J].市场与人口分析，2001（6）：46-48.

⑦ 张川川．延迟退休年龄：背景、争议与政策思考[J].武汉大学学报（哲学社会科学版），2017（5）：42-51.

收不抵支的局面。30年以后，作为战略储备基金的全国社会保障基金可以弥补基本养老保险资金的缺口。因此，提高法定退休年龄的必然性是基于人均预期寿命持续延长和老年负担代际公平的需要，而非当下的养老金支付的压力①。

2. 从基本养老保险资金收支平衡出发，支持“提高法定退休年龄”。武汉大学教授邓大松等从基本养老保险资金的收支平衡出发，测算出我国法定退休年龄每提高1岁，基本养老保险基金的缺口将缩小1.949%；如果退休年龄提高5岁，那么基本养老保险基金的缺口将缩小22.69%②。在人口预期寿命延长、人口老龄化程度不断加深的背景下，辽宁大学金刚讲师提出，逐步提高法定退休年龄是应对养老金支付压力增加、确保养老保险制度持续运行的有效措施③。福建师范大学徐婷婷认为，延迟退休年龄具有“逆漏斗效应”，可以通过多收取养老保险资金和减少支付养老保险资金两个方面来减轻未来基本养老保险资金支付的压力④。殷俊、黄蓉通过建立养老金精算模型，假设养老保险基金的投资收益率为4%，以55周岁、60周岁、65周岁为退休年龄，分别测算了2011~2100年我国基本养老保险资金的收支状况，得出以下结论：在法定退休年龄为55周岁时，2030年基本养老保险资金会出现收不抵支的状况；在法定退休年龄为60周岁时，基本养老保险资金收不抵支的状况会出现在2044年；当法定退休年龄提高到65周岁时，基本养老保险资金收不抵支的状况会发生在2055年。他们认为，提高法定退休年龄对于缓解我国基本养老保险资金支付的压力具有巨大的作用⑤。曹阳、徐升和黄冠采用世代交叠模型得出结论，提高法定退休年龄对养老金财政负担的影响主要取决于行为人减少储蓄引致的养老金收入减少的效应和领取养老金年数缩短引致的养老金支出减少效应的强弱。数值模拟表明，在资本产出弹性为0.4时，预期寿命增加1岁所带来的养老金财政负担可以通过提高法定退休年龄0.67年来缓解⑥。

3. “提高法定退休年龄”有助于劳动就业。韩文丽的研究发现，在经济发展对劳动力的需求水平一定时，提前退休对年轻人就业率的提高是有利的。但是，在中国的

---

① 郑功成．延迟退休是必然吗？［N］．人民日报，2012－06－20（14）．

② 邓大松，刘昌平．中国养老社会保险基金敏感性实证研究［J］．经济科学，2001（6）：13－20．

③ 金刚．中国退休年龄的现状、问题及实施延迟退休的必要性分析［J］．社会保障研究，2010（2）：32－38．

④ 徐婷婷．养老金制度参数分析与延迟退休对策探析［A］．中国康复医学会老年康复专业委员会．中国康复医学会第七次全国老年医学与康复学术大会资料汇编［C］．中国康复医学会老年康复专业委员会：中国康复医学会，2012：4．

⑤ 殷俊，黄蓉．中国现收现付制基础养老金长期财务状况分析——基于人口年龄结构变动的研究［J］．求索，2012（10）：1－4．

⑥ 曹阳，徐升，黄冠．人口老龄化、延迟退休与养老金财政负担［J］．西安交通大学学报（社会科学版），2019（10）：1－16．

现实条件下，退休年龄降低并不一定有利于年轻人就业，还可能对经济社会的发展造成不利的影响①。蔡昉认为，一个逐渐老龄化的人口结构，只要具备必要的制度条件，同样可以具有人口的优势，即提供第二次人口红利，这种人口红利的源泉之一是劳动参与率的提高，而提高法定退休年龄是扩大劳动力供给、缓解养老负担的重要途径②。郑功成提出，我国劳动适龄人口规模已经越过顶峰，并开始逐渐减少。现实生活中，大多数退休人员并未休养，而是大规模地再就业。就劳动力供求总量而言，现有退休政策并未带来同等数量就业岗位的置换。采取小步、渐进提高法定退休年龄的方案，会对就业的影响降低到最低程度③。

4. “提高法定退休年龄”可以改善社会福利。杨雪认为，提高法定退休年龄对于居民的福利水平先促进，后抑制。在延迟退休前两年的时间里，福利改善最大。从居民单个生命周期来看，提高法定退休年龄会对就业产生难度增加的影响，造成一定的效用损失。从社会整体的角度来看，由于就业结构的原因，提高法定退休年龄能够提升社会的整体福利水平④。杨华磊等经过模拟得出结论，在当前待遇确定型养老保险制度下，实施提高法定退休年龄的方案，短期内不仅难以改善老年人的福利，反而可能会损害老年人现有的福利，并提出两个解决问题的思路：一是将养老保险制度调整为缴费确定型，二是提高法定退休年龄方案与提高养老金替代率并举⑤。

（二）反对“提高法定退休年龄”的观点

1. 从老年人的健康状况出发，反对“提高法定退休年龄”。一些专家、学者认为，提高法定退休年龄不应当只关注人口预期寿命，还要考虑老龄人口的健康状况。姜向群、陈艳提出，虽然我国老年人口的平均预期寿命自 1981 年以来一直在提高，但是提高的幅度比较小，而且越是高龄老年组，提高的幅度越小，老年人口死亡率下降得十分缓慢、有限。2004 年，中国人口的平均预期寿命是 71.40 岁，健康预期寿命比平均预期寿命低 9.1 岁。这表明，我国居民的健康水平比较低。由于老年人口预期寿命提高的幅度很小，加之我国人口的健康预期寿命比较低，提高法定退休年龄的根据不足⑥。

---

① 韩文丽．我国城镇退休养老保障制度分析［J］．甘肃社会科学，2002（1）：79-80.

② 蔡昉．人口转变、人口红利与刘易斯转折点［J］．经济研究，2010（4）：4-13.

③ 杨雪．基于居民福利视角的延迟退休效度研究［D］．对外经济贸易大学，2018.

④ 杨华磊，王辉，胡浩钰．延迟退休能改善老年人福利？——基于代际支持视角［J］．经济社会体制比较，2019（2）：44-55.

⑤ 姜向群，陈艳．对我国当前推迟退休年龄之说的质疑［J］．人口研究，2004（5）：69-74.

⑥ 姜向群，陈艳．对我国当前推迟退休年龄之说的质疑［J］．人口研究，2004（5）：69-74.

2. 从基本养老保险资金收支平衡出发，认为“提高法定退休年龄”不是解决基本养老保险资金入不敷出的长远对策措施。熊婧、粟芳认为，提高法定退休年龄的政策不能从根本上解决基本养老保险资金缺口的问题。他们通过建立精算模型研究了提高法定退休年龄的政策对基本养老保险资金收支平衡的影响，得出结论，提高法定退休年龄的政策的确能在短期内缩小基本养老保险资金收支的缺口，但从长期发展来看，提高法定退休年龄只是延缓了基本养老保险资金收支缺口增大的时间[①]。

3. 从劳动力供求矛盾出发，反对“提高法定退休年龄”。姜赟认为，“十二五”期间，我国劳动力供给仍然呈现增加的趋势，劳动力市场上的主要矛盾仍然是劳动力供大于求，应该审慎地对待提高法定退休年龄的政策[②]。周辉指出，当前我国还处于劳动力无限供给的阶段，如果近几年就将法定退休年龄推迟至与美国甚至世界上人口预期寿命最高国家——日本的水平，并不合适。青年劳动力和老年劳动力之间不存在直接的替代关系，但在工作岗位有限的情况下，提高法定退休年龄会导致就业压力的提升[③]。王天宇等研究发现，提高法定退休年龄会影响城镇正规部门就业，这些部门就业人群主要是大学毕业生，因此，提高法定退休年龄会对大学毕业生就业产生一定的就业挤出[④]。

4. 从社会福利的角度出发，认为提高法定退休年龄会造成年轻人社会福利的损失。王天宇等运用75期的世代交叠模型，经过数值模拟得出结论，原有政策下，本来已经进入退休年龄段的人群会出现福利下降，其余各年龄段的福利会有所改进。青年组会因为就业形势的严峻，而付出额外的搜寻成本，造成无谓的福利损失[⑤]。

四、对“提高法定退休年龄”争议的评述

（一）“提高法定退休年龄”会提高基本养老保险制度运行的可持续性

人口老龄化是造成基本养老保险基金支付危机的一个主要原因。2005年国务院发布的《关于完善企业职工基本养老保险制度的决定》提出，养老保险制度改革的目标是建立适合中国国情，实现可持续发展的基本养老保险制度。党的十九大报告提出，

① 熊婧，粟芳．延迟退休对我国养老保险收支平衡的影响［J］．上海金融，2017（12）：18－25.
② 姜赟．劳动力市场仍然供大于求［N］．人民日报，2011－03－21.
③ 周辉．我国延迟退休年龄限制因素分析与建议［J］．学术交流，2011（2）：136－140.
④ 王天宇，邱牧远，杨澄宇．延迟退休、就业与福利［J］．世界经济，2016（8）：69－93.
⑤ 王天宇，邱牧远，杨澄宇．延迟退休、就业与福利［J］．世界经济，2016（8）：69－93.

要全面建成覆盖全民、城乡统筹、权责清晰、保障适度、可持续的多层次社会保障体系，养老保险的可持续发展是养老事业健康发展的必然要求。党的十九大报告还提出，降低社会保险缴费率。2019 年 4 月，国务院发布的《降低社会保险费率综合方案》规定了具体的实施方案。在降低社会保险缴费率的同时，为了保障退休人员的生活水平，我国政府也在不断地上调养老金待遇水平。2005 ~ 2018 年，我国政府管理部门连续 14 年提高退休人员的基本养老金。虽然我国已经实行“全面二孩”政策，从理论上讲新出生人口的增加对降低中长期赡养比具有积极的作用，但该政策实施的效果并不明显，且政策带来的人口红利在长期内才会有所显现，对短期内缓解人口老龄化的趋势并不显著。因此，在缓解人口老龄化进程、提高养老保险缴费率与降低基本养老金待遇支付水平均不可行的情况下，实行提高法定退休年龄的政策是提高基本养老保险发展可持续性的必要手段。提高法定退休年龄可以增加缴费人数，减少领取养老金的人数，可以显著降低老年赡养比；延长缴费年限，可以增加基本养老保险的缴费收入，减少基本养老保险待遇的支付，能够双向正面影响基本养老保险的财务状况。

（二）“提高法定退休年龄”可以促进养老负担的代际公平

代际公平是可持续发展原则的重要方面，主要是指当代人为后代人的利益保存自然资源的需求。应用到养老保险领域，其公平含义是要求各代人之间受益标准与缴费标准的比率保持相等或比较接近的状态。如果受益标准和缴费标准严重失衡，那么可以认为这种养老保险制度的公平存在缺失①，实现代际公平是维系基本养老保险制度运行的基本要求。我国现行的基本养老保险制度存在着代际不公平的问题。20 世纪 90 年代，基本养老保险制度改革初期，养老保险的赡养比是 1∶5。随着老龄化的加剧，目前的赡养比已经上升到 1∶2.8，年轻人的养老负担越来越重，而且随着人口老龄化程度的不断加深，必定会使各代人的养老压力越来越重。因此，以提高法定退休年龄为手段及时调整人生工作的周期，可以缓解年轻一代人的养老负担，维护代际养老负担的公平。

（三）“提高法定退休年龄”可以适应人口结构的变化

当前，我国人口红利正在逐步消退。人口红利是指一个国家的劳动年龄人口占总人口的比重较大，社会赡养比比较低，为经济发展创造了有利的人口条件，整个社会的经济呈现出高储蓄、高投资和高增长的态势，人口红利因此被称为经济发展的黄金

---

① 马俞敏．我国养老保险制度公平问题研究［D］．西南财经大学，2011.

时期。从劳动经济学的角度来看，劳动力供给数量上升能够促进分工细化，带来规模效应，总产出和人均收入水平会提高。改革开放初期，我国劳动力供给过剩，是当时经济增长的主要贡献力量。从宏观经济学的角度来看，人口红利通过储蓄影响经济。许多预测表明，我国劳动力供给增量在2025年左右将达到峰值①。事实上，如表3－1所示，我国劳动年龄人口的总量在2012年达到峰值后，增量由正值转负值、进入总量减少阶段，我国劳动力无限供给阶段已经成为过去。与此同时，劳动年龄人口内的年龄结构也趋于老化②。这说明，当前我国的人口红利正在消失。人口红利过后，人口老龄化与生育力降低会阻碍经济的发展，需要采取适当的政策来应对。提高法定退休年龄可以扩大劳动年龄人口供给的规模，降低非劳动年龄人口的规模，这两方面的作用可以降低老年人口赡养比，可以缓解人口红利消退对经济发展带来的不利影响。

表3－1　　1982～2017年中国人口年龄结构及养老赡养比

年份	总人口（年末）（万人）	按年龄组分						总抚养比（%）	少儿抚养比（%）	老年赡养比（%）
		0～14岁		15～64岁		65岁及以上				
		人口数（万人）	比重（%）	人口数（万人）	比重（%）	人口数（万人）	比重（%）			
1982	101654	34146	33.6	62517	61.5	4991	4.9	62.6	54.6	8.0
1987	109300	31347	28.7	71985	65.9	5968	5.4	51.8	43.5	8.3
1990	114333	31659	27.7	76306	66.7	6368	5.6	49.8	41.5	8.3
1991	115823	32095	27.7	76791	66.3	6938	6.0	50.8	41.8	9.0
1992	117171	32339	27.6	77614	66.2	7218	6.2	51	41.7	9.3
1993	118517	32177	27.2	79051	66.7	7289	6.2	49.9	40.7	9.2
1994	119850	32360	27.0	79868	66.6	7622	6.4	50.1	40.5	9.5
1995	121121	32218	26.6	81393	67.2	7510	6.2	48.8	39.6	9.2
1996	122389	32311	26.4	82245	67.2	7833	6.4	48.8	39.3	9.5
1997	123626	32093	26.0	83448	67.5	8085	6.5	48.1	38.5	9.7
1998	124761	32064	25.7	84338	67.6	8359	6.7	47.9	38	9.9
1999	125786	31950	25.4	85157	67.7	8679	6.9	47.7	37.5	10.2
2000	126743	29012	22.9	88910	70.1	8821	7.0	42.6	32.6	9.9
2001	127627	28716	22.5	89849	70.4	9062	7.1	42	32.0	10.1
2002	128453	28774	22.4	90302	70.3	9377	7.3	42.2	31.9	10.4
2003	129227	28559	22.1	90976	70.4	9692	7.5	42	31.4	10.7

① 董环宇．从人口年龄结构变动分析我国未来劳动力供给的变化［D］．吉林大学，2009.
② 潘思彤．劳动力供给的可持续性问题研究［D］．贵州大学，2015.

续表

年份	总人口（年末）（万人）	按年龄组分						总抚养比（%）	少儿抚养比（%）	老年赡养比（%）
		0~14 岁		15~64 岁		65 岁及以上				
		人口数（万人）	比重（%）	人口数（万人）	比重（%）	人口数（万人）	比重（%）			
2004	129988	27947	21.5	92184	70.9	9857	7.6	41	30.3	10.7
2005	130756	26504	20.3	94197	72.0	10055	7.7	38.8	28.1	10.7
2006	131448	25961	19.8	95068	72.3	10419	7.9	38.3	27.3	11.0
2007	132129	25660	19.4	95833	72.5	10636	8.1	37.9	26.8	11.1
2008	132802	25166	19.0	96680	72.7	10956	8.3	37.4	26	11.3
2009	133450	24659	18.5	97484	73.0	11307	8.5	36.9	25.3	11.6
2010	134091	22259	16.6	99938	74.5	11894	8.9	34.2	22.3	11.9
2011	134735	22164	16.5	100283	74.4	12288	9.1	34.4	22.1	12.3
2012	135404	22287	16.5	100403	74.1	12714	9.4	34.9	22.2	12.7
2013	136072	22329	16.4	100582	73.9	13161	9.7	35.3	22.2	13.1
2014	136782	22558	16.5	100469	73.4	13755	10.1	36.2	22.5	13.7
2015	137462	22715	16.5	100361	73.0	14386	10.5	37	22.6	14.3
2016	138271	23008	16.7	100260	72.5	15003	10.8	37.9	22.9	15.0
2017	139008	23348	16.8	99829	71.8	15831	11.4	39.2	23.4	15.9

随着我国社会主义现代化进程的不断推进，需要改革退休相关政策。党的十九大报告提出了“两个阶段”的发展目标：第一阶段，从 2020 年到 2035 年，在全面建成小康社会的基础上，再奋斗 15 年，基本实现社会主义现代化。第二阶段，从 2035 年到 21 世纪中叶，在基本实现现代化的基础上，再奋斗 15 年，把我国建成富强、民主、文明、和谐、美丽的社会主义现代化强国。近年来，我国工业化、城市化步伐持续推进，带动新增就业岗位。从长远发展来看，未来在就业岗位增加与劳动供给减少的双重作用下，提高法定退休年龄恰恰能够适应未来就业环境的改变。目前，无论是出于何种原因，大部分已经退休的人员并未选择退出劳动市场，退休人员再就业市场规模庞大，这也说明，老年人口再就业并未替代年轻人口职位。本案例中，孙某就有退休后再就业的意愿。另一个现实的状况是，我国有相当一部分年轻人的初始就业年龄在上升。从 20 世纪末起，我国高等院校开始大幅度地扩招，接受各类教育的在校学生数量逐年增加。近年来，“考研热”连年升温。我国硕士研究生报名人数呈现快速上升的趋势，2018 年考研报考人数达到 238 万人，相较于 2017 年增加了 18.4%，而 2019

年研究生招生考试报考人数达到 290 万人，相比 2018 年增加 21%，增幅再次提高①。受教育年限长的影响，年轻人进入劳动市场的年龄延后，工作年限缩短，这与其受到的人力资本投资不具有正相关关系。提高法定退休年龄，可以降低工作年限缩短造成的高素质人才低利用的负效应，可以提高人力资本投资的效率。

五、我国现行退休制度存在的问题

当前，我国现行的退休制度与现实状况不相适应，存在着许多制度设计上的不平等，造成不同群体的福利损失，其存在的问题主要有以下几个方面。

（一）男性与女性的法定退休年龄不同，引起男性、女性获得基本养老金待遇不公平

男性、女性法定退休年龄的差异在新中国成立初期具有一定的合理性。新中国成立初期，我国社会服务体系不完善，受“男主外，女主内”等传统思想的影响，照顾老人与子女、操持家务的重担大多落在女性身上。规定男性、女性退休年龄的差异，能够减轻女性的工作负担和家务负担。但是，随着社会的发展和时代的进步，这项措施逐渐被认为是具有性别歧视色彩的社会政策。我国政府于 1978 年颁布的《宪法》明确规定，中华人民共和国妇女在政治、经济、文化、社会和家庭生活等方面享有同男子平等的权利。我国政府于 1982 年修订的《宪法》将计划生育作为基本国策。由于妇女生育子女数量的减少，减轻了妇女从事家务劳动和处理家庭事务的负担。在这种情况下，女性的法定退休年龄显得过低。

从世界各国发展的状况来看，女性的平均预期寿命普遍比男性长②，我国女性平均预期寿命自 1981 年起就高于男性，2015 年二者之差达到 5.79 岁③。但是，女性却要提前男性 5 年或者 10 年退休，这会造成女性劳动者尽管精力充沛却被迫退休的状况，导致劳动力资源的配置效率低下。由于女性比男性提前 5 年或者 10 年退休，女性退休人员获得的养老金与男性退休人员获得的养老金相比，差距也比较大。

（二）“女干部”与“女工人”的身份差异，造成女干部与女工人的法定退休年龄和待遇水平不同

女干部是一个包含群体广泛的概念，其主要有以下几个方面：（1）政府机关的女

---

① 中国在线教育．2019 年全国研究生招生调查报告［EB/OL］．www. eol. cn/e_ky/zt/2019/report/section2. html.

② WHO. World Health Statisitcs［R］. 2018.

③ 国家统计局．中国统计年鉴［J］．北京：中国统计出版社，2018.

公务员；（2）事业单位中具有编制的女行政管理人员、女教师、女医生、女会计等；（3）企业单位中的管理岗位工作人员或者技术人员。2001 年 3 月 13 日，国家经济贸易委员会、人事部、劳动和社会保障部联合发布的《关于深化国有企业内部人事劳动分配制度改革的意见》规定，取消企业行政级别。企业不再套用政府机关的行政级别，不再比照国家机关公务员确定管理人员的行政级别。打破了“干部”和“工人”的界限，变身份管理为岗位管理。这样，从事岗位管理工作的人员即为管理人员。尽管企业已经取消女干部的身份，但是其管理人员或者技术人员在退休制度上依然按照“女干部”的规定执行。

女干部和女工人在退休年龄上的差异，造成女干部和女工人退休后获得的基本养老金也存在较大的差异。

（三）提前退休产生的不公平

我国现行退休政策中，有一些关于提前退休的规定。这些规定的初衷是保护特殊工种职工的身体健康，但目前我国政府尚未出台针对特殊职业、工种的职业目录，仅凭用人单位上报为特殊职业、工种，就认定为特殊工种。特殊职业、特殊工种认定上的随意性，给了一些企业、职工可乘之机，钻制度设计漏洞空子的问题经常发生，造成基本养老保险资金的损失。2014 年，中国青年报社会调查中心进行的民调显示，92% 的受访者坦言自己身边“提前退休”“提前离岗”现象较多，受访者认为，提前退休和离岗的现象多发的范围依次是：行政单位（51.9%）、事业单位（25.1%）、国企（19.8%）、私企（1.6%）、外企（0.5%）[①]。违规提前退休主要有两种原因：一是转型期改制或者享受国家特殊扶助政策的国有企业在富余职工的安置过程中，为了减轻企业人力成本的负担而强迫职工提前退休；二是某些职工为了一己私利，钻转型期国家政策法规不完善的空子，采取非法手段，弄虚作假，伪造材料提前退休[②]。违规提前退休，不仅会造成人力资源的损失，也会加大基本养老保险资金的支出负担，使劳动年龄人口的养老负担加重。

（四）满足需求劳动者上的不公平

劳动者的退休意愿取决于多方面因素：健康状况、经济条件、价值取向等，“一刀切”地规定一个固定的退休年龄，忽视了劳动者个体需求差异，不符合我国政府确

---

① 周易等．潜规则侵蚀公平 77.5% 受访者盼整顿违规提前退休离岗［EB/OL］．中青在线［2014－01－14］．www.zqb.cyol.com/html/2014－01/14/nw.D110000zgqnb_20140114_1－07.htm.2014－01－14.

② 杨珺，赵永生．违规提前退休对基本养老保险制度的影响［J］．经济与管理，2009（5）：77－82.

定的“以人为本”的管理理念。我国人口众多，个体需求较多，每个人的需求也会随着条件、环境的变化而变化。目前，我国政府统一规定的法定退休年龄难以满足劳动者多样化的需求，也会产生新的不公平。本案例中，孙教授不想60岁就退休，还想再干几年，但是“一刀切”的法定退休年龄让他被迫退休了。一个教授60岁时还有较强的工作，身体条件也很好，但是被迫退休，这不仅是劳动力资源的浪费，还会造成基本养老保险资金的损失。

（五）退休人口再就业差异产生的不公平

在现实生活中，存在大规模退休人口再就业的问题。退休人员的再就业收入也存在比较大的差异，那些原来从事工作职位高、社会资源丰富的退休人员退休后更容易找到高收入的职位，而普通退休人员则只能从事体力劳动或者底层劳动，收入较低。两类人群在办理退休手续领取基本养老保险金时本来就有差异，再加上退休后获得的再就业收入差异，进一步扩大了退休人员之间收入的差异。

一些OECD国家对退休人员再就业采取了相应的措施。七个经合组织国家对退休后收入实行限制，超过某一限额，其获得的养老金给付会相应地减少。例如，希腊政府规定，退休后再就业的退休人员的工作收入如果超过个人的养老金收入，其每月领取的养老金会减少60%。又如，韩国政府规定，如果61岁及以上①的退休人员的再就业收入超过全体领取养老金的退休人员的平均水平的话，其养老金收入就会减少一半。也有一些国家并不从工作收入方面进行限制，如奥地利政府规定，退休后仍从事工作的老年人，如果要求获得全额养老金支付，每年的养老金收入要根据其再就业收入重新计算②。这些政策的经验对我国政府延迟退休过渡期具有借鉴意义。

六、提高法定退休年龄的对策建议

针对提高法定退休年龄，政府有关管理部门可以采取以下几个方面的措施，以应对人口老龄化。

（一）制定男性、女性统一的法定退休年龄

针对女性退休年龄偏低的问题，可以采取分步骤走的办法，逐步提高女性的法定

① 目前，韩国的法定退休年龄为61岁。

② OECD，Pensions at a Glance 2017：OECD and G20 Indicators，OECD Publishing，Paris.

退休年龄。这样，可以应对人口老龄化带来的养老金支出增加的问题，而且还可以有效地配置劳动力资源，让她们在各自的工作岗位上发挥自己的技术和才能。

（二）制定“女干部”“女工人”统一的法定退休年龄

针对“女工人”法定退休年龄偏低的问题，可以采取措施，积极地引导女工人主动、积极地延迟退休。例如，实施延迟退休可以获得养老金奖励的措施，让她们能够看到延迟退休带来的实惠，发自内心地主动延迟退休，以达到不区分“女干部”“女工人”，实施统一的法定退休年龄的措施。

（三）规范特殊职业、工种的管理

政府有关管理部门应当组织人力、物力对国民经济中的各个行业、职业进行调研，对特殊职业、特殊工种实行统一、规范的管理。同时，完善对从事特殊职业、特殊工种职工的档案管理，以防止用人单位、个人钻制度设计漏洞的空子，防止基本养老保险资金的流失。针对从事特殊工种的职工，政府有关管理部门可以根据劳动者的身体健康状况，给予提前退休的政策优待，但是对于不想提前退休、愿意继续工作的特殊工种的职工，应当给予养老金待遇上的激励，鼓励他们积极、主动地正常退休或者延迟退休，以降低基本养老保险资金的支出。

（四）采取渐进式提高法定退休年龄的政策

目前，我国公民对劳动权益保障的需求越来越高，对社会公平、正义的呼声也越来越强烈。2013 年 11 月 12 日，中国共产党第十八届三中全会第三次会议通过的《中共中央关于全面深化改革若干重大问题的决定》提出，研究制定渐进式提高法定退休年龄的政策。2015 年 10 月 29 日，党的十八届五中全会通过的《中共中央关于制定国民经济和社会发展第十三个五年规划的建议》明确提出，要出台渐进式延迟退休年龄政策。2016 年 7 月，人力资源和社会保障部前新闻发言人李忠介绍，延迟退休年龄政策将会分三步走：一是在实施上会小步慢行、逐步到位；二是区分对待，分步实施；三是会在之前做及时的公告，也会在方案出台前广泛地听取和征集群众的意见。2018 年 1 月 9 日，人力资源和社会保障部部长尹蔚民在《人民日报》刊发的《全面建成多层次社会保障体系》中指出，针对人口老龄化加速发展的趋势，适时研究、出台渐进式延迟退休年龄等应对措施。

在提高法定退休年龄的政策上，政府有关管理部门也应当加大宣传的力度，让百姓了解到提高法定退休年龄的积极作用，并给予主动延迟退休人员以政策上的激励，激发他们积极、主动地延迟退休。对此，可以采取渐进式提高法定退休年龄的政策。目前，大刀阔斧地调整法定退休年龄可能会引起社会各界的不满，会涉及劳动者的切身利益，采取小幅度地多次调整法定退休年龄的对策，可以给劳动者以缓冲的时间，使他们能够更加理解政府出台政策的目标，可以预期自身利益的变化，尽可能地降低临近退休年龄人员、体力劳动者等社会群体福利待遇的损失。

（五）给予劳动者自主选择退休年龄的权利

在达到法定退休年龄之后，劳动者可以自主地选择退休的年龄，这样可以满足劳动者的多样化需求。劳动者达到法定退休年龄就强制其退休的“一刀切”的做法，不能满足劳动者多样化的需求。本案例中，孙某的郁闷就是退休年龄“一刀切”带来的后果。除此之外，采取自主决定退休年龄的措施，可以减少社会公众对提高法定退休年龄的政策顾虑。自主选择退休年龄的政策，可以让劳动者在达到法定退休年龄后自己选择是否继续工作。这样，不仅可以在不损害正常退休人员利益的前提下，还提高了选择延迟退休的劳动者利益，可以实现整个社会福利水平的增加。

参考文献

[1] 原新等．中国人口老龄化发展趋势预测研究报告［R］．全国老龄工作委员会办公室，2006.

[2] 国家统计局．中华人民共和国2018年国民经济和社会发展统计公报［R］.2019.

[3] 国家统计局．沧桑巨变七十载民族复兴铸辉煌——新中国成立70周年经济社会发展成就系列报告之一［R］．2019.

[4] WHO. World Health Statisitcs 2018［R］．2018.

[5] 侯杨方．民国时期中国人口的死亡率［J］．中国人口科学，2003（5）：37－45.

[6] 国家统计局.2018年经济运行保持在合理区间发展的主要预期目标较好完成［EB/OL］．www. stats. gov. cn/statsinfo/auto2074/201901/t20190122_1646084. html．［2019－01－21］.

[7] 何家华．典型国家延迟退休年龄的政策选择及其功能研究［D］．华中科技大学，2019.

[8] 林义．关于我国退休制度的经济思考［J］．当代财经，1994（1）：9－13.

[9] 李珍．关于退休年龄的经济学思考［J］．经济评论，1997（1）：87－92.

［10］罗元文．养老保险制度中关于退休年龄的探讨［J］．市场与人口分析，2001（6）：46－48.

［11］张川川．延迟退休年龄：背景、争议与政策思考［J］．武汉大学学报（哲学社会科学版），2017（5）：42－51.

［12］郑功成．延迟退休是必然吗？［N］．人民日报，2012－06－20（14）.

［13］邓大松，刘昌平．中国养老社会保险基金敏感性实证研究［J］．经济科学，2001（6）：13－20.

［14］金刚．中国退休年龄的现状、问题及实施延迟退休的必要性分析［J］．社会保障研究，2010（2）：32－38.

［15］徐婷婷．养老金制度参数分析与延迟退休对策探析［A］．中国康复医学会老年康复专业委员会．中国康复医学会第七次全国老年医学与康复学术大会资料汇编［C］．中国康复医学会老年康复专业委员会：中国康复医学会，2012：4.

［16］殷俊，黄蓉．中国现收现付制基础养老金长期财务状况分析——基于人口年龄结构变动的研究［J］．求索，2012（10）：1－4.

［17］曹阳，徐升，黄冠．人口老龄化、延迟退休与养老金财政负担［J］．西安交通大学学报（社会科学版）.

［18］韩文丽．我国城镇退休养老保障制度分析［J］．甘肃社会科学，2002（1）：79－80.

［19］蔡昉．人口转变、人口红利与刘易斯转折点［J］．经济研究，2010（4）：4－13.

［20］杨雪．基于居民户福利视角的延迟退休效度研究［D］．对外经济贸易大学，2018.

［21］杨华磊，王辉，胡浩钰．延迟退休能改善老年人福利？——基于代际支持视角［J］．经济社会体制比较，2019（2）：44－55.

［22］姜向群，陈艳．对我国当前推迟退休年龄之说的质疑［J］．人口研究，2004（5）：69－74.

［23］熊婧，粟芳．延迟退休对我国养老保险收支平衡的影响［J］．上海金融，2017（12）：18－25.

［24］姜赟．劳动力市场仍然供大于求［N］．人民日报，2011－03－21.

［25］周辉．我国延迟退休年龄限制因素分析与建议［J］．学术交流，2011，（2）：136－140.

［26］王天宇，邱牧远，杨澄宇．延迟退休、就业与福利［J］．世界经济，2016，（8）：69－93.

［27］马俞敏．我国养老保险制度公平问题研究［D］．西南财经大学，2011.

［28］董环宇．从人口年龄结构变动分析我国未来劳动力供给的变化［D］．吉林大学，2009.

［29］潘思彤．劳动力供给的可持续性问题研究［D］．贵州大学，2015.

［30］中国在线教育．2019年全国研究生招生调查报告［EB/OL］．www.eol.cn/e_ky/zt/2019/report/section2.html#sc_2，2019-01.

［31］国家统计局．中国统计年鉴［J］．北京：中国统计出版社，2018.

［32］周易等．潜规则侵蚀公平77.5%受访者盼整顿违规提前退休离岗［EB/OL］．中青在线．［2014-01-14］．www.zqb.cyol.com/html/2014-01/14/nw.D110000zgqnb_20140114_1-07.htm.

［33］杨珺，赵永生．违规提前退休对基本养老保险制度的影响［J］．经济与管理，2009（5）：77-82.

［34］OECD，Pensionsata Glance 2017：OECD and G20 Indicators，OECD Publishing，Paris.

案例适用说明

一、案例适用范围和教学目标

1. 案例的适用范围。本案例适用于保险学、风险管理专业硕士、劳动与社会保障、政府管理等专业《社会保障理论研究》课程。

2. 案例的教学目标。本案例旨在使学生了解、掌握城镇职工基本养老保险法定退休年龄的规定，了解我国城镇职工基本养老保险制度运行面临的资金问题，了解提高法定退休年龄对于缓解基本养老保险资金的作用，了解现行法定退休年龄规定中存在的问题和解决问题的对策。本案例有助于培养学生将学习的基本养老保险理论应用于解决我国基本养老保险制度改革、发展中存在的问题，以提高学生分析问题、解决实际问题的能力。

二、启发思考题

1. 我国城镇职工基本养老保险是如何规定法定退休年龄的？
2. 我国公民对提高法定退休年龄的争议有哪些？

3. 我国城镇职工基本养老保险规定的法定退休年龄存在哪些问题?

4. 你如何评价专家、学者对于提高法定退休年龄的争议?理由有哪些?

5. 解决我国城镇职工基本养老保险规定的法定退休年龄问题的对策措施有哪些?你觉得还应该采取哪些措施?

三、建议课堂计划

建议讲述 4 课时，并进行讨论。

1. 课前计划。课前发放从网络上搜集的案例资料，让学生了解案例资料的内容。

2. 课堂计划。主持人保持中立的态度，组织学生开展讨论，评价学生的讨论，可以采取模拟会议、辩论会、课堂讨论等形式讨论问题。

3. 课后计划。讨论结束后，让学生提交案例分析报告。针对学生提交的案例分析报告，教师予以讲评。

案例 4

远离非法集资
确保中老年人的财产安全

——北京怡养爱晚养老基地诈骗案分析

马孟琛　刘钧[①]

随着我国人口老龄化进程的加快，如何使养老机构、养老公寓有效地让老年人从养老产品与服务中获得保障，是党和政府关注的民生问题。然而，现实生活中，一些不法分子以养老公寓、养老基地为媒介进行诈骗的案件层出不穷，不仅造成了中老年人财产的损失，还严重影响了中老年人的养老生活。本案例中，北京怡养爱晚养老实业发展有限公司就以养老基地为媒介，欺骗中老年人到养老基地养老。"北京怡养爱晚养老基地诈骗案"是一起典型的利用养老基地、养老公寓进行诈骗的案件，被骗的人员主要有离退休干部、大学教授等。挖掘"北京怡养爱晚养老基地诈骗案"发生的前因后果，分析中老年受害群体在养老金融领域的权益损失，探究我国在发展养老金融方面存在的问题，不仅有助于有效地遏制养老领域频繁发生的非法集资和金融诈骗，维护中老年人的合法权益，而且有助于养老金融的规范、有序发展[②]。

---

① 马孟琛，男，中国人民大学在读博士生，研究方向：劳动与社会保障。刘钧，女，经济学博士，中央财经大学教授，研究方向：劳动与社会保障。

② 案情根据《怡养爱晚借官方旗号行骗千余名老人上亿养老钱被骗》一文改编，新浪财经，2016－06－16，www. finance. sina. com. cn/roll/2016－06－06/doc－ifxsvexw8559213. shtml.

案例正文

一、案例介绍

从2014年起，北京怡养爱晚养老实业发展有限公司就打着“爱晚工程”[①] 的旗号，租借房屋、建设养老基地，以“零风险”“零费用”和“高回报”为诱饵，吸引中老年人投资养老基地的建设。在短短1年多的时间里，北京怡养爱晚养老实业发展有限公司就非法吸收了大量资金，成为市场上有名的养老服务单位。2016年5月，号称在全国拥有养老基地、提供“候鸟式”养老服务的怡养爱晚养老实业发展有限公司，被曝出自2015年6月起就已经发生资金链断裂的问题。接着，该公司的门店陆续关闭，并终止了同会员的合同，这导致1300多名中老年人投入养老基地的巨额保证金无法追回。其中，一位82岁的“空巢”老人变卖了市区的房产，花费120万元到“怡养爱晚”基地养老。老人在养老基地仅居住了几个月，就要被迫离开养老基地，老人从此无家可归。事发后，怡养爱晚养老实业发展有限公司因涉嫌非法吸收公众存款被北京市公安局经济犯罪侦查部门立案调查，其法人代表陆航也被依法拘留。

据有关人士介绍，北京怡养爱晚养老实业发展有限公司表面上经营得有模有样，又善于利用政府项目做背书，致使上当、受骗的中老年人中有许多退休干部、退休教授。据陆航供述，怡养爱晚养老实业发展有限公司前期的客户不仅有国家发展改革委员会、国家统计局、国资委等国家部委的退休干部，还有清华大学、北京航空航天大学、北京科技大学等高校和科研院所的退休教授和研究人员。后期，北京怡养爱晚养老实业发展有限公司通过铺店、发宣传单等方式向社会招揽投资者。

北京怡养爱晚养老实业发展有限公司在发放的宣传单上称，公司与全国老龄工作委员会办公室信息中心（以下简称“老龄办信息中心”）合作，由老龄办信息中心为北京怡养爱晚养老实业发展有限公司进行推广，联络各单位的老干部中心，将退休干部、研究员、教授等人员拉到养老基地去参观。随后，同中老年人签订养老协议。

---

① “爱晚工程”是一项社会化养老服务系统工程。中国社会工作协会社会化养老工作委员会、世纪爱晚投资有限公司是“爱晚工程”的两大实施主体，国家开发银行政策性金融支持是“爱晚工程”的坚强后盾。“爱晚工程”将通过共同发展，相互促进，逐渐形成包括爱晚中心（社会化养老服务基地）、爱晚论坛（社会化养老论坛）、爱晚信息中心（社会化养老信息中心）、爱晚网络（包括骨干网络及辐射至社区和家庭的区域网络）、爱晚行动、爱晚志愿者和爱晚专项基金等协调互动的爱晚工程大格局。

老龄办公室信息中心的工作人员称，虽然同北京怡养爱晚养老实业发展有限公司签署了协议，但是合作期间未收到过任何推荐材料，协议到期后就失效了。北京怡养爱晚养老实业发展有限公司的 7 个“全国老年人才活动交流基地”均为其自行设立，与老龄办信息中心无关，老龄办信息中心也未收取过该公司的任何费用。

中国社会工作联合会①也表示，“爱晚工程”小组的领导及办公室工作人员虽然参加过北京怡养爱晚养老实业发展有限公司组织的相关活动，但是从未涉及助推北京怡养爱晚养老实业发展有限公司的相关养老产品，也未收取过任何费用。

对于北京怡养爱晚养老实业发展有限公司的养老公寓项目是否盈利、资金链为何断裂等方面的问题，陆航表示，公司动用了“怡养爱晚”项目投资者的养老保证金来兑付“中融爱晚”项目的投资者，属于典型的借新还旧。当资金链发生断裂时，怡养爱晚养老实业发展有限公司还利用人们的侥幸心理，用新加入养老基地投资者的钱向老投资者支付利息和短期回报，制造出养老基地赚钱的假象，以骗取更多的投资者。怡养爱晚养老实业发展有限公司还谎称，公司正在同度假村、景区酒店洽谈合作项目，有望在半年内扭转亏损的局面。据悉，陆航还曾多次向投资者表示，如果自己出事了，资金链就会断裂，投资者谁也别想拿回自己的钱，并鼓励投资者帮助公司推销养老产品，以获得收入或者提成奖励。

事后，北京市公安局经济犯罪侦查部门的工作人员经过调查发现，北京怡养爱晚养老实业发展有限公司拥有的养老基地实际上是租来的。资金链断链后，北京怡养爱晚养老实业发展有限公司不仅无力偿还老年人的养老保证金，而且无法支付基地的租金，致使居住在养老基地的老年人因拖欠租金而被产权单位“推出门外”。此事经过媒体报道后，国家“爱晚工程”领导小组办公室的工作人员表示，北京怡养爱晚养老实业发展有限公司未经批准以“爱晚工程”的名义进行了不符合实际的营销。

2018 年 12 月 4 日，北京市朝阳区人民法院对北京怡养爱晚养老实业发展有限公司非法吸收存款案做出判决。法院认为，北京怡养爱晚养老实业发展有限公司不具有金融许可证，却向社会公开募集资金，公司的相关负责人变相吸收公众存款，扰乱金融秩序，金额巨大，犯非法吸收公众存款罪。法院依法判处相关负责人 6 人有期徒刑 1 年至 7 年，并处罚金 2 万元至 50 万元。其中，陆航被判有期徒刑 7 年，罚金 50 万元，并被法院责令退还投资者的投资。北京怡养爱晚养老实业发展有限公司非法集资案共涉及 1300 多位中老年人，法院按照受害人损失的金额和最终追回的金额，按折算比例，偿还每位投资者。尽管如此，北京怡养爱晚养老实业发展有限公司养老基地的

① 中国社会工作联合会是民政部直属的全国性专业社会团体。

投资者仍然损失惨重。

本案例是以养老基地为诱饵、欺骗中老年人投资的典型案例。本案例也提示我们，关注养老金融发展中存在的问题，以规范养老金融的有序发展，维护公平、有序的金融市场秩序。

二、养老金融的概念界定

养老金融的概念始于2015年。董克用、孙博对养老金融的概念做出了界定。他们认为，养老金融是一个概念体系，是指围绕社会成员的各种养老需求以及应对老龄化社会的挑战所进行的金融活动的总称，主要包括养老金金融、养老金融服务和养老产业金融三个方面的内容①。

1. 养老金金融的概念和特点。养老金金融是指为储备制度化的养老金而进行的一系列金融活动，其对象是制度化的养老金资产，其目标是通过养老保险的制度安排积累养老金资产，同时实现养老金资产的保值增值。具体而言，养老金金融主要包括三个方面：一是养老保险资金筹集的制度安排。在人口老龄化已经成为世界趋势、养老保险制度面临越来越严峻的可持续发展问题的背景下，通过政府、用人单位和个人的责任分担筹集养老保险资金，建立多支柱、风险分散的养老保障体系。二是养老金资产管理。养老金资产管理的目标是在保障养老金资产安全性的前提下，实现养老金资产的保值增值。三是养老金给付。养老保险制度对于养老保险受益人提供的养老金也是养老金金融的重要组成部分。

2. 养老服务金融的概念和特点。养老服务金融是指除了制度化的养老金给付之外，金融机构围绕社会成员养老的投资、理财、消费及其他衍生需求而采取的一系列有关金融产品与服务，其本质是通过金融创新保障老年人的多元化养老需求。具体而言，养老服务金融涉及两个方面的内容：一是养老财富管理，主要包括工作期以养老为目标的财富积累以及老年期养老资产的管理和消费，旨在开发跨生命周期内平滑消费需求的专业化金融产品，如银行业的养老理财产品、住房反向抵押贷款、养老目标基金、保险业的商业养老保险资产、住房反向抵押养老以及养老信托等。二是养老金融的便捷性服务，包括适应不同年龄段人群需求的软件设计以及适老化改造等硬件设施的完善等。

3. 养老产业金融的概念和特点。养老产业金融是指对养老产业提供投融资支持的

① 董克用. 应对老龄化，重视养老金融发展［N］. 中国劳动保障报，2016-12-16（3）.

金融活动，其服务对象是养老产业，其目的是满足养老产业的各种投融资需求。养老产业金融的产生主要是基于传统家庭养老功能弱化、社会化养老功能逐步兴起、养老产业需求不断增加的结果。养老产业具有投资额度大、投资周期长、投资回报慢等特点，需要金融服务的大力支持①。

三、我国养老服务金融发展的现状

近年来，我国政府出台了一系列养老服务金融发展的措施。2013 年 9 月 6 日，国务院发布的《关于加快发展养老服务业的若干意见》首次在国家层面上将养老服务金融作为养老服务业的一部分。从此，商业银行、保险公司、证券公司等金融机构开发了一系列适合老年人的理财、信贷、保险等产品，这些养老金融产品和服务的发展也得到了政府的积极引导和规范。2015 年 4 月 22 日，国家发展改革委员会、民政部、老龄委联合发布的《关于进一步做好养老服务业发展有关工作的通知》指出，发挥好政府投资的引导作用，积极支持社会资本进入。2016 年 3 月 21 日，中国人民银行等五部委联合发布的《关于金融支持养老服务业加快发展的指导意见》明确，加大金融支持的力度，有效地满足迅速增长的养老服务业发展和居民养老领域金融服务需求，是增加资本市场中长期资金供给，促进金融市场发展和金融结构优化的重要手段，是金融机构拓展新业务的重要机遇，是金融业转型升级的重要途径。各金融机构要增强战略意识，加快养老领域业务发展规划和市场布局，努力改善和提升金融服务水平，实现支持养老服务业和自身转型发展的良性互动。2016 年 10 月 11 日，国务院办公厅发布的《关于全面放开养老服务市场提升养老服务质量的若干意见》指出，引导社会资本进入养老服务业，推动公办养老机构改革，提升居家、社区和农村养老服务水平，推进养老服务业制度、标准、设施、人才队伍建设，繁荣养老市场，提升服务质量，让广大老年人享受优质养老服务。这些政策的出台显示，养老金融的发展和规范已经逐渐受到政府有关管理部门的重视，要借助社会的力量，通过市场机制和金融机构的运营集合社会各方力量共同应对人口老龄化带来的问题。2017 年 6 月 29 日，国务院办公厅发布的《关于加快发展商业养老保险的若干意见》指出，以完善养老风险保障机制、提升养老资金运用效率、优化养老金融服务体系为方向，依托商业保险机构专业优势和市场机制的作用，扩大商业养老保险产品供给，拓宽服务领域，提升保障能力，充分发挥商业养老保险在健全养老保障体系、推动养老服务业发展、促进经济提

① 董克用 . 2018 中国养老金融发展报告［M］. 北京：社会科学文献出版社，2018.

质、增效、升级等方面的作用。2018 年 2 月 11 日，证监会发布的《养老目标证券投资基金指引（试行）》指出，养老目标基金具有以下特点：一是在发展初期主要采用基金中基金形式运作，通过在大类资产和基金经理两个层面分散风险，力求稳健；二是采用成熟的资产配置策略，合理控制投资组合波动风险，力争获得长期收益；三是设置封闭期或投资者最短持有期限，避免短期频繁申购、赎回对基金投资策略及业绩产生影响；四是鼓励基金管理人设置优惠的费率，让利于民，支持投资者进行长期养老投资。2019 年 2 月 20 日，国家发展改革委员会、民政部、国家卫生健康委员会联合发布的《城企联动普惠养老专项行动实施方案（试行）》指出，充分发挥中央预算内投资示范带动作用和地方政府引导作用，进一步激发社会资本参与养老服务的积极性，推动养老产业高质量发展。2019 年 4 月 16 日，国务院办公厅发布的《关于推进养老服务发展的意见》指出，拓展养老服务投融资渠道，推动解决养老服务机构融资问题，扩大养老服务产业相关企业债券发行规模，全面落实外资举办养老服务机构的国民待遇。

四、我国养老金融发展中存在的问题

随着现代科学技术和人工智能的发展，老年人对金融服务的接受程度显著提升，金融机构的软硬件设施也呈现出适应老年人需求的发展趋势。但是，老年人在享受线上购买养老金融产品的便捷性时，往往会由于疏于防范、认知问题等遭遇诈骗，造成中老年人养老资产的损失。我国养老金融发展存在的问题主要有以下几个方面。

（一）中老年人的养老储蓄不足，导致其投资策略比较激进

新中国成立后，我国实行计划经济体制，政府承担劳动者的养老等一系列社会保障责任，劳动者一直在低工资、高福利的分配体制下生活，缺乏养老储蓄资金的积累。同时，由于农业补贴工业的发展战略，造成农民收入比较低，也缺乏足够的养老资金的积累。改革开放后，我国经济体制逐步转变为市场经济体制，劳动者的社会保险也从政府承担主要责任转变为政府、用人单位和个人共同承担。经济体制改革、社会保险体制改革等增强了中老年人储备养老金的危机意识，导致中老年人的投资策略比较激进。本案例中，北京怡养爱晚养老实业发展有限公司正是利用了中老年人渴望“老有所养”的心理，以养老基地、养老公寓为诱饵从事非法集资活动。

（二）正规养老机构的门槛过高，难以满足退休人员的养老需求

正规养老机构是指依法注册的养老机构。正规养老机构可以为中老年人集中养老提供规范化的养老场所。正规养老机构通常是政府举办的社会福利院和社会资本举办的养老机构。正规养老机构通常可以利用规模优势降低管理成本或者购买第三方养老机构提供的服务，正规养老机构是养老金融发展的重要途径。但是，现实的情况是，政府举办的社会福利院虽然价格适中，但是老年人往往因为不具备申请入驻的资格条件而难以进入。社会资本举办的养老机构通常比较容易进入，其提供的服务也比较规范，但是价格通常比较高，这主要是由于人工、房产等成本难以下降造成的。乔晓春调查北京市老年人的收入状况发现，北京市老年人中约有20%的人每月总收入在2000元以下，每月总收入在5000元以下的占北京市老年人总数的70%，每月总收入在8000元以上的只约占10%。如果将北京市老年人收入状况与养老机构收费进行比较，北京市大部分退休老人完全不具有进入养老机构的可能，不管他们生活是否能够自理，只能在家养老或者在家接受照护。如果月总收入超过8000元，可以进入绝大多数事业单位和民办非企业养老机构；然而，不管他们是生活能够自理、半自理还是完全不能自理，都不足以进入企业兴办的养老机构[①]。目前，我国养老服务市场能够满足中低收入老人需求的养老机构严重缺乏，导致一些非正规机构通过提供大众消费得起的养老服务聚拢人心，再利用住房抵押、会员制等手段非法敛财，导致老年人上当受骗，造成养老基地、养老公寓诈骗案频发。

（三）中老年人的投资风险防范意识比较差，难以抵御非法集资的诱惑

在计划经济下长期工作、生活的中老年人，对市场经济的运行机制不是很了解，对个人、家庭财产的投资管理缺乏风险防范意识，容易引发个人、家庭资产投资的损失。本案中，北京怡养爱晚养老实业发展有限公司以养老基地项目为诱饵，通过高息回报、预订床位、预存费用、免费旅游、赠送礼品等方式，诱导中老年人投资，进行非法集资等诈骗活动。在盲目追求高收益率心理的驱使下，中老年人的养老投资血本无归。

（四）政府管理部门对养老金融市场缺乏有效的监管，造成中老年人养老投资的损失

目前，我国法律、法规明确规定，养老公寓不得面向社会集资，不能发行养老理

① 乔晓春. 养老产业为何兴旺不起来？[J]. 社会政策研究，2019（2）：7－21.

财产品。任何单位、个人向社会宣传、承诺高投资回报率而获得社会公众资金的行为都属于非法吸收社会公众存款，涉嫌非法集资或者诈骗。但是，由于政府管理部门对市场上的养老机构、养老产品缺乏有效的监管，造成无经营牌照的养老机构、养老基地遍地横行，造成中老年人养老投资的损失。

（五）适应中老年人的养老金融产品缺乏，为非法集资盛行提供了发展空间

随着经济和社会的发展，人民群众对养老金融服务的需求不断增强，银行、保险、基金管理公司等金融机构也开始逐渐意识到养老金融的巨大市场潜力。但是，目前我国养老金融产品同质化问题比较严重，且缺乏适应中老年人需求的养老金融产业链，实质上许多公司推出的养老金融产品仅仅属于大众化的金融理财产品，难以满足中老年人养老投资的需要。

从我国现有的养老金融产品供给来看，养老金融产品的期限普遍较短，银行养老理财产品的投资期限平均为163天，基金行业推出的养老金融产品大多属于开放式基金，信托业的养老金融产品通常采用3+N模式①，保险业的养老理财产品大多以封闭1~2年为主。这表明，我国养老金融市场上的中长期投资理财产品匮乏②。养老金融产品短缺、监管不力等问题的存在，为养老机构的非法集资行为提供了发展空间。值得注意的是，这些非法经营的养老机构推销的养老金融产品更契合中老年人的需求。他们往往打着“养老”“保健”“护理”等旗号，辅之以定期检查、长期理疗、消费返利福利，通过提供免费旅游、赠送实物、养生讲座等方式，欺骗、诱导中老年人购买他们的养老理财产品，变相非法吸收中老年人的储蓄存款。

五、美国防范养老欺诈的经验借鉴

从20世纪90年代开始，美国针对中老年人的网络诈骗、金融诈骗案件频发。对此，美国政府采取了立法先行、政府和企业为主、公众参与、共同治理的反欺诈体系，严厉打击养老欺诈行为，依法保护中老年人的合法权益，美国政府采取的措施主要有以下几个方面。

1. 依法保护公民信息，防止不法机构、个人利用公民信息实施欺诈行为。美国政府于1991年颁布的《电话消费者保护法案》规定，未经电话用户同意，不得向其拨

① 3+N模式是指养老理财产品3年以后可以申请赎回。如果3年后不赎回，后续的N期限的投资收益会提高。

② 董克用.2018中国养老金融发展报告［M］.北京：社会科学文献出版社.2018.

打自动电话或预先录制的电话。2015 年，联邦通信委员会（以下简称 FCC）通过颁布行政命令的方式解释该法案，将其适用范围扩展到宽带、传真、电子邮件、IP 电话等传统电话以外的业务，并明确该法案适用于来自海外的不法电话，促进打击非法拨打电话的管理措施的出台，满足行业发展的最新需要[①]。

2. 强化对违法、违规的政府管理部门、企业或者个人惩罚的力度。针对一些养老诈骗案件大多打着政府管理部门、企业的旗号从事违法、违规的行为，美国政府出台的法律、法规加大了对政府管理部门、企业或者个人的惩罚力度，依法维护中老年人的合法权益。

3. 公民申请住房反向抵押贷款养老受到美国政府管理部门的监督。美国是住房反向抵押贷款养老方式运营较为成功的国家，这主要得益于美国绝大多数倒按揭（Reverse Mortgage）的金融产品均要求政府管理部门批准和监督。例如，《美国国家住房法案》规定，设立的房产价值转换抵押贷款计划需要由美国住房管理局批准，并由美国住房管理局提供担保。即便如此，美国次贷危机爆发、房地产市场受到巨大冲击后，从事倒按揭的银行和保险公司还是无力偿付中老年投资者的倒按揭贷款，进而产生连锁反应，导致中老年人的养老资产缩水，引发社会恐慌。2008 年金融危机后，美国政府管理部门一方面加强对中老年人的养老投资教育，以防止中老年人养老资产的损失；另一方面加大了住房反向抵押证券化运营的监管力度，以防止抵押不当造成中老年人养老资产的损失。

六、解决我国养老金融发展中存在问题的对策建议

（一）加强养老投资的宣传，引导中老年人理性投资

在解决中老年人投资策略比较激进的问题上，政府有关管理部门应当加大宣传的力度，加强养老金融产品和知识的普及、宣传和教育，指导、引导中老年人理性地选择投资理财产品，理性地选择养老金融产品，以获得中老年人满意的、合适的投资回报。

（二）完善养老金融政策，发展适合中老年人需求的养老金融服务

合理地确定养老机构、养老基地的发展定位，发展适合中等收入阶层需要的养老

① 美国打击电话诈骗的新近举措及对我国的启示［J］. 搜狐网站，［2017－05－24］. www. sohu. com/a/143068084_654915.

机构、养老基地、养老公寓，以满足中老年人的养老需求。对此，政府有关管理部门应当在完善政策措施的基础上，鼓励连锁化经营、集团化发展养老机构、养老基地、养老公寓，培育一批各具特色、管理规范、服务标准的养老机构或养老基地、养老公寓，带动整个养老产业链的形成和发展，以促进养老服务业的健康、持续发展。

（三）加大财政投入的力度，鼓励发展多种形式的养老机构、养老基地、养老公寓

针对目前我国养老机构、养老基地、养老公寓定位过高，难以满足中等收入中老年人养老需求的问题，政府有关管理部门应当出台综合性的措施，以加大养老机构、养老基地、养老公寓的建设，对此可以采取以下几个方面的措施：（1）加大财政投入，建设公立养老机构，降低公立养老机构的经营成本，满足中老年人对养老服务的需求。（2）鼓励社会资本进入养老机构、养老基地、养老公寓的建设，增加养老服务供给的主体，以满足中老年人对养老机构服务的需求。

（四）加大对养老金融的监管力度和信息披露力度

目前，养老领域的非法集资和金融诈骗大多倾向于宣传虚假的“官方背景”，受到这类诈骗的中老年人往往会对政府的信用产生怀疑，再口口相传，损害了政府的信誉。养老机构非法集资案件频发的主要原因是政府监管部门的信息披露机制不完善，许多养老工程、养老项目不及时披露备案信息，甚至政府管理部门与北京怡养爱晚养老实业发展有限公司终止合作协议，也未及时披露，结果造成中老年投资者财产的损失。例如，北京怡养爱晚养老实业发展有限公司对外宣称，“怡养爱晚”项目是“爱晚工程”的平台企业。“怡养爱晚”项目在吸收会员入会时，曾有针对性地同高校、机关单位合作，造成这些单位退休老人投资损失惨重。对此，政府管理部门在监管养老金融活动时应当加强信息披露制度的建设，对未达到开展养老服务条件的企业（或者个体工商户），其字号名称及经营范围不得含有“养老”“养老服务”“老年人养护服务”等字样。同时，应当加强对养老服务机构日常经营活动的监管，集中开展无照经营养老服务机构的清理、整治行动。依托“互联网 + 监管”系统，探索建立、健全养老服务信用评价、守信激励、失信惩戒等信用管理制度，以规范养老金融市场的发展，切实保护中老年人的合法权益。

（五）积极参与“互联网 +”工程建设，开发多元化养老金融产品

目前，我国养老金融市场的发展还有很大的扩展空间，但是相比于新兴的互联网行业，养老产业具有投资周期长、投资回报率低、很难吸引投资者等方面的特点。对

此，养老金融产品开发机构也应当积极加入互联网平台，让互联网与养老金融产品服务的发展有机地结合起来，创新发展养老金融产品。政府有关管理部门可以建立全国互联、上下贯通的老龄工作信息化管理平台，数据资源向社会开放。

借鉴国际经验，有关金融机构可以调查不同老年群体的潜在养老服务需求，有针对性地开发养老金融产品。针对不同工作经历、消费水平、受教育水平的中老年人对养老金融服务的不同需求，开发不同的养老金融产品。例如，针对投资经验丰富的中老年人可能愿意涉足投资风险较高的养老金融产品，有关金融机构可以开发这样的养老金融产品。针对投资理财经验不丰富的中老年人，可以开发较为保守的养老金融产品。针对中老年人的不同养老需求，养老金融不仅要重视中长期产品的开发，开发个性化、多元化的养老金融产品，还要吸引年轻人进行养老理财规划，以应对其未来对养老资金的需求，做到未雨绸缪，防患于未然。

参考文献

[1] 董克用．应对老龄化，重视养老金融发展［N］．中国劳动保障报，2016－12－16（3）．

[2] 董克用．2018中国养老金融发展报告［M］．北京：社会科学文献出版社．2018．

[3] 乔晓春．养老产业为何兴旺不起来？［J］．社会政策研究，2019（2）：7－21．

[4] 美国打击电话诈骗的新近举措及对我国的启示［J］．搜狐网站，［2017－05－24］．www.sohu.com/a/143068084_654915．

案例适用说明

一、案例的适用范围和教学目标

1. 案例的适用范围。本案例适用于保险专业、金融专业、劳动与社会保障专业、风险管理专业、公共管理专业的师生学习和使用。

2. 案例的教学目标。本案例旨在让学生关注我国养老机构、养老基地、养老公寓诈骗案发生的原因等，了解养老金融的相关概念和分类，了解美国政府对养老资产安全采取的措施和立法保障，了解养老金融在应对人口老龄化中的重要作用，了解我国养老金融发展中存在的问题，了解解决我国养老金融发展存在问题的对策。

二、启发思考题

1. 如何理解养老金融的概念？
2. 养老金融由哪几部分构成？
3. 我国养老金融发展中存在的问题有哪些？
4. 美国政府在防范养老金融诈骗方面采取了哪些措施？
5. 解决我国养老金融发展存在问题的对策建议有哪些？
6. 你认为，如何应对现阶段我国频发的养老机构诈骗案？
7. 谈谈你对养老金融服务的认识。
8. 你认为，我国养老服务金融应当如何规范地发展？

三、建议课堂计划

建议安排 4 课时，进行课堂讨论。

1. 课前计划。课前发放案例材料，启发性地提出需要思考的问题，让学生查阅相关的背景资料，并在课前完成相关材料的阅读。

2. 课堂计划。首先简明、扼要地介绍案例，其次进行分组讨论。各小组选派代表发言，最后主持人进行归纳、总结和评价，启发学生思考。

3. 课后计划。让学生阅读国内外养老金融相关领域的文献资料，围绕我国养老金融发展中存在的问题，写出完善养老金融监管对策的调查报告。针对学生提交的调查报告，予以讲评。

案例 5

基本养老保险基金入市案例分析

林家正[①]

基本养老保险基金入市是指基本养老保险基金进入资本市场投资运营。基本养老保险基金入市有利于基本养老保险基金实现保值增值。我国基本养老保险基金入市经历了曲折的发展过程。目前，我国基本养老保险基金选择了间接入市、中央政府集中投资运营的管理模式，即各省级政府将本省基本养老保险基金委托给全国社会保障基金理事会，由全国社会保障基金理事会集中委托给具有投资运营全国社会保险基金管理资格的管理机构进行间接投资的管理模式。本案例以山东省城镇企业职工基本养老保险基金委托投资运营为起点，分析我国基本养老保险基金委托投资运营中存在的问题，并提出解决问题的对策建议。本案例的写作目的是使学生加深对基本养老保险基金投资运营风险、投资工具、投资管理模式、投资收益的理解，以规范化管理基本养老保险基金的投资运营。学习本案例有助于提高学生分析问题、解决问题的能力。[②]

---

① 林家正，男，硕士，华夏金融租赁有限公司交易员，研究方向：金融、项目投资。

② 案例根据《山东：500 亿养老金转至社保基金理事会》一文改编，中国新闻网［2015－09－16］. www. chinanews. com/fortune/2015/09－16/7525972. shtml.

案例正文

一、案例介绍

2015 年 9 月，《齐鲁晚报》报道，山东省政府将 500 亿元城镇企业职工基本养老保险基金划转至全国社会保障基金理事会指定的账户。截至 2015 年 7 月底，山东省的基本养老保险基金累计结余已经达到 1950 多亿元，主要通过购买国债或定期存款的方式实现基本养老保险基金的保值增值。

为了进一步提高城镇企业职工基本养老保险基金的支撑能力，山东省政府于 2014 年同全国社会保障基金理事会签订了委托投资运营的合同。合同约定，山东省政府分批将全省约 1000 亿元的城镇企业职工基本养老保险基金划转、委托给全国社会保障基金理事会运营。全国社会保障基金理事会收到山东省政府委托的基本养老保险基金后，将资金委托给具有投资运营管理资格的机构进入市场投资运营。

本案例是我国城镇企业职工基本养老保险基金入市投资运营的典型案例。本案例集中体现了当前我国基本养老保险基金入市的主要管理模式。

二、基本养老保险基金的概念和构成

基本养老保险基金是政府为实施基本养老保险制度依据一定的法律程序依法筹集的专款专用资金。我国基本养老保险基金主要包括城镇职工基本养老保险基金和城乡居民基本养老保险基金。其中，城镇职工基本养老保险基金包括城镇企业职工基本养老保险基金和机关事业单位基本养老保险基金。我国城镇企业职工的基本养老保险基金是从 1992 年开始积累的，积累的资金规模比较大；机关事业单位职工的基本养老保险基金从 2015 年开始积累，积累的资金规模比较小，机关事业单位职工的基本养老保险基金还谈不上基金委托投资运营的问题。因此，本案例所讲述的基本养老保险基金入市主要涉及城镇企业职工基本养老保险基金入市和城乡居民基本养老保险基金入市的问题。

基本养老保险基金是同全国社会保障基金不同的概念。全国社会保障基金是我国政府储存的社会保障资金入不敷出时的战略储备资金，全国社会保障基金目前由全国社会保障基金理事会管理。基本养老保险基金是用人单位、个人缴纳基本养老保险费后积累的基金，目前这部分资金分散在各省、自治区、直辖市财政部门和人力资源和社会保障部门管理。

三、我国基本养老保险基金入市的历程

我国基本养老保险基金入市的投资运营经历了曲折的发展过程。这主要是因为，基本养老保险制度改革初期，我国基本养老保险基金投资管理中存在许多违法、违规的问题，以至于中央政府被迫要求基本养老保险基金纳入同级财政专户管理。但是，基本养老保险基金纳入财政专户管理后，存在着投资渠道狭窄、投资收益率低等方面的问题。在基本养老保险基金保值增值的要求下，我国基本医疗保险资金具有了入市投资运营的要求。

（一）基本养老保险改革初期基本养老保险基金的投资与管理

基本养老保险改革初期，我国实际参与基本养老保险基金投资运营管理的机构很多，除了人力资源和社会保障部以外，还有财政部、保监会、证监会、银监会、国家审计署等机构，多元化的管理体制不仅造成了管理机构的重叠、人员的冗余，而且为有关管理部门贪污、挪用基本养老保险基金创造了制度上的条件。这一时期，基本养老保险基金投资管理存在的问题有以下几个方面：（1）违规从基本养老保险基金中提取管理费。例如，上海市社会保险局本来属于财政拨款的单位，不应该从基本养老保险基金中提取管理费，但是，该局在1993～1995年期间利用管理养老保险基金之便，提取管理费820万元。深圳市社会保险局在1993～1995年期间共从养老保险基金中提取管理费449.4万元。广州市社会保险局从养老保险基金中提取管理费840.85万元。总之，各地存在的违法违规问题不胜枚举。2006年，国家审计署对29个省区市5个计划单列市的调查显示，根据对54个被查单位的统计，各级劳动行政主管部门提取的所谓管理费高达3400万元。在这种情况下，政府有关部门进一步规定，基本养老保险基金的管理费用由政府提供，但是我国基本养老保险的管理成本依然很高。据有关部门统计，当前我国养老保险的管理成本约占其管理资金的3%左右，远高于国际上通行的1%左右的水平。（2）违规使用基本养老保险基金。例如，深圳市社会保险局动用养老保险基金3798万元，购买“深发展”股票。在1992～1994年期间共抛出150万股，共收回资金5644万元，加上利息共计7339.5万元，该局收回资金冲平养老保险基金本金以后，剩余资金（深交所尚有4868万股），形成了游离于养老保险基金之外的“账外账”。（3）基本养老保险基金投资损失比较严重。例如，1993年大庆社会

保险局、哈尔滨市社会保险局于1993年分别动用养老保险基金1000万元、2000万元投资于海南及本地房地产，至今基本养老保险基金本金尚未得到归还[①]。可见，各级政府采取的分散、直接投资运营基本养老保险基金的管理模式不适合我国基本养老保险基金保值增值的要求。

（二）基本养老保险基金纳入财政专户管理后的问题

为了改变管理混乱造成基本养老保险基金损失的问题，政府主管部门被迫下令，基本养老保险基金纳入财政专户进行管理。国务院于1996年6月26日发布的《关于企业职工养老保险制度改革的决定》指出，每一级政府应该建立一个养老保险基金委员会来管理养老保险基金，这个委员会应该由劳动保障、财政、计划和审计，以及银行系统和工会的代表组成，由管理部门的领导担任委员会主席。1997年7月16日，国务院发布的《关于建立统一的企业职工基本养老保险制度的决定》规定："基本养老保险实现收支两条线管理，要保证专款专用，全部用于职工养老保险，严禁挤占挪用和铺张浪费。基金结余，除预留相当于2个月的支付费用外，应全部购买国家债券和存入专户，严格禁止投入其他金融和经营性事业。"1998年3月，国务院在组建劳动和社会保障部时，在劳动和社会保障部内部设立了养老保险基金监督司，专门负责养老保险基金的行政监督管理工作。

基本养老保险基金纳入财政专户管理后，我国基本养老保险基金的投资渠道变得比较狭窄，只能用于购买国债和存入银行。在这种情况下，基本养老保险基金因遭受通货膨胀的影响，每年正以6%~7%的速度贬值。例如，从2000年11月至2001年12月16日，国家财政拨入养老保险基金的资金累积金额为607.26亿元，这些资金主要投资于银行存款、国债，其累计投资收益只有9.28亿元。从2003年到2008年的5年时间内，我国基本养老保险基金的投资收益率为2.18%，而同期加权平均通货膨胀率为2.2%，基本养老保险基金的实际投资收益率为负值[②]。我国基本养老保险基金在投资运营方面长期处于低收益率的状态，这已经严重影响了基本养老保险基金经济补偿功能的发挥。

（三）基本养老保险基金入市问题的提出

2011年12月15日，证监会主席郭树清在公开场合指出，我国大约有2万多亿元的地方养老保险金结余和2.1万亿元的住房公积金结余。如果将这些资金进行统一管

①②刘钧．养老保险基金投资运营的风险预警与防范［M］．北京：清华大学出版社，2010.

理，学习全国社会保障基金投资股市获得收益，无论对个人、政府，还是资本市场均大有好处。郭树清的发言，再次提及基本养老保险基金进入资本市场的问题。2011 年 12 月 22 日，中国社会科学院发布的《2011 年中国养老金发展报告》建议，国务院有关部门对地方管理的基本养老保险基金和中央财政集中管理的全国社会保障基金的投资体制进行统一研究、统一决策。2012 年 1 月 14 日，全国社会保障基金理事会理事长戴相龙表示，成立专门机构运营基本养老保险基金，基本养老保险基金入市势在必行。2012 年 12 月 19 日，经国务院批准，全国社会保障基金理事会接受广东省政府委托，投资运营广东省城镇企业职工千亿元基本养老保险基金，开创了我国基本养老保险基金委托投资的模式创新，从此，专家、学者针对基本养老保险基金是否要入市的争议终于尘埃落定。截至 2012 年年底，广东省委托给全国社会保障基金理事会的千亿元基本养老保险基金的投资收益率为 6.73%；截至 2013 年年底，广东省委托给全国社会保障基金理事会的千亿元基本养老保险基金的投资收益达到 60 亿元，收益率为 6%[①]。2014 年，山东省也将部分基本养老保险基金委托给全国社会保障基金理事会投资运营。这一时期，由于缺乏国务院发布的规范性文件，基本养老保险基金委托全国社会保障基金理事会投资运营的省份比较少。

2015 年 8 月 17 日，国务院发布的《基本养老保险基金投资管理办法》规定，各省、自治区、直辖市基本养老基金结余额，可按照本办法规定，预留一定支付费用后，确定具体投资额度，委托给国务院授权的机构进行投资运营。基本养老保险基金投资管理机构是指接受委托机构委托，具有全国社会保障基金、企业年金基金投资管理经验或者具有良好的资产管理业绩、财务状况和社会信誉，负责养老基金资产投资运营的专业机构。基本养老保险基金限于境内投资。基本养老保险基金投资的范围主要包括：银行存款、中央银行票据、同业存单；国债，政策性、开发性银行债券，信用等级在投资级以上的金融债、企业（公司）债、地方政府债券、可转换债（含分离交易可转换债）、短期融资债券、中期票据、资产支持证券、债券回购；养老金资产，上市流通的证券投资基金、股票、股权、股指期货、国债期货。国家重大工程和重大项目建设，基本养老保险基金可以通过适当方式参与投资。国有重点企业改制、上市，基本养老保险基金可以进行股权投资。2015 年 9 月，山东省政府将 500 亿元企业职工基本养老保险基金划转至全国社会保障基金理事会指定的账户[②]。2015 年 12 月 6 日，

---

① 广东千亿养老金入市两年共赚 94 亿元，新浪新闻中心，[2014-07-09]. www.news.sina.com.cn/c/2014-07-09/065930491042.shtml.

② 山东千亿元养老金一半已划转委托社保运营，新浪财经，[2015-09-10]. www.finance.sina.com.cn/money/insurance/bxdt/20150910/071123207467.shtml.

全国社会保障基金理事会发布的《基本养老保险基金证券投资管理机构评审结果公告》指出，根据《基本养老保险基金投资管理办法》（国发〔2015〕48号）和全国社会保障基金理事会相关评审规定，本着公平、公正、公开的原则，经过严格的评审程序，评出21家基本养老保险基金证券投资管理机构。具体名单如下：博时基金管理有限公司、长江养老保险股份有限公司、大成基金管理有限公司、富国基金管理有限公司、工银瑞信基金管理有限公司、广发基金管理有限公司、海富通基金管理有限公司、华泰资产管理有限公司、华夏基金管理有限公司、汇添富基金管理股份有限公司、嘉实基金管理有限公司、南方基金管理有限公司、鹏华基金管理有限公司、平安养老保险股份有限公司、泰康资产管理有限责任公司、易方达基金管理有限公司、银华基金管理股份有限公司、招商基金管理有限公司、中国人保资产管理股份有限公司、中国人寿养老保险股份有限公司、中信证券股份有限公司①。截至2017年年底，基本养老保险基金积累资产总额3155.19亿元。其中，直接投资资产934.69亿元，占基本养老保险基金资产总额的29.62%；委托投资资产2220.50亿元，占基本养老保险基金资产总额的70.38%。截至2017年年底，基本养老保险基金权益总额2819.01亿元。其中，委托省份基本养老保险基金权益2815.81亿元，包括委托省份划入委托资金本金2731.50亿元，记账收益83.43亿元，风险准备金0.88亿元；基金公积－0.68亿元（主要是可供出售金融资产的浮动盈亏变动额）；受托管理基本养老保险基金风险基金3.88亿元②。

2018年8月，人力资源和社会保障部、财政部联合发布的《关于加快城乡居民基本养老保险基金委托投资工作的通知》规定，从2018年起，各省（区、市）按年分批启动，到2020年年底全面实施居民养老保险基金委托投资工作。截至2018年年底，上海市、湖北省、广西壮族自治区、重庆市、四川省、云南省、西藏自治区、陕西省、甘肃省9省（区、市）已经启动实施。人社部公布数据显示，截至2018年9月底，基本养老保险基金委托投资合同总金额为7150亿元，其中4166.5亿元资金已到账并开始投资③。

2019年2月25日，人力资源和社会保障部、财政部联合发布的《关于确定城乡居民基本养老保险基金委托投资省（区、市）启动批次的通知》规定，从2018年起，

---

① 辛继召.21家基本养老保险证券投资管理机构出炉，中国城市金融网，[2016－12－07]. www.csjrw.cn/2016/1207/22260.shtml.

② 全国社会保障基金理事会基本养老保险基金受托运营年度报告（2017年）[R]. 中国经济网，[2018－11－26]. www.ce.cn/xwzx/gnsz/gdxw/201811/26/t20181126_30865582.shtml.

③ 赵中昊. 机构详解基本养老保险基金入市方略[J/OL]. 中证网，[2018－11－01]. www.cs.com.cn/xwzx/hg/201811/t20181101_5887621.html.

各省（区、市）按年分批启动，到2020年年底全面实施居民养老保险基金委托投资工作。截至2019年年底，我国基本养老保险基金积累资产规模达到6万亿元。其中，委托投资资产为10930亿元，占基本养老保险基金资产总额的18.2%①。

（四）基本养老保险基金入市投资运营的意义

1. 有利于基本养老保险基金的保值增值。随着我国基本养老保险基金积累规模的不断扩大（见表5－1），基本养老保险基金保值增值的问题越来越突出。实现基本养老保险基金入市，有助于提高基本养老保险基金的投资收益率，抵御通货膨胀对基本养老保险基金造成的贬值风险，有助于基本养老保险基金的保值增值。

表5－1　2011～2018年我国基本养老保险基金②收支及累计结余情况　单位：亿元

年份	收入总额	支出总额	累计结余额
2011	18005	13364	20728
2012	21830	16712	26243
2013	24733	19819	31275
2014	27620	23326	35645
2015	32195	27929	39937
2016	37991	34004	43965
2017	46614	40424	50202
2018	55005	47550	58152

资料来源：人力资源和社会保障部．人力资源和社会保障事业发展统计公报（2011—2018年）［R］．人力资源和社会保障部网站，www. mohrss. gov. cn.

2. 有利于创新基本养老保险基金的投资运营管理模式。目前，我国基本养老保险基金到底以何种模式进行投资，尚在进一步探索之中。采取政府集中、委托投资运营的管理模式是总结以往投资失败经验的结果，有助于进一步创新基本养老保险基金投资运营管理模式，实现基本养老保险基金的保值增值。

3. 有助于分享经济发展的成果。基本养老保险基金入市，不仅可以为资本市场注入巨额资金，还有助于分享经济发展的成果，为基本养老保险事业发展服务。

4. 有助于弥补基本养老保险基金的缺口。随着人口老龄化的不断加深，随着我国人口平均预期寿命的延长，我国基本养老保险面临的资金入不敷出的缺口会越来越

① 人社部．2019年年底基本养老保险基金委托投资额达10930亿元［J/OL］．新浪财经，［2020－01－14］．www. finance. sina. com. cn/money/insurance/bxdt/2020－01－14/doc－iihnzahk4069230. shtml.

② 基本养老保险基金为城镇职工基本养老保险基金和城乡居民养老保险基金之和。

大。基本养老保险基金入市，有助于弥补基本养老保险基金入不敷出的缺口，以确保基本养老保险制度运营的持续、稳定。

四、我国基本养老保险基金投资运营的管理模式

基本养老保险基金投资运营的管理模式主要有政府直接投资运营管理模式、政府间接投资运营管理模式和政府部分委托投资运营管理模式三种。基本养老保险基金的这三种投资运营管理模式各有利弊，其优点、缺点和发挥作用的条件可以通过以下的对比分析反映出来。

1. 政府直接投资运营的管理模式。政府直接投资运营管理模式的当事人主要有缴费人、受托人、受益人、托管人和账户管理人。这也就是说，社会保险经办机构作为基本养老保险基金的受托人，不仅管理着基本养老保险基金的行政性事务，还承担着基本养老保险基金投资运营的职责（见图 5－1）。我国基本养老保险制度改革初期，各级地方政府大多采取政府直接投资运营的管理模式。

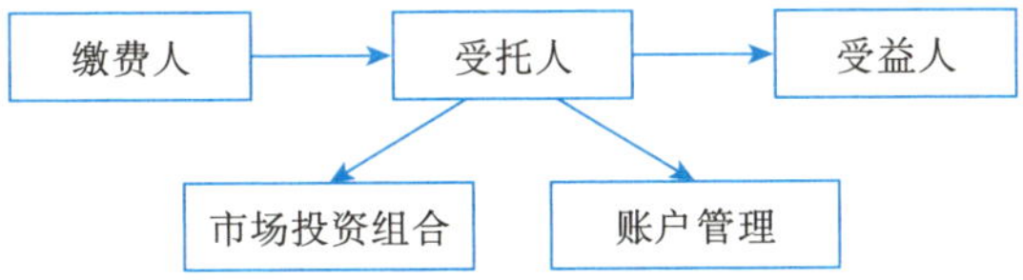

图 5－1　政府直接投资运营管理模式示意图

从图 5－1 可以看出，这种管理模式的优点是：基本养老保险基金受托人与投资管理人合二为一，委托—代理关系比较简单，管理成本比较低。这种管理模式的缺点主要有：（1）受托人权力过大、职责范围过宽，不符合专业化分工协作发展的要求。（2）基本养老保险基金的投资收益率不高，有时甚至低于市场利率。政府直接投资运营基本养老保险基金的投资收益率通常低于政府间接投资运营管理的投资收益率。（3）受托人承担的风险比较大，市场投资失误的风险全部由受托人承担。（4）基本养老保险基金进行投资运营时，受到政府出台的法律、法规的限制比较多。这种管理模式发挥作用的条件是，对受托人的专业技术要求比较高，必须具备应付市场风险的投资决策能力。

2. 政府间接管理模式。政府间接投资运营管理模式是指政府不直接投资运营基本养老保险基金，而是委托给专业的养老金投资管理公司投资运营的管理模式。例如，智利等国家的基本养老保险基金就采取了政府间接管理的模式。政府间接管理模式的关系人不仅包括缴费人、受托人、受益人和账户管理人，而且还包括投资管理人（见

图 5-2)。这种基本养老保险基金投资运营管理模式的特点是基本养老保险基金受托人将投资运营和资产管理的部分责任委托给了投资管理人——信托投资公司、基金管理公司或养老金管理公司，由这些公司负责基本养老保险基金的投资运营。

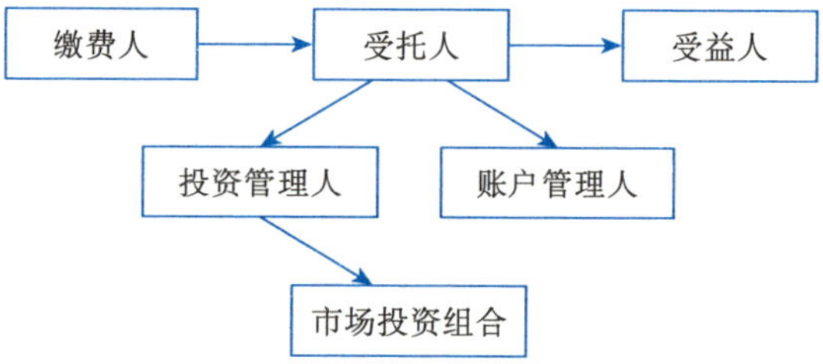

图 5-2　政府间接投资运营管理模式示意图

从图 5-2 可以看出，这种管理模式的优点主要有：(1) 受托人、投资管理人之间职责分工明确，有利于提高基本养老保险基金的投资运营效率；(2) 受托人将基本养老保险基金委托给多家投资管理人管理，有利于分散投资风险；(3) 委托专业的投资管理人进行投资，可以增加服务的竞争性，降低管理费用，增加管理的透明度，便于受托人依法进行监督；(4) 受托人作为所有权的代表，能够对投资管理人的投资行为进行有效的监督，规范基本养老保险基金的投资方案和投资组合方案；(5) 基本养老保险基金的账户管理人可以依法监督投资管理人的投资行为；(6) 有利于提高基本养老保险基金的投资收益率，实现基本养老保险基金的保值增值。

这种投资运营管理模式的缺点有：(1) 委托——代理关系比较复杂，涉及的法律关系比较多；(2) 管理成本比较高。

这种管理模式发挥作用的条件有：(1) 需要大力开展投资管理人的培养工作，培养具有投资理财经验的专业机构和专业管理人才；(2) 需要加强对投资管理人的监管，防止投资管理人涉足风险过高的投资领域；(3) 需要规定投资管理人取得投资收益率的下限。

3. 政府部分间接投资运营管理模式。政府部分间接投资运营管理模式是介于政府直接投资运营管理模式和政府间接投资运营管理模式之间的管理模式，是政府将一部分基本养老保险基金投资运营的管理委托给投资管理人，将另一部分基本养老保险基金投资运营的管理权留给了自己，只将一部分基本养老保险基金委托给投资管理人的管理模式（见图 5-3)。目前，我国大多数省份采取了这种基本养老保险基金投资运营管理模式。

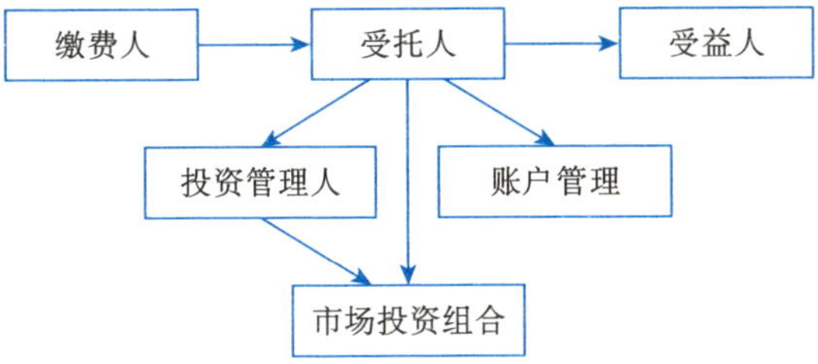

图5-3　政府部分间接投资运营管理模式示意图

从图5-3可以看出，这种管理模式的优点主要有：受托人职责范围变窄、承担的风险有所降低，基本养老保险基金投资运营损失的部分风险转移给了投资管理人。这种管理模式的缺点主要有：专业化分工有限，基本养老保险基金投资收益率可能不如政府间接投资运营管理模式。这种管理模式发挥作用的条件是，受托人要具备一定的投资管理能力。因为随着银行存款、国债利率市场化程度的加深，即使是获得固定的投资收益率，也需要具有较高的投资技能。

五、我国基本养老保险基金投资运营存在的问题

我国基本养老保险基金入市具有积极的作用，也取得了较好的投资收益率，但是也存在以下几个方面的问题。

(一) 基本养老保险基金投资运营的收益依赖于成熟、稳定的金融市场环境

基本养老保险基金要获得稳定的投资收益率，依赖于成熟、稳定的金融市场环境。金融市场包括资本市场和货币市场。下面逐一分析这两个市场存在的问题。目前，我国金融市场存在的问题比较多，主要有以下几个方面：(1) 上市公司的盈利能力比较弱，影响了投资于其中的基本养老保险基金的安全和收益。目前，我国上市公司的盈利能力比较差，造成股市持续、稳定上涨的动力不足，基本养老保险基金投资股市面临的损失风险比较高。(2) 资本市场管理混乱，上市公司财务造假案件频发。上市公司通过构造各种实际上虚假的经济业务来设置报告陷阱，设计缺乏实际内容的交易，以达到欺骗公众、欺骗监管的目的。股市上频繁出现的财务造假不仅会造成社会公众利益的损失，还会造成基本养老保险基金投资的损失。(3) 银行的经营风险也会造成基本养老保险基金投资损失的风险。如果基本养老保险基金投资于这些单位发行的“垃圾债”，就会造成基本养老保险基金投资的损失。在民营银行风起云涌、不断壮大的今天，更应该防范银行经营的风险。(4) 经济运行中的系统风险也会影响基本养老

保险基金投资的收益。世界经济危机、中国经济的异常波动，也会影响基本养老保险基金投资的收益。（5）政府监管不到位，我国金融市场孕育着比较大的金融风险。我国一些上市公司、金融机构存在着治理结构不完善的问题，潜伏着大股东掏空整个上市公司、金融机构等治理结构不完善的问题。例如，包头商业银行被接管、安邦保险被接管等事件的发生，暴露出公司治理结构不完善带来的诸多问题，这些问题不仅影响金融市场的持续、有序发展，而且影响着基本养老保险基金投资运营的安全。

（二）基本养老保险基金多重委托投资运营的管理成本比较高

目前，我国基本养老保险基金的委托—代理关系比较复杂，存在着多重委托—代理的问题。各级省政府将基本养老保险基金委托给全国社会保障基金理事会，全国社会保障基金理事会将基金委托给投资管理人的多重委托—代理关系。在基本养老保险基金的多次委托代理过程中，全国社会保障基金理事会既是委托人，又是受托人，还是资产管理人和投资管理人。同时，由于多重委托—代理关系的存在，政府、全国社会保障基金理事会需要进一步监管投资管理人的行为，以防止基本养老保险基金投资运营的损失。多重委托—代理导致基本养老保险基金委托—代理的成本比较高，也容易带来重复监管和监管的低效率。

（三）基本养老保险基金投资的范围比较狭窄

相比于其他国家养老保险基金的投资运营[①]，我国基本养老保险基金投资的范围还比较狭窄，影响基本养老保险基金投资的收益。例如，我国政府发布的《基本养老保险基金投资管理办法》规定，允许基本养老保险基金投资于国家重大工程和重大项目建设，养老基金可以通过适当方式参与投资。国有重点企业改制、上市，养老基金可以进行股权投资。上述这些规定说明，我国基本养老保险基金投资的范围相对狭窄，如不允许投资房地产、股指期货等，影响基本养老保险基金的投资收益率。

（四）基本养老保险基金投资收益率不高

尽管各省基本养老保险基金委托给全国社会保障基金理事会投资，但是其投资收益率依然不高。例如，2018 年我国基本养老保险基金的名义投资收益率为 2.56%[②]，同期消费物价指数增长率为 2.1%，基本养老保险基金的实际投资收益率仅为 0.46%，

---

① 现收现付制国家大多没有基本养老保险基金的积累，其投资的大多是补充养老保险资金。

② 基本养老保险基金公布成绩单 2018 年投资收益率 2.56% [J/OL]. 中国城市金融网，[2019-08-21]. www.csjrw.cn/2019/0821/124875.shtml.

其实际投资收益率并不高。

（五）基本养老保险基金投资运营的监管有待于进一步完善

1. 基本养老保险基金投资运营的法律、法规监管有待于进一步完善。目前，我国有关基本养老保险基金投资运营的法律、法规有待于进一步完善，需要政府出台针对性强的法律、法规以规范基本养老保险基金的投资运营。

2. 基本养老保险基金投资运营的监管人才缺乏。由于缺乏高素质监管人才，基本养老保险基金投资运营中存在的问题难以被发现，影响了基本养老保险基金的安全。

3. 多重委托—代理造成基本养老保险投资运营的法律关系比较复杂，加大了基本养老保险基金投资运营监管的难度。特别是对于投资管理人的监管有待于进一步完善。

4. 基本养老保险基金投资运营监管的手段落后、监管方法单一。目前，有关管理部门对基本养老保险基金投资运营监管的手段比较落后，监管的方法也比较单一，不适合基本养老保险投资运营监管的需要。

六、解决基本养老保险基金投资运营问题的对策建议

解决基本养老保险基金入市中存在问题的对策，主要有以下几个方面。

（一）营造安全、稳定的基本养老保险基金投资运营的市场环境

在营造安全稳定的基本养老保险基金投资运营环境方面，可以做好以下工作。

1. 营造平等、公平的市场环境，提高企业的盈利能力和水平。政府有关管理部门应当为企业营造公平、有序的市场环境，为企业发展创造公平、稳定的市场环境。与此同时，企业也应当适应市场发展的需要，加强技术改造和革新，提高盈利能力和水平。

2. 严厉打击上市公司财务造假行为，净化资本市场环境。对于恶意进行财务造假、欺骗社会公众的上市公司，应当依法追究相关人员的责任；对于触犯法律的，依法追究相关人员的刑事责任，以净化资本市场环境。

3. 关注银行经营的风险，防范可能发生的经营风险。对此，政府有关管理部门应当密切关注银行的经营风险，化解银行的经营风险，提高政府决策的科学性和准确性，为基本养老保险基金投资运营营造安全、稳定的金融市场环境。

4. 加强对金融市场环境的预警，做好处理危机事件的预警和预案，防范系统性金融风险对基本养老保险基金投资运营造成的损失。

5. 加强对金融市场活动的监管，防范金融风险事件的发生，为基本养老保险基金投资运营营造安全、稳定的市场环境。

（二）创新基本养老保险基金委托代理模式

创新基本养老保险基金委托—代理的管理模式，简化基本养老保险基金投资运营的委托—代理程序，简化不必要的手续和业务环节，以降低基本养老保险基金委托—代理的管理成本。

（三）拓宽基本养老保险基金的投资渠道

拓宽基本养老保险基金的投资渠道，可以扩大基本养老保险基金投资的领域和范围，增加基本养老保险基金投资运营收益的来源，可以为基本养老保险基金带来持续、稳定的投资收益。例如，允许基本养老保险基金投资于房地产、医院、公共设施建筑，提高基本养老保险基金的投资收益率，这样不仅可以服务于经济发展，还可以带来持续稳定的投资收益。

（四）提高基本养老保险基金的投资收益率

造成基本养老保险基金投资收益率不高的原因是多方面的，如上市公司盈利能力低下、财务造假频发、投资渠道狭窄、投资管理模式复杂等方面的问题。针对这些问题，需要采取综合的管理措施，加强对金融环境的管理、对基本养老保险基金投资管理模式的改革，为提高基本养老保险基金的投资收益率服务。

（五）进一步完善基本养老保险基金投资运营监管的措施

1. 进一步完善法律、法规体系，引导政府、投资管理人、个人依法依规履行工作职责。强化对上市公司、证券公司、基金管理公司、期货公司的常规监管，对市场违法、违规行为予以严厉打击，遏制各类非法证券活动蔓延的势头。

2. 加强对监管人员的培训，培养适应基本养老保险基金投资运营监管的专业人才，以便及时发现金融市场运行中的潜在风险，提高监管人员的能力和水平。

3. 建立适应多重委托—代理的监管体系，特别是健全对投资管理人合规、合法的监管体系建设，以确保基本养老保险基金资产的安全。

4. 提升监管手段、创新监管方法，以适应基本养老保险基金多重委托—代理监管的需要。政府有关监管部门可以采取网络监管、审计监管等措施，创新监管手段、方法，提高有关管理部门的监管效率，以确保基本养老保险基金的安全。

参考文献

[1] 刘钧. 养老保险基金投资运营的风险预警与防范 [M]. 北京：清华大学出版社，2010.

[2] 广东千亿养老金入市两年共赚94亿元. 新浪新闻中心，[2014-07-09]. www.news.sina.com.cn/c/2014-07-09/065930491042.shtml.

[3] 山东千亿元养老金一半已划转委托社保运营. 新浪财经，[2015-09-10]. www.finance.sina.com.cn/money/insurance/bxdt/20150910/071123207467.shtml.

[4] 辛继召：21家基本养老保险证券投资管理机构出炉. 中国城市金融网，[2016-12-07]. www.csjrw.cn/2016/1207/22260.shtml.

[5] 全国社会保障基金理事会基本养老保险基金受托运营年度报告（2017年）. 中国经济网，[2018-11-26]. www.ce.cn/xwzx/gnsz/gdxw/201811/26/t20181126_30865582.shtml.

[6] 赵中昊. 机构详解基本养老保险基金入市方略. 中证网，[2018-11-01]. www.cs.com.cn/xwzx/hg/201811/t20181101_5887621.html.

[7] 人社部. 2019年底基本养老保险基金委托投资额达10930亿元. 新浪财经，[2020-01-14]. www.finance.sina.com.cn/money/insurance/bxdt/2020-01-14/doc-iihnzahk4069230.shtml.

[8] 基本养老保险基金公布成绩单2018年投资收益率2.56%. 中国城市金融网，[2019-08-21]. www.csjrw.cn/2019/0821/124875.shtml.

案例适用说明

一、案例的适用范围和教学目标

1. 案例的适用范围。本案例适用于保险学、金融学、风险管理专业硕士、劳动与社会保障、公共管理等专业开设的《社会保障理论研究》课程学习使用。

2. 案例的教学目标。本案例旨在帮助学生了解、掌握基本养老保险基金投资运营的必要性、管理模式、投资运营的风险，帮助学生了解、掌握我国基本养老保险基金投资运营管理的实践，以加深对我国基本养老保险基金投资运营管理问题的理解。

二、启发思考题

1. 我国基本养老保险基金由几部分组成？
2. 我国城镇职工基本养老保险基金的来源有哪些？
3. 我国城乡居民基本养老保险基金的来源有哪些？
4. 我国基本养老保险基金入市投资运营的历程有哪些？
5. 基本养老保险基金投资运营的管理模式有哪些？
6. 基本养老保险基金投资运营面临哪些风险？
7. 如何防范基本养老保险基金投资运营损失的风险？
8. 我国基本养老保险基金投资运营管理存在的问题有哪些？
9. 解决我国基本养老保险基金投资运营问题的对策有哪些？

三、建议课堂计划

建议讲述4课时，并进行讨论。

1. 课前计划。课前发放从网络上搜集的案例资料，让学生了解事件发生的经过。

2. 课堂计划。主持人要保持中立的态度，组织学生开展讨论，评价学生的讨论，可以采取模拟会议、辩论会的形式讨论问题。

3. 课后计划。讨论结束后，让学生提交案例分析报告。针对学生案例分析报告中存在的问题，予以讲评。

案例6

城镇职工基本养老保险资金全国统筹案例分析

刘钧[①]

城镇职工基本养老保险资金全国统筹是我国政府调剂基本养老保险资金地区分布不平衡的重要措施。但是，这一措施自21世纪初被提出以来，就引起了社会各界的争议，至今仍然争论不休。了解城镇职工基本养老保险资金全国统筹争议的由来、争议各方的主要观点，可以了解我国城镇职工基本养老保险制度改革、发展的现状和存在的问题，并对完善我国城镇职工基本养老保险资金的运营机制具有积极的作用。本案例从我国城镇职工基本养老保险资金收付制度开始，分析城镇职工基本养老保险资金全国统筹问题的提出，争议各方的主要观点，并就基本养老保险资金全国统筹在管理实践中存在的问题进行分析，以期加深学生对我国城镇职工基本养老保险制度改革和发展的理解。

① 刘钧，女，经济学博士，中央财经大学教授，研究方向：劳动与社会保障。

案例正文

一、案例介绍

李某，男，70 岁，广东省广州市某企业退休人员。2018 年 8 月 2 日，李某从网站上得知，国务院要建立基本养老保险基金中央调剂制度。中央调剂制度规定，各地按照当地在职职工人数和当地平均工资的一定比例上缴资金形成中央调剂基金。中央政府不留存基金，而是按照各地区离退休人员的数量向各地区定额拨付中央调剂基金。看到这些消息后，李某很恐慌，他觉得，根据政策规定，中央政府要将广东省的一部分基本养老保险资金调剂到北京，然后再调剂到其他省、自治区和直辖市。他觉得这会影响到自己的养老金待遇，自己未来领取的养老金会减少。李某将自己的疑惑说给身边的朋友，朋友也不知道是怎么回事。2018 年 8 月 20 日，李某又从网站得知，建立中央调剂制度并不会影响个人的养老金待遇。面对纷至沓来的信息，李某更加困惑了。

李某的疑虑比较具有代表性。他想不明白的问题可能也是许多在职职工和退休人员想弄明白的问题。

对此，本案例首先从基本养老保险资金的收付制度开始，探讨基本养老保险资金全国统筹的提出、中央调剂制度的建立及存在的问题，最后提出解决问题的对策建议。

二、城镇职工基本养老保险资金的收付制度

在谈城镇职工基本养老保险资金全国统筹之前，先讲述一下我国现行城镇职工基本养老保险实行的“统账结合”制度。也就是说，城镇职工基本养老保险资金由社会统筹资金和个人账户资金两部分构成，即用人单位缴纳的基本养老保险费用于社会统筹，职工个人缴纳的基本养老保险费用于个人账户基金的积累。社会统筹资金和个人账户资金实行两种不同的资金收付制度，下面分别介绍。

（一）城镇职工基本养老保险社会统筹资金的收付方式

我国城镇职工基本养老保险社会统筹资金的收付方式是以当期用人单位的缴费给

付当期退休人员的基础养老金和过渡性养老金[①]，这部分资金实行现收现付制，主要以实现短期资金的收支平衡为主，不存在基本养老保险基金的积累。因此，从理论上讲，社会统筹是不存在基金积累的。如果当期筹集的资金不足以支付退休人员对基本养老保险资金需求的话，由同级财政划拨资金弥补资金当期的缺口，见图6－1。

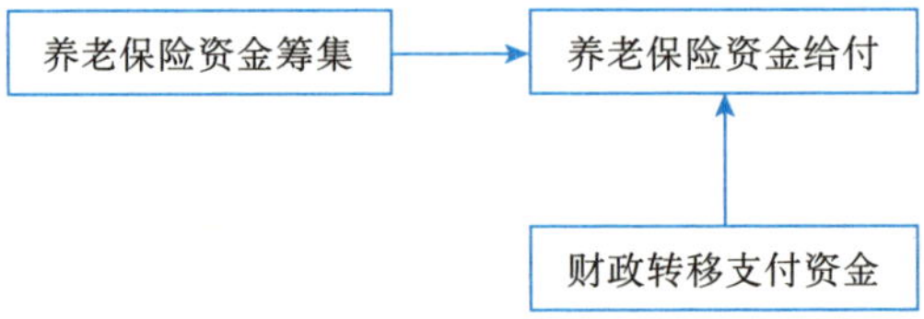

图6－1　现收现付制基本养老保险资金收付方式示意图

从图6－1可以看出，现收现付制基本养老保险资金的筹集通常是根据养老保险资金的给付确定的，其资金从筹集到给付的过程中不应当存在基本养老保险基金的积累。

为了防止基本养老保险资金支付不稳定，造成资金缺口，管理部门通常会预留1～2个月的资金支付，其余的资金全部支付出去。例如，德国政府规定，养老保险波动储备金保存的额度为一个月至一个半月的支出额，波动储备金的设置有助于养老保险缴费比率的稳定。

（二）城镇职工基本养老保险个人账户资金的收付方式

我国城镇职工基本养老保险的个人账户实行基金积累制，基金积累制基本养老保险资金的收付方式是正在工作的职工为自己退休后储备基本养老金的制度，这部分资金是职工个人在职时积累资金，到其退休后取出自己曾经缴纳的基本养老保险费的资金收付方式，这是以长期纵向平衡为原则确定的资金收付制度，见图6－2。

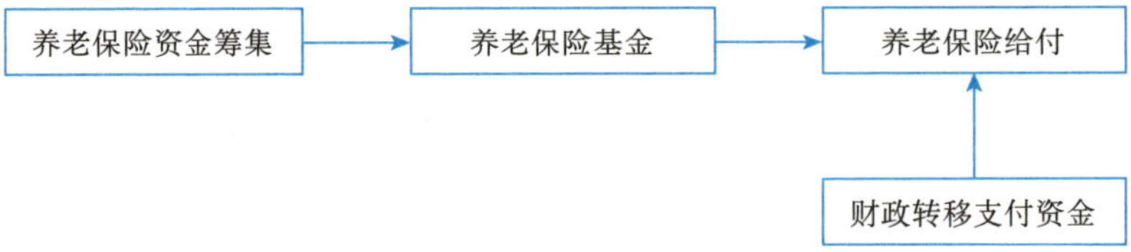

图6－2　基金积累制基本养老保险资金收付方式示意图

从图6－2可以看出，由于职工从开始缴费到领取基本养老金待遇会经历很长期间（最长可达44年），职工缴纳的这部分资金会积累下来，形成基本养老保险个人账户

---

① 我国城镇职工“中人”退休后的基本养老金主要有基础养老金、过渡性养老金和个人账户养老金三部分。我国城镇职工“新人”退休后的基本养老金主要有基础养老金和个人账户养老金。

基金。我国城镇职工基本养老保险个人账户资金是职工个人缴费积累的，主要用于支付个人账户养老金。

（三）社会统筹资金同个人账户资金的保障功能对比

由于我国城镇职工基本养老保险社会统筹的设置，使当期用人单位缴纳的基本养老保险费支付给了当期退休的人员，这也就实现了代际间资金的转移支付，具有互济互助的功能。相反，城镇职工基本养老保险个人账户资金是职工个人为自己储存基本养老保险资金的配置方式，不存在代际间的转移支付问题，也就不具有代际间互济互助的功能。个人账户资金属于自我储蓄、自我保障的资金长期配置方式。

三、城镇职工基本养老保险资金全国统筹的提出

什么是城镇职工基本养老保险资金的全国统筹，为什么提出基本养老保险资金全国统筹这一措施呢？

（一）城镇职工基本养老保险资金全国统筹提出的原因

随着我国城镇职工基本养老保险制度的改革和发展，制度设计和制度改革带来的一些问题就显现了出来。例如，劳动者跨统筹地区流动的障碍问题、各地基本养老保险负担不均衡的问题、一些省份基本养老保险资金入不敷出的问题等。下面分别讲述城镇职工基本养老保险资金全国统筹措施提出的原因，其主要有以下几个方面。

1. 城镇职工基本养老保险制度改革带来了劳动者跨统筹地区流动障碍。1993 年 11 月，国务院发布的《关于建立社会主义市场经济体制若干问题的决定》规定，城镇职工养老和医疗保险缴费由职工和个人共同负担，实行社会统筹和个人账户相结合的制度，首次明确我国要建立“统账结合”的城镇职工基本养老保险制度。21 世纪初，一些专家、学者发现，由于城镇职工基本养老保险实行社会统筹和个人账户相结合的资金收付制度，造成劳动者跨统筹地区流动时可以带走其基本养老保险个人账户上积累的资金，但是却无法带走用人单位缴纳的社会统筹资金，以至于基本养老保险关系转入地的社会保险经办机构不愿意为个人办理基本养老保险关系的转移、接续手续。城镇职工基本养老保险已经成为除了户籍之外影响劳动者流动的又一大制度障碍。国务院于 2009 年 12 月 28 日发布的《城镇企业职工基本养老保险关系转移接续暂行办法》规定，以本人 1998 年 1 月 1 日后各年度实际缴费工资为基数，按照 12% 的总和转移，参保缴费不足 1 年的，按实际缴费月数计算转移。尽管出台了这一措施，

劳动者跨统筹地区流动的制度障碍问题依然没有解决。为了解决劳动者跨统筹地区流动的制度障碍问题，一些专家、学者提出了城镇职工基本养老保险资金全国统筹的概念。

2. 各地区的基本养老保险缴费负担不平衡。随着城镇职工基本养老保险制度改革的逐步深入，一些省份的养老负担比较轻，出现了基本养老保险资金巨额结余的问题；一些省份的养老负担比较重，出现了基本养老保险资金入不敷出的问题。截至 2014 年年底，我国城镇职工基本养老保险资金收不抵支的省份有 3 个（河北、黑龙江、宁夏）；截至 2016 年年底，收不抵支的省份达到 7 个（黑龙江、辽宁、河北、吉林、内蒙古、湖北、青海）；截至 2017 年年底，收不抵支的省份达到 10 多个[①]。造成各地养老负担不均衡的原因比较多，其主要表现为经济发展比较好的地区的城镇职工基本养老保险资金就会出现巨额的结余；经济发展比较差的地区，其城镇职工基本养老保险资金就会出现入不敷出的问题。我国东部地区基本养老保险资金的结余比较多，中西部地区基本养老保险资金的结余比较少。特别是东北等老工业地区，缴费人员少，退休人员多，养老负担比较重。为了改变各统筹地区城镇职工基本养老保险负担不平衡的状态，为了调剂各省基本养老保险资金的余缺，一些专家、学者提出了城镇职工基本养老保险资金全国统筹的措施。

3. 各统筹地区城镇职工基本养老保险制度不统一。尽管国务院、人力资源和社会保障部在城镇职工基本养老保险制度建设方面发布了一系列的法律、法规，但是各地在基本养老保险覆盖范围、缴费费率、待遇计发办法等方面有很多不同，制度碎片化现象严重，难以实现各地区基本养老保险制度之间的有效衔接[②]。

（二）基本养老保险资金全国统筹的含义

基本养老保险资金全国统筹是指城镇职工基本养老保险社会统筹资金实行全国统一征缴、统一管理、统一调剂使用的制度。城镇职工基本养老保险资金全国统筹提出初期，专家、学者大多主张将所有的资金都调剂到中央，统一使用。但是，在争论中专家、学者普遍认为，应当仅统筹城镇职工基本养老保险的社会统筹资金，而不应该统筹个人账户资金。这主要是因为，城镇职工基本养老保险个人账户资金是属于缴费职工个人的，具有明确的产权，劳动者退休时需要支付给个人，不宜调剂这部分资金

---

① 2019 年养老金省级统筹加快推进 为实现全国统筹“铺路”［N/OL］. 界面新闻，［2018－12－26］. www. baijiahao. baidu. com/s?id＝1620871040233701836.

② 褚福灵. 为什么要实现基本养老保险基金全国统筹［N/OL］. 搜狐新闻，［2015－10－28］. www. news. sohu. com20151028/n424418021. shtml/.

的余缺[①]。对此，我国政府于2010年10月28日发布的《社会保险法》规定，基本养老保险基金逐步实行全国统筹。我国政府于2018年12月29日发布的修订的《社会保险法》依然坚持基本养老保险基金逐步实行全国统筹。

四、基本养老保险资金全国统筹的争议

基本养老保险资金全国统筹从提出之日起，就引起了学术界的激烈争论。

（一）反对基本养老保险资金全国统筹的观点

中国人民大学教授李珍认为，基本养老保险资金实行全国统筹之后，将会带来新的公平性问题，存在着不可克服的隐患。提高基本养老保险统筹层级后，为了促进公平而采取的措施将会造成新的不公平[②]。首都经济贸易大学教授庹国柱认为，基本养老保险要实现全国统筹是天方夜谭，实现起来难度不小。庹国柱认为，真正实现省级统筹的省份只有4、5个省，绝大部分省份基本养老保险的统筹层级仍然停留在县、市一级，全国统筹单位多达2000个，实现基本养老保险资金全国统筹的难度不小[③]。中央财经大学教授刘钧认为，将分布在各地的基本养老保险资金千里迢迢调动到中央，再从中央划拨下去，这实际上是管理成本极高的制度设计，富有效率的制度不应当这样设计。对此，刘钧教授认为：第一，基本养老保险资金结余省份不欠资金短缺省份的钱。中国有句古话，“冤有头、债有主”，经济发达省份不欠经济不发达省份基本养老保险方面的钱，让他们还钱“填坑”，从何谈起呢？第二，从长期发展来看，经济发达省份未来也会出现基本养老保险资金入不敷出的问题。届时他们会说，曾经把结余的基本养老保险资金上缴了，现在是还钱的时候了，这对于中央层面来说会是一个大包袱，实现基本养老保险资金全国统筹应当慎之又慎。第三，这种做法将严重损害各省收缴基本养老保险资金的积极性。有些可以多收缴基本养老保险费的省份，未来可能不再多收了，理由是多收的资金也会被拿走。在这种情况下，中央政府监管各省、各地是否及时、足额缴纳基本养老保险费的管理成本是很高的。第四，弱化了地方政府的作用。以往各省基本养老保险资金出现入不敷出的情况时，地方政府可以从其他地方划拨资金用于基础养老金的发放。例如，各级政府历年发放的养老金补贴。实行基本养老保险资金全国统筹，显然是弱化了地方

---

① 目前，也有专家、学者认为，个人账户资金也应该在全国范围内调剂使用。

②③ 养老金全国统筹，看似公平［J/OL］. 太平洋保险网站，［2018－08－15］. www.cpic.com.cn/c/2018－08－15/1557812.shtml.

政府在促使基本养老保险资金实现收支平衡中的作用[①]。

（二）支持基本养老保险资金全国统筹的观点

中国人民大学教授郑功成认为，加快实现养老保险基金全国统筹，可以解决养老金收支的压力，可以确保养老金制度的可持续性和公平性，是基本养老保险从地区分割迈向全国统筹的第一步，其释放出的正确信号是，基本养老保险制度是国家的制度，而非地方的制度，基本养老保险全国统筹势在必行，它将确保劳动者在全国范围内不再因为自由流动而在享受同样公平的养老金权益上受到损失，真正实现制度公平[②]。中国社会科学院研究员郑秉文认为，真正的基础养老金全国统筹应该实现基础养老金在中央层面上的大收大支，基本养老保险缴费应当由中央政府来管理，支出兜底也由中央政府来管理。如果只是像省级统筹一样，从地方养老保险基金中抽几个点，建立一个中央调剂金，统筹层次并没有得到真正提高，养老金统筹层次低带来的很多问题仍然得不到解决[③]。中央财经大学教授褚福灵认为，实现基本养老保险基金在全国范围的统筹使用，可以提高基金使用的规模效应，是基本养老保险全国统筹要解决的核心问题[④]。人力资源和社会保障部副部长游钧认为，正因为省与省之间基金不平衡问题靠省级统筹难以解决，需要进一步提高统筹层次，在全国范围内对基金进行适度调剂使用。国家决定建立养老保险基金中央调剂制度，是实现全国统筹的第一步[⑤]。

五、城镇职工基本养老保险资金全国统筹的实施

（一）城镇职工基本养老保险基金中央调剂制度的建立

中央政府实施基本养老保险资金全国统筹的第一步是建立中央调剂制度。2017年，国务院在《关于2016年中央和地方预算执行情况与2017年中央和地方预算草案

---

① 刘钧．财政应加大对养老保险的转移支付［N/OL］．新京报，［2019－01－25］．www. baijiahao. baidu. com/s?id＝1623630945130679305.

② 养老保险基金实现全国统筹的条件趋于成熟［N/OL］．经济参考报，［2019－08－05］．www. 360kuai. com/pc/919795e21840c7cc4?cota＝4&kuai_so＝1&tj_url＝so_rec&sign＝360_57c3bbd1&refer_scene＝so_1.

③ 郑秉文．养老保险顶层设计已确定全国统筹未实现［N/OL］．第一财经，［2017－05－30］．www. yicai. com/news/5293233. html.

④ 褚福灵．为什么要实现基本养老保险基金全国统筹［N/OL］．搜狐新闻，［2015－10－28］．www. news. sohu. com20151028/n424418021. shtml/.

⑤ 广东成中央调剂金贡献最大省强调不讨价还价［N/OL］．网易财经，［2019－04－05］．www. money. 163. com/19/0405/14/EC0OAF4H002580S6. html.

的报告》中提出，要建立“基本养老保险基金中央调剂制度”，首次提出了中央调剂制度。2018 年 6 月 13 日，国务院印发的《国务院关于建立企业职工基本养老保险基金中央调剂制度的通知》（以下简称《通知》）决定，国务院决定建立养老保险基金中央调剂制度，自 2018 年 7 月 1 日起开始实施，此举被视为基本养老保险全国统筹的重要过渡性举措。《通知》规定，国家统一制定职工基本养老保险政策，逐步统一缴费比例、缴费基数核定办法、待遇计发和调整办法等，最终实现养老保险各项政策全国统一。《通知》对基金筹集、拨付、管理和中央财政补助等内容做出了如下规定。

1. 中央调剂基金的筹集。中央调剂基金由各省份城镇职工基本养老保险基金上解的资金构成。按照各省份职工平均工资的 90% 和在职应参保人数作为计算上解额的基数，上解比例从 3% 起步，以后逐步提高。

某省份上解额 =（某省份职工平均工资 ×90%）×某省份在职应参保人数 × 上解比例

其中，各省份职工平均工资，为统计部门提供的城镇非私营单位和私营单位就业人员加权平均工资。各省份在职应参保人数，暂以在职参保人数和国家统计局公布的企业就业人数二者的平均值为基数核定。将来条件成熟时，以覆盖范围内常住人口的全民参保计划数据为基础确定在职应参保人数。

2. 中央调剂基金的拨付。中央调剂基金实行以收定支，当年筹集的资金全部拨付地方使用。中央调剂基金按照人均定额拨付，即根据人力资源和社会保障部、财政部核定的各省份离退休人数确定拨付资金的金额。

某省份拨付额 = 核定的某省份离退休人数 × 全国人均拨付额

其中，全国人均拨付额 = 筹集的中央调剂基金/核定的全国离退休人数

3. 中央调剂基金的管理。中央调剂基金是基本养老保险基金的组成部分，纳入中央级社会保障基金财政专户，实行收支两条线管理，专款专用，不得用于平衡财政预算。中央调剂基金采取先预缴预拨后清算的办法，资金按季度上解下拨，年终统一清算。各地在实施基本养老保险基金中央调剂制度之前累计结余基金原则上留存地方，用于本省（自治区、直辖市）范围内基本养老保险基金余缺调剂。

4. 中央财政的补助。现行中央财政补助政策和补助方式保持不变。中央政府在下达中央财政补助资金和拨付中央调剂基金后，各省份基本养老保险基金的缺口由地方政府承担。省级政府要切实承担确保基本养老金按时、足额发放和弥补基本养老保险基金缺口的主体责任。

从以上措施来看，中央调剂制度仅涉及基本养老保险资金在各省之间调剂使用的问题，并不涉及基本养老保险待遇的发放问题。本案例中，李某的担心是没有必要的，

其获得的基本养老金不会因为中央调剂制度的建立而有所调整。

（二）城镇职工基本养老保险中央调剂制度的实施

城镇职工基本养老保险中央调剂制度自2018年7月1日建立后，各统筹地区积极按核定缴费的3%上缴资金，以基本养老保险基金结余省份的资金弥补了基金短缺省份资金方面的不足。2019年年初，中央调剂的上解比例提高到核定缴费的3.5%。2019年4月，财政部公布了中央调剂基金预算情况，参见表6－1。

表6－1　2019年城镇职工基本养老保险中央调剂基金预算情况　　单位：亿元

地区	上缴	下拨	缴拨差额
广东	741.6	267.6	474
北京	394	131.2	262.8
浙江	381.8	273.2	108.6
江苏	478.8	371.2	107.6
上海	330.4	228	102.4
福建	157.8	71.4	86.4
山东	338.6	259.8	78.8
云南	74.6	74.6	
贵州	72.6	72.6	
西藏	6.4	6.4	
新疆	49.2	51.8	－2.6
青海	12.2	16.8	－4.6
海南	24.4	30.2	－5.8
宁夏	19.2	26.4	－7.2
天津	84.6	96.4	－11.8
新疆生产建设兵团	18	31	－13
河南	168.4	183.4	－15
陕西	85.4	103.2	－17.8
甘肃	41.4	62	－20.6
安徽	108.8	138	－29.2
广西	73	102.2	－29.2
江西	101.2	133.4	－32.2
山西	65.4	100.6	－35.2
重庆	130.4	169.4	－39
河北	116.4	176	－59.6
内蒙古	55	116	－61

续表

地区	上缴	下拨	缴拨差额
湖南	106.4	175.2	-68.8
湖北	153	245.4	-92.4
吉林	59	157.2	-98.2
四川	197.2	375	-177.8
黑龙江	68.4	252.2	-183.8
辽宁	131	346.8	-215.8

资料来源：2019年中央调剂基金预算情况［N/OL］. 东方财富网，［2019-04-08］. www.finance.eastmoney.com/a/201904081090820146.html.

表6-1反映出以下几个方面的问题：（1）城镇职工基本养老保险中央调剂制度具有不可持续性。基本养老保险基金中央调剂制度建立后，财政部公布的数据显示，"受益"的省份远远多于"作贡献"的省份。具体来说，广东、北京、浙江、江苏、上海、福建、山东7个统筹地区属于"贡献"的省份，"贡献"的资金仅有1220.6亿元；辽宁、黑龙江、四川等22个地区（含新疆生产建设兵团）为"受益"的省份（见表6-1）①，"受益"的省份比较多。这表明，随着人口老龄化的加深，随着人口年龄结构构成的变化，随着人均预期寿命的延长，城镇职工基本养老保险基金的"贡献"省份会越来越少，受益的"省份"会越来越多，城镇职工基本养老保险资金全国统筹面临着制度是否可持续的问题。中央调剂制度不是解决基本养老保险资金入不敷出的长远之计，也不是解决劳动者跨统筹地区流动障碍问题的有效方式，需要采取有效的措施，多渠道筹集基本养老保险资金，以解决基本养老保险资金入不敷出的问题。（2）城镇职工基本养老保险基金中央调剂制度的运营成本比较高。从2019年中央财政公布的预算情况可以看出，2019年调剂1220.6亿元的资金，仅占全部调动资金的1/4，其运营成本比较高，运营效率比较低。城镇职工基本养老保险资金在从各省财政上缴到中央财政的过程中，需要大量的人力、物力消耗，需要层层归集资金，需要做好账务处理。但是，归集起来的资金又有3/4从中央财政划回了省级财政，省级财政还要层层划拨回去，这背后是大量的财务管理工作，制度运行的成本比较高，运行的效率比较低。（3）城镇职工基本养老保险基金中央调剂制度对于各省积极征缴基本养老保险资金具有负效应。在中央调剂制度下，地方政府会想方设法地"少缴多得"，这会加大基本养老保险基金收支运营的风险。显然，中央调剂制度的设立在制度设计

① 2019年养老金中央调剂怎么分？东北等地受益最多［N/OL］. 新浪财经，［2019-04-09］. www.finance.sina.com.cn/roll/2019-04-09/doc-ihvhiewr4203606.shtml.

上激励各统筹地区“少缴多得”，制度运行的负效应比较高。

六、解决城镇职工基本养老保险资金入不敷出的对策建议

解决城镇职工基本养老保险资金入不敷出的方式有很多，解决劳动者跨统筹地区流动的制度障碍问题也有很多。笔者认为，应当在多个可供选择的方案中，选择管理成本低、效率高的管理方式，以解决城镇职工基本养老保险制度改革、人口老龄化带来的基本养老保险资金支付平衡压力增加的风险。

（一）创造稳定的营商环境，促进当地的经济发展

经济发展得好了，城镇职工基本养老保险的缴费才会有稳定的资金来源。当前，政府采取的降低城镇职工基本养老保险缴费的措施，可以为企业创造稳定的营商环境，这是党和政府结合我国经济发展、国际经济发展的现实状况做出的理性选择。同样地，只有用人单位挣钱了，城镇职工基本养老保险的缴费才会有持续、稳定的资金来源，财政也才会有稳定的税收来源，一些省份基本养老保险资金入不敷出的问题才会从根本上得以缓解或解决。

（二）多渠道筹资基本养老保险资金

城镇职工基本养老保险资金全国统筹仅仅是基本养老保险制度内调剂资金余缺的方式，未考虑通过其他渠道筹集城镇职工基本养老保险资金的问题。笔者认为，通过其他筹集资金的途径解决基本养老保险资金入不敷出的问题，远比基本养老保险资金在全国范围内统筹使用更经济，更有效率。通过其他渠道筹集基本养老保险资金的方式主要有以下几个方面。

1. 出卖国有资产的部分资金划拨城镇职工基本养老保险。目前，我国城镇职工基本养老保险保障的退休人员的养老金仅仅依靠用人单位、个人缴费存在着难以为继的问题。这些退休人员在职期间缺乏储蓄、养老保险缴费的积累，其养老金已经凝结成数额庞大的国有资产，出卖国有资产的部分收入用于弥补城镇职工基本养老保险是政府应当承担的责任。我国政府于2001年发布的《国务院关于印发减持国有股筹集社会保障资金管理暂行办法的通知》规定，股份公司在初次发行和将来新股发行时，国有股的10%要以市场价发行，所得收入划入全国社会保障基金，用于充实全国社会保障

基金[①]。尽管我国政府从2001年就开始要求，减持国有股筹集社会保障资金，但是减持国有股筹集资金的措施时断时续，并不稳定。同时，减持国有股获得的资金一直存放在全国社会保障基金中，并未用于实际的养老金给付，造成了基本养老保险资金的筹集渠道单一，也造成一些省份基本养老保险基金入不敷出。

2. 财政转移支付资金。当前，我国财政用于社会保障的资金仅占财政支出资金的10%左右，这一比重可以从表6－2中反映出来。

表6－2　　1998～2017年我国财政社会保障支出情况汇总表[①]

年份＼项目	财政社会保障支出（亿元）	财政支出[②]（亿元）	财政划入全国社会保障基金（亿元）	（财政社会保障支出—全国社会保障基金）/财政支出（%）
1998	599	10798		
1999	1184	13187		
2000	1703	15887	200	9.46
2001	1987	18903	595	7.36
2002	2636	22053	416	10.07
2003	2656	24650	49	10.58
2004	3116	28487	279	9.96
2005	3699	33930	229	10.23
2006	4351	40423	574	9.34
2007	5447	49781	308	10.32
2008	6804	62593	326	10.35
2009	7607	76300	826	8.89
2010	9130	89874	634	9.45
2011	11109	109248	483	9.73
2012	12586	125953	526	9.58
2013	14491	140212	554	9.94
2014	15969	151786	200	10.39
2015	18333	175768	200	10.32
2016	19778	187841	200	10.42
2017	22522	203330	200	10.98

注：①2002年以前，社会保险资金并未实行“收支两条线”管理，养老保险、失业保险、医疗保险、工伤保险、生育保险资金支出的情况人力资源和社会保障部未公布。

②1998～2006年财政社会保障支出包括抚恤和社会福利救济费、社会保障补助和行政事业单位离退休费三项；从2007年起，财政社会保障支出包括财政对社会保险基金补助、行政事业单位离退休费、就业补助、城镇居民最低生活保障和自然灾害生活补助五项。

从表6－2可以看出，财政每年划入全国社会保障基金的支出并未形成用于社会保

① 国务院．关于印发减持国有股筹集社会保障资金管理暂行办法的通知（国发［2001］22号）［Z］．2001.

障的实际支出，应当将财政划入全国社会保障基金的支出从财政社会保障支出中去掉，然后以这一金额除以同期财政支出，可以得出财政用于社会保障的实际支出，仅占同期财政支出的10%左右。我国财政社会保障支出占财政支出的比例远远低于其他国家，低于法国38.6%、德国46.2%、英国39.5%的水平[①]。财政用于社会保障支出的资金过少，是造成用人单位基本养老保险缴费负担过重的主要原因。加大财政资金用于社会保障支出的比例，可以减轻用人单位的缴费压力，可以弥补城镇职工基本养老保险缴费率降低带来的资金压力，采取这一措施势在必行。

目前，中央财政资金主要补助基本养老保险的用途是调整企业退休人员的养老金，中央财政对中西部地区和老工业基地省份给予适当的补助。2017年，中央财政对地方企业职工基本养老保险的补助为4400多亿元[②]。

3. 将一些税种征缴的资金专项用于城镇职工基本养老保险。在国外，基本养老保险资金支付不足时，政府会要求石油、烟酒等方面的税收专门用于基本养老保险、基本医疗保险。例如，挪威政府规定，从海洋石油收入中提取部分资金用于基本养老保险的支付。瑞典政府建立缓冲基金，以降低人口老龄化加重带来的社会保险税不断提高的问题[③]。借鉴国外经验，我国政府也应当安排一些税种征收的资金专项用于城镇职工基本养老保险。

4. 使用全国社会保障基金弥补城镇职工基本养老保险资金的缺口。截至2017年年底，全国社会保障基金积累的资金已经达到2.22万亿元[④]。全国社会保障基金是应对我国社会保障资金支付压力而建立起来的战略储备资金，全国社会保障基金自2000年8月成立以来，一直未支出过资金。有计划地将部分全国社会保障基金划入城镇职工基本养老保险，可以缓解城镇职工基本养老保险缴费率下降带来的资金支付压力。同时，也可以将出卖国有资产的部分收入专项划入城镇职工基本养老保险，专款专用，以切实解决一些省份城镇职工基本养老保险资金的入不敷出问题。

（三）实行延迟退休激励政策，以缓解城镇职工基本养老保险支付平衡的压力

提高法定退休年龄可以使个人从基本养老金的领取者变成基本养老保险的缴费者，特别是在我国人口平均预期寿命逐步延长的情况下，提高法定退休年龄十分必要。

---

① 财政部社会保障司课题组．社会保障支出水平的国际比较［J］．财政研究，2007（10）：36－42.

② 人社部相关负责人就《国务院关于建立企业职工基本养老保险基金中央调剂制度的通知》答记者问［EB/OL］．人力资源和社会保障部网站，［2018－06－13］．www.mohrss.gov.cn/SYrlzyhshbzb/dongtaixinwen/buneiyaowen/201806/t20180613_295772.html.

③ 刘钧．运行与监管——中国社会保障资金问题分析［M］．北京：清华大学出版社，2003：218.

④ 全国社保基金投资比例［EB/OL］．（2018－09－22）［2019－08－01］．www.cj2p.com/licai/269067.html.

针对当前我国法定退休年龄偏低的问题，政府有关管理部门可以适时地出台延迟退休的激励政策，以激励城镇职工基本养老保险的参保人主动地延迟退休。针对主动延迟退休的人员，可以奖励一定比例的基本养老金给付，以缓解城镇职工基本养老保险资金给付的压力。

（四）实行基本养老保险分段计算缴费年限、分段给付的管理办法

城镇职工基本养老保险实行分段计算缴费年限、分段给付的管理办法，有助于解决劳动者跨统筹地区流动的障碍问题，有助于促进劳动者合理、自由地流动，提高劳动力资源的配置效率。城镇职工基本养老保险分段给付的依据是“劳动者在哪里劳动，哪里就应当给付基本养老金”。这种管理办法，有助于划分各地应当承担的责任，而不必实行城镇职工基本养老保险的全国统筹。当然，分段给付基本养老金的管理办法依赖于国家金保工程的完善。通过金保工程，各地社会保险管理部门可以随时掌握参保人缴费的情况，退休人员可以便捷地获得应有的基本养老金给付。

参考文献

[1] 2019年养老金省级统筹加快推进 为实现全国统筹“铺路”[J]. 界面新闻，[2018-12-26]. www. baijiahao. baidu. com/s?id=1620871040233701836.

[2] 褚福灵：为什么要实现基本养老保险基金全国统筹[J]. 搜狐新闻，[2015-10-28]. www. news. sohu. com20151028/n424418021. shtml/.

[3] 养老金全国统筹，看似公平[J]. 太平洋保险网站，[2018-08-15]. www. cpic. com. cn/c/2018-08-15/1557812. shtml.

[4] 刘钧. 财政应加大对养老保险的转移支付[J]. 新京报，[2019-01-25]. www. baijiahao. baidu. com/s?id=1623630945130679305.

[5] 养老保险基金实现全国统筹的条件趋于成熟[J]. 经济参考报，[2019-08-05]. www. 360kuai. com/pc/919795e21840c7cc4?cota=4&kuai_so=1&tj_url=so_rec&sign=360_57c3bbd1&refer_scene=so_1.

[6] 郑秉文. 养老保险顶层设计已确定 全国统筹未实现[J]. 第一财经，[2017-05-30]. www. yicai. com/news/5293233. html.

[7] 广东成中央调剂金贡献最大省 强调不讨价还价[J]. 网易财经，[2019-04-05]. www. money. 163. com/19/0405/14/EC0OAF4H002580S6. html.

[8] 2019年养老金中央调剂怎么分？东北等地受益最多[J]. 新浪财经，[2019-

04－09]. www. finance. sina. com. cn/roll/2019－04－09/doc－ihvhiewr4203606. shtml.

[9] 国务院. 关于印发减持国有股筹集社会保障资金管理暂行办法的通知（国发〔2001〕22号）[Z]. 2001.

[10] 财政部社会保障司课题组. 社会保障支出水平的国际比较 [J]. 财政研究，2007（10）：36－42.

[11] 人社部相关负责人就《国务院关于建立企业职工基本养老保险基金中央调剂制度的通知》答记者问 [EB/OL]. 人力资源和社会保障部网站，[2018－06－13]. www. mohrss. gov. cn/SYrlzyhshbzb/dongtaixinwen/buneiyaowen/201806/t20180613_295772. html.

[12] 刘钧. 运行与监管——中国社会保障资金问题分析 [M]. 北京：清华大学出版社，2003：218.

[13] 全国社保基金投资比例 [EB/OL].（2018－09－22）[2019－08－01]. www. cj2p. com/licai/269067. html.

案例适用说明

一、案例的适用范围和教学目标

1. 案例的适用范围。本案例适用于保险学、风险管理专业硕士、劳动与社会保障专业、公共管理专业本科生、硕士研究生开设《社会保障理论研究》课程使用。

2. 案例的教学目标。本案例旨在使学生了解、掌握我国城镇职工基本养老保险资金的收付制度，了解我国城镇职工基本养老保险制度运营面临的资金问题、造成问题的原因和解决问题的对策。培养学生将学习的社会保障理论应用于解决基本养老保险制度改革和发展中存在的问题，以提高学生分析问题、解决实际问题的能力。

二、启发思考题

1. 城镇职工基本养老保险资金的收付制度有哪些？
2. 城镇职工基本养老保险资金如何实现收支平衡？
3. 中国统账结合的基本养老保险制度有哪些优点？有哪些缺点？
4. 你如何评价城镇职工基本养老保险资金全国统筹的争议？理由有哪些？
5. 解决我国一些省份基本养老保险资金入不敷出的措施有哪些？

6. 你觉得，解决我国基本养老保险资金入不敷出的问题需要采取哪些措施?

三、建议课堂计划

建议讲述 4 课时，并进行讨论。

1. 课前计划。课前发放从网络上搜集的案例资料，让学生了解事件的发生过程。

2. 课堂计划。主持人要保持中立的态度，组织学生开展讨论，评价学生的讨论，可以采取模拟会议、辩论会、课堂讨论等方式，讨论问题。

3. 课后计划。讨论结束后，让学生提交案例分析报告。针对学生提交的案例分析报告中存在的问题，予以讲评。

案例 7

中国企业年金、职业年金基金安全警钟长鸣

——上海企业年金基金案例分析

刘钧　王维[1]

企业年金、职业年金是我国基本养老保险制度改革后应运而生的补充养老保险制度。企业年金是针对我国城镇企业职工设立的补充养老保险，职业年金是针对我国机关事业单位工作人员而设立的补充养老保险。补充养老保险是我国多层次养老保障体系的重要组成部分。上海企业年金基金案揭示了我国企业年金、职业年金在发展中遇到的问题，尽管我国政府管理部门在规范企业年金、职业年金发展的过程中出台了一系列的法律、法规和部门规章，以规范企业年金、职业年金的健康发展，但是企业年金、职业年金在发展中依然会遇到许多问题和挑战。深刻挖掘上海企业年金基金案例中存在的问题，可以为政府管理部门进一步规范和完善企业年金、职业年金的管理以及维护基金受益人的合法利益提供有益的借鉴[2]。

---

① 刘钧，女，经济学博士，中央财经大学保险学院教授，研究方向：劳动与社会保障。王维，男，博士研究生，中央财经大学教师，研究方向：保险理论与实务。

② 案例根据《上海社保基金案》一文改编，百度百科，www. baike. baidu. com/item/% E4% B8% 8A% E6% B5% B7% E7% A4% BE% E4% BF% 9D% E5% 9F% BA% E9% 87% 91% E6% A1% 88/6989499?fr = aladdin.

案例正文

一、案例介绍

2006年8月17日，上海市第一中级人民法院依法受理了上海年金中心诉福禧投资及其股东沸点投资。原告称，上海年金中心先后将36.5亿元的资金通过委托、借款等方式拆借给福禧投资控股有限公司、上海沸点投资发展有限公司，用于收购高速公路等投资项目，目前尚有34.5亿元尚未收回。上海市第一中级人民法院收到起诉书后，以8个独立案件分别立案。

根据上海社会保险局福利保险处有关人士透露，截至2005年年底，上海年金中心管理的补充养老保险基金资产已经达到110亿元以上，约占全国补充养老保险基金资产总额的1/6。这也就是说，上海年金中心将其管理的补充养老保险基金资产的1/3借给了福禧投资公司张荣坤使用。上海年金中心提供的这些资金成为张荣坤大肆收购的主要资金来源。2002年3月，30多岁的苏州青年张荣坤以32亿元拿下沪杭高速上海段30年收费经营权时，其掌控的福禧投资顿时成为上海滩上颇具神秘色彩的民营企业。此后两三年内，张荣坤接连大手笔投资高速公路。截至2005年6月，福禧投资参与管理的公路里程已达200千米，总投资超过100亿元。2004年，张荣坤的福禧投资跻身上海电气改制，出资9.6亿元持有8.15%的股权，成为该公司的第二大股东。然而，随着上海社会保险局局长祝均一于2006年7月17日因为严重违反国家财经纪律、违规拆借企业年金基金而案发被查处，人们一下子看清了撬动张荣坤神速崛起的那根杠杆——企业年金基金。截至案发时为止，福禧投资控股有限公司、上海沸点投资发展有限公司尚欠上海年金中心34.5亿元人民币①。

上海企业年金基金案暴露出我国企业年金基金在管理上存在的漏洞。本案例从我国补充养老保险立法发展的现状出发，分析补充养老保险管理中存在的问题，对如何完善补充养老保险监管制度、防范补充养老保险基金投资损失的风险提出了解决问题的对策建议。

---

① 上海社保基金案［EB/OL］. www. baike. baidu. com/item/上海社保基金案/6989499?fr = aladdin.

二、我国补充养老保险立法发展的现状

我国补充养老保险包括企业年金和职业年金，企业年金和职业年金的发展路径不同。下面分别介绍企业年金和职业年金立法发展的现状。

（一）我国企业年金立法发展的现状

我国企业年金的立法大致可以分为以下三个阶段。

1. 企业年金建立阶段。1991 年 6 月 26 日，国务院发布的《国务院关于企业职工养老保险制度改革的决定》规定，随着经济的发展，要逐步建立起基本养老与企业补充养老保险和职工个人储蓄性养老保险相结合的制度。企业补充养老保险由企业根据自身经济能力，为本企业职工建立，所需费用从企业自有资金中的奖励、福利基金内提取。1994 年 7 月 5 日，第八届全国人民代表大会常务委员会第八次会议通过的《劳动法》规定，国家鼓励用人单位根据本单位实际情况为劳动者建立补充保险。1995 年 12 月 29 日，劳动部发布的《关于建立企业补充养老保险制度的意见》对补充养老保险的实施主体和条件、决策程序和组织管理、奖金来源、记账方式和计发办法、供款方式和水平等做出了明确的规定。1997 年 7 月 16 日，国务院发布的《关于建立统一的企业职工基本养老保险制度的决定》规定，把改革企业职工养老保险制度与建立多层次的社会保障体系紧密结合起来。

2. 企业年金规范发展阶段。2004 年 1 月 6 日，劳动和社会保障部颁布的《企业年金试行办法》对企业年金的参加人员、资金筹集方式、个人账户管理方式、基金管理方式、计发和支付方式、待遇条件、管理和监管方式、中止缴费的条件等做出了明确的规定。

2004 年 2 月 23 日，劳动和社会保障部、中国银行监督委员会、中国证券监督委员会、中国保险监督管理委员会联合发布的《企业年金基金管理试行办法》规定，设立企业年金的企业及职工作为委托人与企业年金理事会或法人受托机构、受托人与企业年金基金账户管理机构、企业年金基金托管机构和企业年金基金投资管理机构按照国家有关规定建立书面合同关系，书面合同应当报劳动保障行政部门备案。同时，《企业年金基金管理试行办法》规定了基金受托人、账户管理人、托管人、投资管理人和中介机构建立的条件和主要职责。

2004 年 4 月 13 日，劳动和社会保障部发布的《关于开展企业年金清理检查工作的通知》规定，清理检查的对象主要是已经建立企业年金计划的企业。清理的内

容包括以下几个方面：（1）企业年金实施方案和资产来源；（2）清查企业年金基金总量、财产质量和财务管理情况；（3）核查企业年金基金投资运营情况；（4）核实企业年金基金财产的损益，并将有关数据报表报劳动保障管理部门下辖的基金监督司。

2004年9月29日，劳动和社会保障部发布的《关于企业年金基金证券投资有关问题的通知》规定，受托人、托管人、投资管理人要按照中国结算公司制定的《企业年金基金投资登记结算业务指南》的规定，开展企业年金基金涉及的证券账户管理及相关的证券登记、托管、结算等业务，为企业年金入市奠定了制度基础。

2004年12月25日，劳动和社会保障部发布的《企业年金基金管理机构资格认定暂行办法》规定，从事企业年金基金管理业务的机构，必须按照规定的程序，取得相应的企业年金基金管理资格。

2004年12月31日，劳动和社会保障部发布了《关于印发〈企业年金基金管理运作流程〉〈企业年金账户管理信息系统规范〉和〈企业年金管理机构资格认定专家评审规则〉的通知》，这些部门规章的出台，有助于完善企业年金的运营管理和信息管理，有助于防范企业年金基金的财务风险。

2005年12月19日，劳动和社会保障部发布的《关于企业年金方案和基金管理合同备案有关问题的通知》对企业年金方案和基金管理做出如下规定：（1）企业应将企业年金计划方案草案报送所在社会保险统筹地区县以上地方人民政府劳动保障行政部门备案。（2）受托管理合同签订后，受托人应当将受托管理合同及与账户管理人、托管人、投资管理人签订的委托管理合同报劳动保障行政部门备案。（3）集合企业年金计划应报劳动保障行政部门备案。（4）法人受托机构兼任账户管理人或投资管理人的，应当报劳动保障行政部门备案。

2006年6月27日，财政部发布的《企业会计准则第10号——企业年金基金》规定，企业年金基金在运营中根据国家规定的投资范围取得的国债、信用等级在投资级别以上的金融债和企业债、可转换债、投资性保险产品、证券投资基金、股票等具有良好流动性的金融产品，其初始取得和后续估值应当以公允价值计量：（1）初始投资时，应当以交易日支付的成交价款作为其公允价值，发生的交易费用直接计入当期损益；（2）估值日对投资进行估值时，应当以其公允价值调整原账面价值，公允价值与原账面价值的差额计入当期损益。

2007年1月31日，中国人民银行、劳动和社会保障部发布的《关于企业年金基金进入全国银行间债券市场有关事项的通知》规定：（1）依法设立的企业年金基金可以进入全国银行间债券市场从事债券投资等业务。（2）企业年金基金直接进行债券交易和结算时，也可以通过结算代理人进行债券的交易和结算。（3）企业年金基金直接进行债券交易和结算时，其受托人应委托企业年金基金投资管理人和托管人代理，企业年金基金则分别向全国银行间同业拆借中心和中央国债登记结算有限责任公司申请办理债券交易联网手续和开立债券托管账户。

2007 年 4 月 24 日，劳动和社会保障部发布的《关于做好原有企业年金工作的意见》规定，社会保险经办机构、原行业管理及其企业自行管理的企业年金应当移交给具备资格的管理机构运营。移交原有企业年金主要包括基金资产、负债、账户记录、相关财务及业务资料等，进一步明确了社会保险经办机构、行业和企业不得管理企业年金基金资产，预防了企业年金基金资产的违规、分散化管理，有助于企业年金基金的规范化管理。

2007 年 9 月 12 日，国资委发布的《关于中央企业试行企业年金制度有关问题的通知》规定，财务合并报表亏损以及未实现国有资产保值增值的企业，暂不得实行企业年金制度；企业年金缴费水平要符合人工成本增长低于经济效益增长，人均人工成本增长低于按增加值计算的劳动生产率的要求，进一步规范了企业年金的管理，防止企业年金成为国有资产流失的工具。

2009 年 6 月 2 日，财政部、国家税务总局联合发布的《关于补充养老保险费、补充医疗保险费有关企业所得税政策问题的通知》规定，自 2008 年 1 月 1 日起，企业根据国家有关政策规定，为在本企业任职或者受雇的全体员工支付的补充养老保险费、补充医疗保险费，分别在不超过职工工资总额 5% 标准内的部分，在计算应纳税所得额时准予扣除；超过的部分，不予扣除。

2009 年 12 月 11 日，国家税务总局发布的《关于补充养老保险个人所得税征收管理有关问题的通知》规定，补充养老保险的个人缴费部分，不得在个人当月工资、薪金计算所得税时扣除；补充养老保险的企业缴费计入个人账户的部分是个人因任职或受雇而取得的所得，属于个人所得税应税收入，在计入个人账户时，应视为一个月的工资、薪金，不扣除任何费用，按照“工资、薪金所得”项目计算当期应纳的个人所得税，并由企业在缴费时代扣代缴①。

2010 年 11 月 12 日，国务院发布的《关于印发完善城镇社会保障体系的试点方案》规定，有条件的企业可以为职工建立企业年金，并实行市场化运营和管理。企业年金实行基金完全积累，采用个人账户方式进行管理，费用由企业和职工个人缴纳，企业缴费在工资总额 4% 以内部分可以从成本中列支。

① 刘钧．员工福利与退休计划［M］．北京：中国劳动社会保障出版社，2015：304－306.

3. 企业年金进一步完善阶段。2011 年 2 月 12 日，人力资源和社会保障部、中国银行业监督管理委员会、证券监督管理委员会、中国保险监督管理委员会联合发布的《企业年金基金管理办法》规定，一个企业年金计划应当仅有一个受托人、一个账户管理人和一个托管人，可以根据资产规模的大小选择托管人，托管人与投资管理人不得为同一人；建立企业年金计划的企业成立企业年金理事会作为受托人的，该企业与托管人不得为同一人；受托人与托管人、托管人与投资管理人、投资管理人与其他投资管理人的总经理和企业年金从业人员，不得相互兼任。同一企业年金计划中，法人受托机构具备账户管理或投资管理业务资格的，可以兼任账户管理人或者投资管理人。

2011 年 5 月 20 日，人力资源和社会保障部发布的《关于企业年金集合计划试点有关问题的通知》对企业年金集合计划的设立、变更和终止，计划的管理运营、信息披露，以及计划委托人的市场准入和退出做出了明确的规定。

2013 年 3 月 19 日，人力资源和社会保障部发布的《关于企业年金养老金产品有关问题的通知》规定，养老金产品是由企业年金投资管理人发行的、面向企业年金基金定向销售的企业年金基金标准的投资组合。《关于企业年金养老金产品有关问题的通知》同时对养老金产品、审批和运营管理做出了明确的规定。2013 年 3 月 19 日，人社部、银监会、证监会、保监会联合发布的《关于扩大企业年金基金投资范围的通知》将企业年金基金投资的范围扩大到商业银行理财产品、信托产品、基础设施、债权投资计划、特定资产管理计划、股指期货等。《关于扩大企业年金基金投资范围的通知》规定：（1）企业年金基金投资范围增加商业银行理财产品、信托产品、基础设施债权投资计划、特定资产管理计划、股指期货；（2）单个投资组合委托投资资产合计不得高于投资组合委托投资资产净值的 30%。投资信托产品的比例，不得高于投资组合委托投资资产净值的 10%。投资商业银行理财产品、信托产品、基础设施债权投资计划或者特定资产管理计划的专门投资组合，可以不受此 30% 和 10% 规定的限制；（3）单个投资组合委托投资资产，投资于单期商业银行理财产品、信托产品、基础设施债权投资计划或者特定资产管理计划，分别不得超过该期商业银行理财产品、信托产品、基础设施债权投资计划或者特定资产管理计划资产管理规模的 20%。投资商业银行理财产品、信托产品、基础设施债权投资计划或者特定资产管理计划的专门投资组合，可以不受此规定的限制；（4）单个企业年金计划基金资产，投资商业银行理财产品、信托产品、基础设施债权投资计划、特定资产管理计划专门投资组合的比例，合计不得高于企业年金计划基金资产净值的 30%。其中，投资信托产品专门投资组合的比例，不得高于企业年金计划基金资产净值的 10%。

2013 年 12 月 6 日，财政部、人力资源和社会保障部、国家税务总局联合发布的

《关于企业年金、职业年金个人所得税问题的通知》规定，企业和事业单位（以下统称单位）根据国家有关政策规定的办法和标准，为在本单位任职或者受雇的全体职工缴付的企业年金或职业年金（以下统称年金）单位缴费部分，在计入个人账户时，个人暂不缴纳个人所得税。个人根据国家有关政策规定缴付的年金个人缴费部分，在不超过本人缴费工资计税基数的4%标准内的部分，暂从个人当期的应纳税所得额中扣除。超过规定的标准缴付的年金单位缴费和个人缴费部分，应并入个人当期的工资、薪金所得，依法计征个人所得税。税款由建立年金的单位代扣代缴，并向主管税务机关申报解缴。

2015年4月30日，人力资源和社会保障部发布修订的《企业年金基金管理机构资格认定暂行办法》对企业年金法人受托机构、账户管理人、托管人和投资管理人应当具备的条件做出了具体的规定。2017年12月18日，人力资源和社会保障部、财政部联合发布的《企业年金办法》进一步规范了企业年金的发展。

（二）我国职业年金立法发展的现状

2011年7月24日，国务院发布的《关于印发事业单位职业年金试行办法的通知》对职业年金的参加人员范围、资金筹集和分配方式、职业年金个人账户管理方式、权益归属方式、基金管理方式、计划办法和支付办法、支付职业年金待遇的条件、中止和恢复缴费的条件和程序、修改和终止职业年金方案的条件与程序、组织管理和监管方式等做出了明确的规定。2016年9月28日，人力资源和社会保障部发布的《职业年金基金管理暂行办法》规定，职业年金基金采取集中委托投资运营的方式管理，其中，中央在京国家机关及所属事业单位职业年金基金由中央国家机关养老保险管理中心集中行使委托职责，各地机关事业单位职业年金基金由省级社会保险经办机构集中行使委托职责。代理人可以建立一个或多个职业年金计划，按计划估值和计算收益率，建立多个职业年金计划的，也可以实行统一收益率。一个职业年金计划应当只有一个受托人、一个托管人，可以根据资产规模大小选择适当的投资管理人。职业年金计划的基金财产，可以由投资管理人设立投资组合或由受托人直接投资养老金产品进行投资管理。2017年8月22日，人力资源和社会保障部、财政部联合发布的《关于印发职业年金归集账户管理暂行办法的通知》规定，职业年金基金归集财产托管账户是指归集账户托管银行受社会保险经办机构委托，以职业年金基金归集财产名义开立的、专门用于归集和划转职业年金基金财产的专用存款账户。归集账户的主要用途是：暂存单位和个人缴费收入、转移收入、利息收入以及其他收入，划转归集账户财产。

三、我国补充养老保险基金投资中存在的问题

补充养老保险基金的投资运营在我国是刚刚发展起来的新生事物，补充养老保险基金的投资运营在发展初期依然存在着许多问题，有待于政府管理部门加强监管，防范可能发生的基金投资损失的风险。

（一）补充养老保险基金的管理比较混乱

目前，我国补充养老保险正处于初步发展阶段，管理主体比较多，管理比较混乱，出现的违法违规问题比较多。例如，企业、企业集团、行业、部门和社会保险经办机构等主体分散管理着补充养老保险基金资产，结果出现补充养老保险基金资产被挤占、挪用等问题。2006 年 8 月被曝光的上海企业年金基金案，暴露出我国补充养老保险基金在投资运营管理方面存在着许多问题。2004 年，以中央政府、劳动和社会保障部牵头，多部门联合颁发了两份有关规范企业年金管理的文件——《企业年金试行办法》和《企业年金基金管理试行办法》（本章以下简称两个《办法》）。这两个《办法》规定，新增企业年金必须以信托的方式委托给合格的金融机构进行市场化运营，并要求以往掌握于各地年金中心手中的存量年金，必须移交给合格的金融机构投资运营。然而，这两个《办法》并未提供移交的具体实施细则，也并未制订出移交的时间表。由于存在管理制度设计的缺陷，造成巨额企业年金基金的投资运营缺乏有效的监督，也给管理者违规、谋取私利留了空子。2007 年 4 月 24 日，劳动和社会保障部发布的《关于做好企业年金移交工作的意见》（本章以下简称《意见》）规定，社会保险经办机构、原行业管理及其企业自行管理的企业年金必须移交给具备资格的管理机构投资运营。根据《意见》的规定，各经办主体违规管理的企业年金应当于 2007 年年底前移交至具备资格的管理机构投资运营。这一措施的出台，预防了企业年金基金资产的违规、分散化管理，规范了企业年金资产的管理。

同时，由于我国补充养老保险实行分离式管理，补充养老保险基金投资运营涉及的法律关系主体主要有受托人、投资管理人、账户管理人、托管人，造成核算补充养老保险基金投资、收回、增加、减少的主体比较多。

（二）规范补充养老保险基金投资运营的立法滞后，难以保护受益人的权利

目前，我国政府已经出台的有关法律法规中，尽管对投资管理人、账户管理人、托管人、受托人的职责做出了明确的规定，但已经出台的法律法规对于补充保险基金

受益人的权益却规定得比较少，难以有效地保护养老保险受益人的经济利益，主要包括如下内容。

1. 如何确保补充养老保险基金受益人的权益。补充养老保险基金本来就是员工的资产，员工对企业年金基金、职业年金基金资产享有受益权。当员工达到领取企业年金、职业年金基金的条件时，就可以获得企业年金、职业年金待遇的给付；如果员工达不到领取企业年金、职业年金的条件死亡时，企业年金、职业年金可以由员工的法定继承人继承。企业年金、职业年金的安全，关系到每一位劳动者退休后的生活，管理制度设计应当防范可能发生的影响补充养老保险基金安全的风险。如何依法、有效地维护补充养老保险基金受益人的利益，是企业年金、职业年金发展中亟待解决的问题。

2. 如何完善补充养老保险基金投资运营机制。补充养老保险基金本来应该由受托人（企业年金理事会或者法人受托机构）交给具有投资理财经验的信托投资公司或基金管理公司来管理，这是规范企业年金、职业年金发展的重要制度设计。上海企业年金基金案的发生正是上海年金中心对上海企业年金基金违规投资运营的结果。对此，劳动和社会保障部决定，加快存量年金移交的步伐，移交截止日期定于2007年12月底。随着我国职业年金的发展，避免职业年金违规投资运营的问题，再次引起了我们的重视。如何明确企业年金、职业年金基金投资相关运营管理人的职责，避免违法、违规投资运营补充养老保险基金，必须警钟长鸣。

3. 如何确保补充养老保险基金投资运营的监管。监管是确保补充养老保险基金投资安全的重要机制。政府有关管理部门在履行职责方面缺乏有效的监管，致使权力失去监管，是造成上海年金中心违规投资、管理补充养老保险基金事件发生的主要原因。如何有效地监管补充养老保险基金的投资运营，是补充养老保险基金投资运营中亟待解决的问题。

（三）补充养老保险基金的投资运营缺乏有效的监督机制

补充养老保险基金进入金融市场进行投资在我国还是新生事物，这就使基金资产的安全面临严峻的考验。《企业年金办法》和《企业年金基金管理办法》虽然对补充养老保险基金投资运营的监管做出了明确的规定。但是，这两个《办法》存在着规定过粗、操作性不强等方面的问题，致使管理部门难以有效地实施监管，特别是缺乏对于领导者决策的有效监督机制，健全补充养老保险基金投资运营的监督、管理机制势在必行。

（四）补充养老保险基金投资缺乏稳定的投资环境

当前，我国金融市场的发展还很不成熟，补充养老保险基金投资缺乏稳定的投资环境，这也使补充养老保险基金的投资收益很不稳定，严重影响了补充养老保险基金资产的安全。近几年，我国股市扩容的力度不断加大，但是上市公司的资产质量却在不断地下降，每股净资产收益率正在不断下降，亏损公司占上市公司的比重不断扩大，已经从1994年的5.26%扩大到2006年的12.5%。同时，由于政府对上市公司财务状况的监管不力，上市公司财务报告的变动很大，致使投资者难以甄别上市公司的经营风险，我国补充养老保险基金投资于股市面临的风险比较高[①]。

四、完善补充养老保险基金投资运营的对策措施

（一）完善法律、法规，规范管理主体的行为

针对补充养老保险投资运营涉及的管理主体过多的问题，有关管理部门可以考虑简化管理流程，减少补充养老保险基金的管理主体，在确保补充养老保险基金安全的情况下降低补充养老保险基金投资运营的管理成本。

（二）规范补充养老保险基金投资关系人的职责

目前，我国企业年金、职业年金基金的投资运营实行间接投资运营的管理模式。在间接投资运营的管理模式中，补充养老保险基金投资运营的管理人主要有：受托人、投资管理人、托管人和账户管理人，其投资运营管理涉及银行、保险、证券、基金管理公司、信托投资公司等金融机构。这些管理人之间相互监督、相互制约，形成了我国补充养老保险基金投资运营管理的制度体系。

1. 完善补充养老保险基金投资运营受托人职责的相关规定。补充养老保险基金投资运营的受托人是指受托管理补充养老保险基金的理事会或符合政府规定的养老金管理公司等法人受托机构。按照组织性质划分，补充养老保险受托人分为理事会受托人和法人机构受托人[②]。补充养老保险理事会受托人是由补充养老保险计划发起企业内部成立的理事会担任受托人，依照相关法律法规建立本单位的补充养老保险计划，并

---

① 刘钧．养老保险基金投资运营的风险预警和防范［M］．北京：清华大学出版社，2010：151－154.

② 我国《企业年金管理办法》规定，建立企业年金计划的企业，应当通过职工大会或者职工代表大会讨论确定，选择法人受托机构作为受托人，或者成立企业年金理事会作为受托人。

对基金的投资运营进行管理和监督。例如，企业年金理事会作为企业年金基金财产的受托人，具有管理、处分企业年金基金财产的权力，企业年金理事会是一个由企业代表、职工代表和有关专家组成的特定自然人集合。我国政府发布的《企业年金基金管理办法》规定，企业年金理事会由企业代表和职工代表等人员组成，也可以聘请企业以外的专业人员参加，其中职工代表不少于1/3。理事会应当配备一定数量的专职工作人员①。企业年金理事会的职工代表和企业以外专业人员由职工大会、职工代表大会或者其他形式民主选举产生。企业代表由企业方聘任。理事任期由企业年金理事会章程规定，但每届任期不超过3年，理事任期届满，连选可以连任。按照我国《企业年金基金管理办法》和金融监管的有关规定，企业年金理事会不具有承担企业年金账户管理人、托管人和投资管理人的资格和能力。因此，企业年金理事会只能选择全拆分的企业年金基金运营方式，即将企业年金账户管理、托管和投资管理等职能全部委托给外部法人机构承担②。

法人受托机构受托人是指补充养老保险发起单位将基金依照相关法律法规的规定委托给法人受托机构投资运营的管理模式。我国《企业年金管理办法》规定，除了托管人职能必须外包之外，法人受托机构只要具备账户管理或投资管理业务资格，就可以兼任账户管理人或投资管理人。如果法人受托机构同时具备这两项业务资格，就可以同时兼任账户管理人和投资管理人。

在法人受托模式下，法人受托机构可以根据自身具备的资格条件选择以下四种模式：（1）与理事会受托模式一样，将账户管理、托管和投资管理等职能全部委托出去，即法人受托全分拆模式；（2）法人受托机构与账户管理人捆绑的部分分拆模式；（3）法人受托机构与投资管理人捆绑的部分分拆模式；（4）法人受托机构与账户管理人、投资管理人捆绑的部分分拆模式。

按照接受委托人的个数划分，补充养老保险计划分为单一计划和集合计划。例如，我国政府发布的《企业年金管理办法》规定，企业年金单一计划是指受托人将单个委托人交付的企业年金基金单独进行受托管理的企业年金计划。企业年金集合计划是指受托人

---

① 《企业年金基金管理办法》规定，企业年金理事会理事应当具备以下条件：（1）具备完全民事行为能力；（2）诚实守信，无犯罪记录；（3）具有从事法律、金融、会计、社会保障或者其他履行企业年金理事会理事职责所必需的专业知识；（4）具有决策能力；（5）无个人所负数额较大的债务到期未清偿情形。企业年金理事会会议，应当由理事本人出席；理事因故不能出席，可以书面委托其他理事代为出席，委托书中应当载明授权范围。理事会做出决议，应当经全体理事2/3以上通过。理事会应当对会议所议事项的决定形成会议记录，出席会议的理事应当在会议记录上签名。

② 《企业年金基金管理办法》规定，同一企业年金计划中，受托人与托管人、托管人与投资管理人不得为同一人；建立企业年金计划的企业成立企业年金理事会作为受托人的，该企业与托管人不得为同一人；受托人与托管人、托管人与投资管理人、投资管理人与其他投资管理人的总经理和企业年金从业人员，不得相互兼任。

将多个委托人交付的企业年金基金集中进行受托管理的企业年金计划（见表7－1）。

表7－1　企业年金单一计划和集合计划的比较

类型	单一计划	集合计划
企业加入程序	企业需单独建立补充养老保险计划，计划建立流程复杂，耗时比较长，手续烦琐。	企业直接加入现有的企业年金集合计划，节省了计划建立的时间和流程，加入手续比较简单。
运营成本和管理费用	企业年金计划运营的成本由单一企业年金基金承担，运营成本和管理费用相对较高。	企业年金计划运营成本由加入集合计划的所有企业年金基金共同承担，各企业年金基金均可以享受到集合计划整体资产规模带来的规模效应，运营成本和管理费用比较低。
投资风险和收益	单一企业年金基金承担所有的投资风险。如果资金量不够大，很难平衡基金的投资风险和收益。	企业年金集合计划资产规模比较大，能灵活配置资产，及时把握市场机会并分散投资风险，可以较好地平衡基金的投资风险和收益，收益相对较高。
投资的个性化设计	根据企业要求在法律法规允许的范围内设计个性化的投资目标、投资策略等。	企业年金集合计划中单个企业的个性化要求不突出，但集合计划通常会提供多个投资组合供企业自主选择。
适合企业类型	适合企业年金资产规模较大（通常5000万元以上）且愿意承受较高的运营成本和管理费用，风险承受能力比较强的企业。	企业年金集合计划加入程序比较简单，运营和管理成本比较低，资产规模效应明显，适合各类企业加入。

资料来源：根据中国工商银行网站内的工行知识库相关内容修改得到，www. icbc. com. cn/ICBCCOLLEGE/client/page/KnowledgeDetail. aspx?ItemID＝635016445522110030。

补充养老保险受托人职责是指补充养老保险受托人必须履行的工作任务。例如，我国《企业年金基金管理办法》规定，受托人应当履行下列职责：（1）选择、监督、更换账户管理人、托管人、投资管理人；（2）制定企业年金基金战略资产配置策略；（3）根据合同对企业年金基金管理进行监督；（4）根据合同收取企业和职工缴费，向受益人支付企业年金待遇，并在合同中约定具体的履行方式；（5）接受委托人查询，定期向委托人提交企业年金基金管理和财务会计报告。发生重大事件时，及时向委托人和有关监管部门报告；定期向有关监管部门提交开展企业年金基金受托管理业务情况的报告；（6）按照政府规定保存与企业年金基金管理有关的记录自合同终止之日起至少15年；（7）政府规定和合同约定的其他职责①。我国《企业年金基金管理办法》规定，法人受托机构兼任投资管理人时，应当建立风险控制制度，确保各项业务管理

① 企业年金管理办法［EB/OL］. 百度文库，wenku. baidu. com/view/532ba70484868762caaed5da. html?from＝search.

之间的独立性；设立独立的受托业务和投资管理业务部门，办公区域、运营管理流程和业务制度应当严格分离；直接负责的高级管理人员、受托业务和投资业务部门的工作人员不得相互兼任。同一企业年金计划中，法人受托机构对待各项投资管理人应当执行统一的标准和流程，以体现公开、公平、公正的原则。

2. 完善补充养老保险基金投资运营投资管理人职责的规定。补充养老保险的投资管理人是法人机构，是接受受托人的委托，按照签订的资产管理协议，审慎投资、运营补充养老保险基金资产的关系人。投资管理人应当履行下列职责：（1）对企业年金基金财产进行投资；（2）及时与托管人核对企业年金基金会计核算和估值结果；（3）建立企业年金基金投资管理风险准备金；（4）定期向受托人提交企业年金基金投资管理报告；定期向有关监管部门提交开展企业年金基金投资管理业务情况的报告；（5）根据政府规定保存企业年金基金财产会计凭证、会计账簿、年度财务会计报告和投资记录自合同终止之日起至少15年；（6）政府规定和合同约定的其他职责。

有下列情形之一的，投资管理人应当及时向受托人报告：（1）企业年金基金单位净值大幅度波动的；（2）可能使企业年金基金财产受到重大影响的有关事项；（3）政府规定和合同约定的其他情形。禁止投资管理人具有下列行为：（1）将其固有财产或者他人财产混同于企业年金基金财产；（2）不公平对待企业年金基金财产与其管理的其他财产；（3）不公平对待其管理的不同企业年金基金财产；（4）侵占、挪用企业年金基金财产；（5）承诺、变相承诺保本或者保证收益；（6）利用所管理的其他资产为企业年金计划委托人、受益人或者相关管理人谋取不正当利益；（7）政府规定和合同约定禁止的其他行为。

3. 完善补充养老保险基金投资运营托管人相关职责的规定。补充养老保险的托管人是指接受受托人委托保管补充养老保险基金财产的商业银行或专业机构。单个补充养老保险计划托管人由一家商业银行或专业机构担任。例如，补充养老保险基金投资运营的托管人应当履行下列职责：（1）安全保管企业年金基金财产；（2）以企业年金基金名义开设基金财产的资金账户和证券账户等；（3）对所托管的不同企业年金基金财产分别设置账户，确保基金财产的完整和独立；（4）根据受托人指令，向投资管理人分配企业年金基金财产；（5）及时办理清算、交割事宜；（6）负责企业年金基金会计核算和估值，复核、审查和确认投资管理人计算的基金财产净值；（7）根据受托人指令，向受益人发放企业年金待遇；（8）定期与账户管理人、投资管理人核对有关数据；（9）按照规定监督投资管理人的投资运营，并定期向受托人报告投资监督情况；（10）定期向受托人提交企业年金基金托管和财务会计报告；定期向有关监管部门提交开展企业年金基金托管业务情况的报告；（11）按照政府规定保存企业年金基金托管业务活动记录、账册、报表和其他相关资料自合同终止之日起至少15年；（12）国家规定和合同约定的其他职责。托管人发现投资管理人依据交易程序尚未成立的投资指令违反法律、行政法规、其他有关规定或者合同约定的，应当拒绝执行，立即通知投资管理人，并及时向受托人和有关监管部门报告。托管人发现投资管理人依据交易程序已经成立的投资指令违反法律、行政法规、其他有关规定或者合同约定的，应当立即通知投资管理人，并及时向受托人和有关监管部门报告。

4. 完善补充养老保险基金投资运营账户管理人相关职责的规定。补充养老保险基金的账户管理人是法人机构，是指接受受托人委托管理企业年金基金账户的专业机构。账户管理人应当履行下列职责：（1）建立企业年金基金企业账户和个人账户；（2）记录企业、职工缴费以及企业年金基金投资收益；（3）定期与托管人核对缴费数据以及企业年金基金账户财产变化状况，及时将核对结果提交受托人；（4）计算企业年金待遇；（5）向企业和受益人提供企业年金基金企业账户和个人账户信息查询服务；向受益人提供年度权益报告；（6）定期向受托人提交账户管理数据等信息以及企业年金基金账户管理报告；定期向有关监管部门提交开展企业年金基金账户管理业务情况的报告；（7）按照政府规定保存企业年金基金账户管理档案自合同终止之日起至少15年；（8）政府规定和合同约定的其他职责。

我国企业年金管理机构如表7-2所示。

表7-2 我国企业年金管理机构名单

管理机构	单位名称
法人受托机构	华宝信托投资有限责任公司、中信信托投资有限责任公司、中诚信托投资有限公司、平安养老保险股份有限公司、太平养老保险有限公司（第一批）；中国建设银行股份有限公司、中国工商银行股份有限公司、招商银行股份有限公司、上海国际信托公司、长江养老保险股份有限公司、中国人寿养老保险股份有限公司、泰康养老保险股份有限公司（第二批）。
账户管理人	中国工商银行、交通银行有限公司、上海浦东银行、招商银行股份有限公司、中国光大银行、中信信托投资有限责任公司、华宝信托投资有限责任公司、新华人寿保险有限公司、中国人寿保险股份有限公司、中国太平洋人寿保险有限公司、泰康人寿保险有限公司（第一批）；中国建设银行股份有限公司、中国民生银行股份有限公司、中国银行股份有限公司、中国人寿养老保险股份有限公司、泰康养老保险股份有限公司、平安养老保险股份有限公司、长江养老保险股份有限公司（第二批）。
托管人	中国工商银行、中国建设银行股份有限公司、中国银行股份有限公司、交通银行股份有限公司、招商银行股份有限公司、中国光大银行（第一批）；中信银行股份有限公司、上海浦东发展有限公司、中国农业银行、中国民生银行股份有限公司（第二批）。

续表

管理机构	单位名称
投资管理人	海富通基金管理有限公司、华夏基金管理有限公司、南方基金管理有限公司、易方达基金管理有限公司、嘉实基金管理有限公司、招商基金管理有限公司、富国基金管理有限公司、博时基金管理有限公司、银华基金管理有限公司、中国国际金融有限公司、中信证券股份有限公司、中国人寿资产管理有限公司、华泰资产管理有限公司、平安养老保险股份有限公司、太平养老保险股份有限公司（第一批）；国泰基金管理有限公司、工银瑞信基金管理有限公司、广发基金有限公司、泰康资产管理有限公司、中国人保资产管理股份有限公司、长江养老保险股份有限公司（第二批）。

（三）建立健全补充养老保险基金投资的监管体系

补充养老保险基金投资运营的监管是多层次的网络状监管体系，其监管体系构架大致有五个层次：一是政府监管，二是行业自律监管，三是社会中介机构的监管，四是投资管理人监管，五是投资市场的监管。这五个层次的监管相互联系、相互协调，共同构成了补充养老保险基金投资运营监管体系。

在补充养老保险基金投资运营的过程中，这五个层次监管所发挥的作用不同（见图 7－1）。

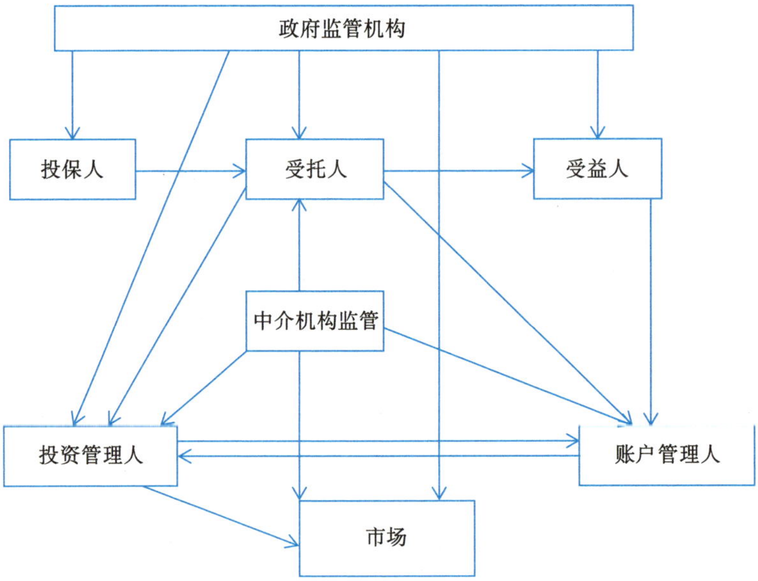

图 7－1　补充养老保险基金投资运营监管体系示意图

1. 强化政府监管的作用。政府监管是补充养老保险基金投资运营监管的主要方面，政府监管属于强制性监管，任何违背政府发布的法律法规的行为，都会受到政府监管部门的处罚，其目的是维护补充养老保险基金资产的安全，确保缴费受益人的利益。政府监管的对象主要有补充养老保险基金投资的受托人、投资管理人、账户管理人、托管人、金融市场，监管各方履行职责的情况，这几个方面相互协调、相互制约，共同履行管理职责，监管补充养老保险基金投资运营管理人履行职责的情况，其监管工作主要包括以下几个方面：（1）拟定补充养老保险基金投资运营监管的法律、法规；（2）综合协调各项补充养老保险基金投资运营管理的政策；（3）拟定补充养老保险基金投资运营监管制度，建立补充养老保险基金投资运营监督网络体系，组织监督各项补充养老保险基金投资运营的管理情况；（4）拟定补充养老保险基金投资运营内部审计规则和内部审计人员资格认证制度，颁发补充养老保险监管部门内部审计检查证；（5）建立并管理补充养老保险基金投资运营监督举报系统，受理投诉举报，组织查处补充养老保险基金管理的重大违法、违规案件；（6）制定补充养老保险基金投资运营机构的资格标准，认定投资机构运营补充养老保险基金的资格条件，并对其投资运营补充养老保险基金的情况实施监督；（7）拟定补充养老保险承办机构的资格认定标准，认定有关机构承办补充养老保险业务的资格标准，并对其投资运营补充养老保险基金的情况实施监督；（8）拟定补充养老保险基金运营监管工作的中长期规划和年度计划；（9）督促和指导地方人力资源和社会保障部门的基金监管机构开展工作；（10）掌握补充养老保险基金运营监管的工作动态，及时交流工作信息，推进补充养老保险基金管理工作整体水平的提高。

2. 强化行业自律监管的作用。行业自律监管是同业公会或行业公会建立的非官方自律组织，是对补充养老保险基金受托人、投资管理人、托管人和账户管理人行业内部的监管。这主要表现为补充养老保险投资运营管理机构行业内部的监管、基金管理公司（信托投资公司或资产管理公司或证券公司）行业内部的监管和保管基金资产的银行内部监管。行业自律监管是行业内部的监管，行业自律监管属于非强制性的监管，具有政府监管机构所不具有的行业内部的协调作用。行业自律监管的作用主要是代表会员对政府有关管理立法施加影响；协调会员在市场竞争中的行为和规范；制定行业会员接纳、共同遵守的行业规则等。

3. 强化社会中介机构监管的作用。社会中介机构监管是指公开、独立的专业机构对补充养老保险基金投资运营的监督和管理，是独立审计机构、信用评级机构和精算机构等对补充养老保险基金受托人、投资管理人、基金账户管理人、托管人和投资市场的监督管理。中介机构的监督、社会监督属于外部监督。这些机构监督补充养老保险基金投资运营时，通常接受相关管理机构的委托，其作用是从外部监督员工补充养老保险基金投资运营管理机构的行为，对政府监管具有不可替代的补充监管作用。

4. 强化投资管理人内部控制监管的作用。投资管理人是法人机构，是接受受托人的委托按照签订的资产管理协议审慎地投资运营补充养老保险基金资产的关系人。投资管理人除了要接受监管机构的监管、受托人的监管、账户管理人的监管、中介机构以及市场的监管外，还要建立投资管理人内部控制制度。投资管理人内部控制监管是资产管理公司、证券公司、养老金管理公司为完成既定的工作目标和防范各种风险，对内部各职能部门及其工作人员所从事的各项业务活动进行风险控制、制度管理和相互制约的方法、措施和程序的总和。

（1）组织机构控制。组织机构控制是内部监管的核心，其主要体现的是职责分工、相互牵制的原则。各部门有明确的授权分工，这些部门之间相互独立、相互核对、相互牵制，有独立的报告系统。一般来说，基金管理公司内部设有投资决策部门、交易执行部门、结算部门、限额控制部门、交易决策部门、内部审计部门和监察稽核部门等，这些部门的单独设立，有效地规避了补充养老保险基金投资的责任和风险。

（2）投资运营效率控制。基金投资运营效率控制主要有以下几种手段：一是投资限制控制。在委托投资管理人时，补充养老保险基金应当对投资范围、投资策略和投资限制做出规定，同时公司管理部门也会设定基金投资的限额，这些限额的规定是参照国家有关法律法规的规定确定的。二是投资运营标准化控制。投资运营标准化控制主要包括投资运营书面化、程序标准化和岗位责任明晰化等方式来规避投资的风险，提高基金投资运营的效率。投资运营标准化要求各部门间以及部门内部的操作必须有书面文件予以记录，以明确责任归属；程序标准化是指对投资决策、交易执行等各种活动有标准的业务程序流程，执行人员必须经授权后，按照程序执行。岗位责任明晰化是指各岗位人员各司其职，限制越权、穿插、代理等行为。三是业务隔离控制。业务隔离控制主要是指各基金管理人应当将补充养老保险基金资产与公司自有资产严格分离，以防止补充养老保险基金资产弥补公司经营的损失。

（3）报告可靠性控制。在日常交易中，前台、中台、后台必须编制每日交易情况的明细报告，分别向风险管理部门和上级部门报告。风险控制部门对于日常操作中发现的或者认为具有潜在损失可能的问题，应当编制风险报告，向上级报告，这种关于报告可靠性的控制，可以及时规避补充养老保险基金投资运营中损失的风险。

5. 强化金融市场监管的作用。补充养老保险基金的投资运营依赖于规范、有序的金融市场，而规范补充养老保险基金投资的金融市场，实际上是规范补充养老保险基金投资于其中的货币市场、资本市场、房地产市场等，这是补充养老保险基金保值增值必备的经济环境。例如资本市场的监管主要包括以下两个方面。

（1）证券发行市场的监管。证券发行市场监管是证券管理部门对证券发行的审核、监督和管理，是加强证券市场监管的重要环节。加强发行市场的监管，是维护市场正常秩序和证券市场公平、公开、公正原则的需要。

（2）证券交易市场的监管。我国政府于2014年新修订的《证券法》对内幕交易、操纵市场、欺诈客户等行为作出了明确的规定，政府并制定了相应的处罚措施，其监管主要包括以下几个方面：对内幕交易的监管；对操纵市场的监管；对欺诈客户的监管。

（四）营造良好的金融市场环境

补充养老保险基金属于长期资金，补充养老保险基金要实现保值增值的目标需要有长期、稳定的金融市场环境。对此，政府有关管理部门需要加强对金融市场的顶层设计、完善基础制度的建设、建立防范金融风险的体系，严厉打击违法、违规行为，提高上市公司的质量，为补充养老保险基金的投资运营提供良好的市场环境。

参考文献

[1] 上海社保基金案 [EB/OL]. www.baike.baidu.com/item/上海社保基金案/6989499?fr=aladdin.

[2] 刘钧. 员工福利与退休计划 [M]. 北京：中国劳动社会保障出版社，2015：304-306.

[3] 刘钧. 养老保险基金投资运营的风险预警和防范 [M]. 北京：清华大学出版社，2010：151-154.

[4] 企业年金管理办法 [EB/OL]. www.wenku.baidu.com/view/532ba-70484868762caaed5da.html?from=search.

[5] 企业年金管理机构一览表 [EB/OL]. www.wenku.baidu.com/view/613244b227d3240c8547ef1a.html.

案例适用说明

一、案例的适用范围和教学目标

1. 案例的适用范围。本案例适用于保险学、风险管理专业硕士、劳动与社会保障、公共管理等专业开设的《社会保障理论研究》课程。

2. 案例的教学目标。本案例旨在使学生关注我国企业年金、职业年金基金投资运营中出现的各种违法、违规问题；了解企业年金、职业年金的受托人、托管人、投资管理人和账户管理人职责；理解完善企业年金、职业年金投资运营的监管制度对确保企业年金、职业年金基金资产安全的重要性，探讨完善企业年金、职业年金投资运营管理的对策。

二、启发思考题

1. 企业年金、职业年金在养老保障体系中的地位和作用有哪些？
2. 企业年金、职业年金基金的投资运营机制有哪些？
3. 企业年金、职业年金基金投资运营管理模式有哪些？
4. 企业年金、职业年金投资基金运营监管的主体有哪些？
5. 防范企业年金、职业年金投资运营风险的法律、法规有哪些？

三、建议课堂计划

建议讲述4课时，并进行讨论。

1. 课前计划。课前发放从网络上搜集的案例资料，让学生了解案件发展的始末。

2. 课堂计划。主持人要保持中立的态度，组织学生开展讨论，评价学生的观点，可以采取模拟会议、辩论会、课堂讨论等方式，讨论问题。

3. 课后计划。讨论结束后，让学生提交案例分析报告。针对学生提交的案例分析报告中存在的问题，有针对性地进行讲评。

案例 8

暴力伤医何时休

——中国频发的“医闹”事件分析

苏伊　刘钧[①]

随着我国医疗卫生事业的迅速发展，人民群众的健康保障水平得到显著提高。然而，医生、医院同患者之间关系紧张的问题却未得到明显的改善，“医闹”事件频发，不仅扰乱了正常的医疗卫生秩序，还严重地削弱了政府、医疗卫生机构的公信力。本案例针对我国医患关系紧张的现状，从基本医疗保障制度、医患沟通、医院管理制度、政府监管、法制建设和社会舆论等方面分析了“医闹”事件频发的原因，并提出了深化医疗卫生管理体制改革、完善医疗卫生机构管理制度、改善医疗卫生服务质量、健全相关法律法规、完善矛盾处理机制的对策建议。本案例的写作目的是使学生了解医疗卫生的属性和规律，分析我国医患矛盾产生的根源，探索解决问题的对策建议。学习本案例，可以帮助学生了解我国医疗卫生的现实状况，提高学生分析问题、解决问题的能力[②]。

---

① 苏伊，女，硕士，泰康保险有限公司，管理培训生。研究方向：社会保障、保险与风险管理。刘钧，女，经济学博士，中央财经大学教授，研究方向：劳动与社会保障。

② 案例根据《10·3莱芜伤医事件》一文改编，百度百科，baike. baidu. com/item/10% C2% B73% E8% 8E% B1% E8% 8A% 9C% E4% BC% A4% E5% 8C% BB% E4% BA% 8B% E4% BB% B6.

案例正文

一、案例介绍

2016 年 10 月 3 日上午，位于山东省莱芜市钢城区的莱芜钢铁集团有限公司医院（以下简称莱钢医院）发生了一起严重的恶性伤医事件，儿科医生李宝华被患者家属砍成重伤，其头部受伤严重。莱钢医院虽然组织医务人员进行了全力抢救，但是最终因伤势过重而无力回天，李宝华医生死亡。

案件发生后，国家卫生计生委员会的李斌主任、王贺胜副主任要求全力抢救受害医生，公安部副部长黄明也立即做出批示，加强案件督办，依法严惩犯罪分子，同时做好受害医生家属和医务人员的安抚工作。

经过钢城区人民检察院审查，案件发生的起因如下。

2015 年 1 月 19 日，犯罪嫌疑人陈建利之女在莱芜钢铁集团有限公司医院出生。20 日，陈建利之女出现了发烧症状。21 日 10 时，陈建利之女被转入该院儿科治疗，被害人李宝华医生作为莱钢医院儿科医生参与了对该患儿的治疗。21 日 16 时，陈建利在病危病重通知书上签了字。之后，患儿病情恶化。经过抢救后，患儿的病情仍未见好转。李宝华与陈建利沟通后，21 日 18 时 30 分，陈建利在放弃治疗等相关材料上签字。之后，陈建利家人闻讯赶到医院，要求找医院领导寻求答复结果，未得到满意的结果后，陈建利及其家属的情绪失控，开始对医院的设备进行打砸。20 时 30 分，山东省银山公安局直属分局新兴派出所接到报警后，立即赶赴现场，事态得到了控制。当晚，医院、陈建利及派出所相关人员召开会议，但在处理意见方面未达成一致，决定封存病例、冰冻尸体，次日再行商议。2016 年 1 月 22 日，莱钢医院邀请莱芜市医患到给调处中心工作人员参与事件处理。莱钢医院认为，应当先进行尸检并查明患儿死因，确定医院责任后，再谈赔偿事宜，而陈建利及其家属则拒绝接受医院给出的患儿死因，并且拒绝进行尸检。双方协商后，未达成一致意见。此后，新兴派出所以故意毁坏财物对陈建利及其家人进行传唤，陈建利及其家属交给派出所 2 万元保证金。陈建利认为，莱钢医院的治疗方法存在问题，多次与医院协商，并提出赔偿要求。但是，莱钢医院并未接受陈建利及其家属赔偿的意见。由于双方分歧较大，且未达成实质性的协商结果，由此陈建利对莱钢医院及其主治医生李宝华心生怨恨。

2016 年 10 月 3 日上午 8 时左右，陈建利驾驶摩托车前往莱钢医院，在途中购买了单刃砍刀一把，放入随身携带的帆布包内。3日9时45分左右，陈建利进入医院大楼向李宝华医生讨要说法，因不满李医生的回答，在李医生接电话时抽出砍刀用力砍向李医生的头部。李医生逃出办公室，陈建利紧追其后，又用力砍击李医生的头部两刀，随后又连续砍击了数刀。在医护人员试图施救时，陈建利持刀阻拦，最终导致李宝华医生颅骨粉碎、脑浆迸裂。3日16时左右，李医生经抢救无效死亡。经法医鉴定，李宝华医生系重度颅脑损伤死亡。

2016年10月7日，钢城区人民检察院依法以涉嫌故意杀人罪对犯罪嫌疑人陈建利做出批准逮捕的决定。2018年7月27日，山东省莱芜市中级人民法院依法对被告人陈建利故意杀人案进行了公开宣判，被告人陈建利因犯故意杀人罪被判处死刑，剥夺政治权利终身。莱芜市中级人民法院认为，被告人陈建利在发泄情绪的过程中，在公共场合伤害无辜的医生并致其死亡，该行为构成了故意杀人罪。在持刀杀人的过程中，陈建利的犯罪手法残忍、情节恶劣，导致了不可逆转的人身伤害和严重的社会危害。虽然陈建利能够当庭认罪，但不足以对其从轻处罚，应当依法予以惩处。

2019年5月9日14时，山东省高院在济南市莱芜区法院刑事审判庭公开开庭审理了上诉人陈建利故意杀人一案。二审庭审的过程中，法庭针对陈建利是否构成故意杀人罪、陈建利是否构成自首、原审判决量刑是否适当等重点进行了法庭调查，听取了陈建利的辩解、辩护人的辩护意见、诉讼代理人的代理意见及检察员的出庭意见，并对检方提供的新证据进行了质证。庭审结束后，法庭宣布休庭，择期宣判。2019年7月3日，山东省高级人民法院对陈建利故意杀人案二审宣判，裁定驳回上诉，维持原判。二审法院认为，陈建利故意非法剥夺他人生命，致人死亡，其行为构成故意杀人罪。陈建利在公共医疗场所公然行凶，持砍刀砍击被害人头部十三刀，致被害人当场死亡，并阻止他人救治，其犯罪手段特别残忍，后果特别严重，社会影响极其恶劣，应依法严惩，虽有坦白情节，亦不足以对其从轻处罚。原审判决定罪和适用法律正确，量刑适当，审判程序合法。

本案例暴露了我国医院、医生同患者关系紧张的现状，分析医患矛盾产生的深层次原因，有助于建设协调的医患关系，有助于和谐社会的建设。

二、我国医患关系紧张的现状

近年来，我国政府正在大力推进医疗卫生体制改革，患者就医的医疗卫生条件取得了长足的进步，然而医患关系紧张仍然是我国现行医疗卫生管理体制中不容忽视的问题。暴力伤医案件、医患矛盾已经成为社会各界普遍关注的敏感问题。暴力伤医案件的发生不仅是医者之痛、患者之痛，更是社会之痛。世界卫生组织（WHO）于 2002 年 5 月 10 日发布的《新的研究表明工作场所暴力威胁卫生服务公报》明确了“医院工作场所暴力”的概念。医院工作场所暴力是指“卫生从业人员在其工作场所受到辱骂、威胁或袭击，从而造成对卫生从业人员安全、幸福和健康明确或含蓄的挑战”[①]。

医法汇网站发布的《2018 年全国医疗损害责任纠纷案件大数据报告》显示，从审判程序来看，2018 年基层人民法院审理医疗损害责任纠纷案件为 8004 件，中级人民法院审理医疗损害责任纠纷案件为 3785 件，高级人民法院审理的医疗损害责任纠纷案件为 1006 件，最高人民法院审理的医疗损害责任纠纷案件为 2 件。从地域分布来看，2018 年受理的医疗损害纠纷案件数量排在前五位的省份为河南省、山东省、江苏省、湖南省和湖北省，其中河南省的医疗纠纷案件数量超过了 1000 件。同时，湖南省、湖北省的医疗损害责任纠纷案件数量较 2017 年有所上升。从争议的领域来看，据案例数据库的信息显示，医疗损害责任纠纷案件的争议领域，可以分为医疗过错责任纠纷、侵犯患者知情同意权纠纷和医疗产品责任纠纷。2018 年，发生的医疗损害责任纠纷案件共计 12849 件，比 2017 年的 12753 件略有上升。其中，医疗过错责任纠纷案为 12766 件，侵害患者知情同意权纠纷案为 31 件，医疗产品责任纠纷案为 52 件[②]。

在触目惊心的数字背后，是我国医患矛盾不断紧张的现实状况。通过网络搜索引擎搜索“恶性伤医”会发现，相关的案件层出不穷。2005 年 8 月 12 日，福建省福州市中医学院国医堂教授戴春福被钢刀直刺腹部致死。2016 年 5 月 19 日，湖南省邵东县人民医院医生王俊被殴打致死。2017 年 11 月 4 日，吉林省四平市中心医院的恶性伤医案中受重伤的消化内科主任朱立宁在被连续抢救 19 天后，终告不治……2019 年 12 月 24 日，恶性伤医事件再次发生，民航总医院医生杨文被患者家属恶意报复，遇害身亡。

三、我国医患关系紧张的原因

近年来，暴力伤医案件的频繁发生，造成了极其恶劣的社会影响。政府管理部门对于暴力伤医的打击力度也在持续加大，对恶性伤医事件采取“零容忍”的态度已经成为社会各界的共识。但是，在巨大的舆论压力和法律的严惩之下，恶性伤医案件仍

① 贾晓莉，周洪柱，赵越等. 2003～2012 年全国医院场所暴力伤医情况调查研究［J］. 中国医院，2014（3）：1－3.

② 2018 年全国医疗损害责任纠纷案件大数据报告［R/OL］. www. dxy. cn/bbs/newweb/pc/post/40445897.

然时有发生的根源值得我们深思。究其原因，可以从政府、医院、患者和社会四个角度进行分析。

（一）医疗卫生管理体制不健全

1. 政府对医疗卫生的财政投入严重不足。自改革开放以来，我国政府对医疗卫生机构经营的自主权不断地下放，虽然医院获取的财政资金在逐年增加，但是财政投入医疗卫生事业的资金占财政支出的比重却在不断地下降。有数据表明，财政投入医疗卫生的资金占医院支出的比重通常在10%以下，有的医院甚至在5%左右[①]。为了维持医疗机构的正常运转，医院只能依靠销售高价药品或者提供过度的医疗卫生服务，以增加经营利润的来源。随着经营自主权的不断下放，医院的逐利动机日益凸显，医院的公益属性逐渐减弱。在医院盈利动机不断增强的情况下，医患双方的矛盾随之加剧。此外，由于医疗卫生服务市场化程度的提高，医疗卫生机构业务量的不平衡性也日益增强，优质医疗卫生资源集中的地区，医务人员常常处于超负荷工作的状态，进而产生医务人员服务态度方面的问题，医生、患者之间关系紧张在所难免。

2. 药品加成制度，造成医生开出的高价处方药占比不断地提高，进一步激化了医患双方的矛盾。所谓药品加成制度是指政府管理部门允许医疗卫生机构在开具处方药物时可以以购入价的一定比例加价销售。这一比例大约为15%。政府设置药品加成制度的初衷是希望医院通过出售的药品获取一定的收益，但在药品加成制度的激励下，处方药品的价格越来越高，医院获取的收益也越来越高[②]。虽然新旧品牌的药物在功效上大致相同，但是价格差距却比较大。这使患者治疗同一种疾病的费用支出急剧上升。在无法辨别高价药品是否必需的情况下，患者对医疗卫生服务质量的满意度逐渐下降，医患矛盾加剧的潜在风险不断地提高。

3. 基本医疗保险制度不完善，加剧了医患双方关系紧张的态势。在较长的一段时间内，基本医疗保险制度有效地缓解了医患双方之间的矛盾。从医疗卫生机构的角度来看，在并未过多地加重患者经济负担的情况下使用基本医疗保险资金，能够较好地完成医院制定的各项考核指标。从患者的角度来看，基本医疗保险资金的支付减轻了个人负担，医患双方均倾向于选择《基本医疗保险目录》内的药品。目前，在全民参加基本医疗保险的倡导下，基本医疗保险通过提高参保率的方式增加资金来源的空间不大，但是因人口老龄化加剧、疾病谱变化、通货膨胀等因素却造成了基本医疗保险

① 段迎君，任晓春．医患矛盾：基于制度失范的体系化解释［J］．医学与哲学，2019（13）：61.

② 段迎君，任晓春．医患矛盾：基于制度失范的体系化解释［J］．医学与哲学，2019（13）：60.

资金支出的大幅度增加，基本医疗保险资金收支的长期平衡受到严重的挑战。为此，政府有关管理部门出台了多项措施，其核心是控制基本医疗保险资金的支付。这些措施的出台，打破了缓解医患矛盾的原有状况，造成医患矛盾进一步加剧。一方面，基本医疗保险资金实行的总额控制并未得到全面落实，如有些地区只有住院才实行基本医疗保险费用总额控制，而门诊不对基本医疗保险费用实行总额控制；有些地区只有城镇职工基本医疗保险实行总额控制，而城乡居民基本医疗保险不实行总额控制。在基本医疗保险支付实行总额控制后，医院存在向患者转嫁医疗费用的可能性。另一方面，基本医疗保险费用支出实行总额控制后，一些医院过早地将本年度基本医疗保险支付费用的总额度用完，到年底就会出现无法使用基本医疗保险资金，造成患者难以住院治疗，只能在急诊治疗疾病，这些问题的存在进一步加剧了医患双方的矛盾。

（二）医患双方缺乏有效的信息沟通机制

一项调查显示，在被调查的医务人员中有72.5%的人认为，引发医患矛盾、冲突的主要原因是医患双方的沟通不到位①。另一项调查显示，因医务人员服务态度和信息沟通不到位引发的患者投诉案件占总投诉案件的62.5%②。产生这一问题的原因主要有以下几个方面。

1. 医生和患者的信息不对称，患者对医疗的风险认识不足。患者对医疗诊治认识的局限性和风险性了解有限，医务人员相对于患者而言处于信息、技术垄断的地位，针对患者的治疗方案往往是医务人员做出的，患方只能被动地接受。虽然现代医学已经取得了较大的发展，但是在临床上没有绝对安全的药物和诊疗措施，医疗意外、医疗引发的并发症在许多情况下无法避免，这些结果恰恰是患者及其家属难以理解和接受的。

2. 一些医务人员妄自评价其他医务人员的诊疗方案。不同医疗卫生机构的医疗条件、设备和医务人员技术水平等因素不同，医生对同一疾病的认识也不同，就会有不同的治疗方案。某些疾病在发病初期症状不典型，医生有误诊的可能性。然而，当病人再就诊时，有的医生会随意地评价、指责前面医生的诊疗方案，造成患者及其家属误解。如果病人留有后遗症、并发症，患者及其家属往往会找之前诊治的医生讨要说法。

3. 医生向患者及其家属讲述病情不客观，风险告知不符合实际。医生治疗的对象

① 王亮，李梅君，张新庆等．暴力侮辱伤医状况的调查分析［J］．医学与哲学，2014（35）：47－49.

② 王雁，周纯武．采取有效途径化解医疗纠纷［J］．中国医院，2006（6）：55.

是身体机能不同的个体，患者之间也存在着个体差异。即使是同样的治疗方案、同样的药物，不同的患者也会有不同的反应和效果，并发症、过敏反应、医疗意外随时都可能发生，有些病症是目前医疗技术无法治疗的。面对患者的医疗风险，有些医生在向家属讲述病情时一定要客观、中肯。如果只将有效的结果告诉患者及其家属，不将无效的可能性及并发症告知病人及其家属，甚至夸大治疗的效果，会使患者及其家属对治愈的期望过高，对治疗可能产生的并发症缺乏必要的思想准备，由此引起医患双方的矛盾和纠纷。

（三）医院管理制度不完善，医患纠纷处理机制不健全

1. 一些医院的服务质量比较差，影响了医院的信誉。从医院提供医疗卫生服务的质量来看，医院管理制度不完善主要表现在以下几个方面：医疗卫生安全与质量控制制度缺乏，组织机构和规章制度不健全，医院的执行力比较弱。这些问题可以比较直观地反映在诊疗过程中的漏诊、误诊以及少数医务人员收取红包、未严格规范地用药等不良医疗行为上。

2. 医院的就诊环境较差，影响患者就医的情绪。目前，我国三甲医院大多人满为患，看病就医需要等待的时间比较长。许多医院的门诊处、交费处、治疗室、化验室通常不在同一个楼层或者同一栋楼，患者从进入医院挂号到门诊看病，再到最后离开医院，通常需要很长时间的等候。患者进入诊室后，同医生交流的时间比较短，导致医生难以准确地判断患者的病情，容易引起患者及其家属不满、投诉，甚至引发暴力伤医事件。有研究表明，许多医院重视硬件建设，热衷于购置大型的医疗仪器设备，而轻视软件建设，忽视医院管理制度的完善，导致医疗卫生服务质量下降①。

3. 医院片面地追求利润指标，以致患者及其家属难以承担过重的医疗费用。从医院的管理制度来看，许多医院片面地追求利润指标，而较少关注患者的治愈率。在利润指标的引导下，一些医生要求病人做不必要的检查，给病人开高价药，使患者及其家属苦不堪言，从而引发医患矛盾和纠纷。

4. 一些医生的职业道德素质不高，影响了医生的形象。一些医生的职业道德素质不高，片面地追求制度外收入，不合理地使用药品。例如，一些医生在选择药品时倾向于价格更高的同类药品，以获取药品销售人员给予的“回扣”；一些医生收取患者的红包，对患者盲目地使用抗生素或者重复用药等。一旦患者及其家属对治疗效果不满意，医务人员往往不耐心地解释，极易引发医患矛盾和纠纷。这些乱象不仅破坏了

① 王君平．暴力伤医何时休［N］．人民日报，2013-11-22（19）．

医务人员的形象，也加剧了医患矛盾。

5. 缺乏有效的处理医患双方矛盾和纠纷的机制。从医患矛盾的处理机制来看，主要存在以下几个方面的问题：（1）许多医院尚未建立有效的矛盾和纠纷处理机制。虽然医闹事件频繁地发生，但是许多医院尚未建立有效的矛盾和纠纷协商处理机制。在医患矛盾、纠纷发生时，不仅患者不知所措，一些医院也不能及时地提出相应的解决矛盾、纠纷的办法，加重了问题的严重性和复杂性。在缺乏科学、有效的矛盾和纠纷处理机制的情况下，许多医院为了维护自身的声誉，不惜委曲求全，选择满足患者及其家属的不合理要求，以期息事宁人。（2）患者对于诊疗过程中可能产生的医患纠纷缺乏必要的认识，一味地将不良的后果归罪于医务人员。（3）医院采取的应对措施不力。在恶性医闹事件发生时，医院往往缺乏强有力的安全保卫措施，以保障医务人员的人身安全。在以往发生的许多惨案中，医生往往是在毫无防备的情况下遭遇袭击的。面对来势汹汹的患者及其家属，手无寸铁的医务人员毫无反击的能力，此时医院的安全保卫也缺乏有效的应对措施，以致造成不可挽回的后果。本案例中，李宝华医生就是在毫无防备的情况下受到患者家属的侵害。

（四）法律、法规不完善，造成医患双方法律意识淡薄

1. 我国处理医患纠纷的相关法律、法规尚不完善，法律、法规建设相对比较滞后。目前，我国针对处理医疗责任纠纷的相关法律、法规主要有《民法通则》《医疗事故处理条例》《侵权责任法》《基本医疗卫生与健康促进法》等。其中，《侵权责任法》对医疗损害责任做出了明确的规定。《侵权责任法》规定，除了第六十条第一款①、第六十二条②规定的情形之外，其他情形造成的医疗责任事故均由医疗卫生机构承担，医务人员不承担医疗责任事故责任。如果医务人员在治疗的过程中存在过错，我国法律、法规也明确规定承担责任的主体是医疗卫生机构。尽管如此，患者及其家属依然寻衅滋事于医务人员，显然不符合侵权责任承担主体的要求。2018 年 10 月，国家发展改革委、人民银行、卫生健康委、中央组织部、中央宣传部等 28 部门联合发布的《关于对严重危害正常医疗秩序的失信行为责任人实施联合惩戒合作备忘录》将 177 人列入“医闹”黑名单。2019 年 12 月 28 日，第十三届全国人大常委会第十五次会议通过的《基本医疗卫生与健康促进法》于 2020 年 6 月 1 日起实施，这是我国医疗

① 我国《侵权责任法》第六十条第一款规定，患者或者其近亲属不配合医疗机构进行符合诊疗规范的诊疗，医疗机构不承担赔偿责任。

② 我国《侵权责任法》第六十二条规定，医疗机构及其医务人员应当对患者的隐私保密。泄露患者隐私或者未经患者同意公开其病历资料，造成患者损害的，应当承担侵权责任。

卫生健康领域的第一部基础性、综合性的法律。尽管我国政府出台了一系列法律、法规，以规范医疗卫生机构同患者之间的关系，但是依然存在着法律、法规不完善等方面的问题，存在着运用过程中可操作性差等方面的问题。

2. 医患双方均存在法律意识淡薄的问题。一些患者及其家属法律意识淡薄，将医务人员等同于“服务员”，忽视医务人员提供劳动的专业性，用不理智的行为阻碍医务人员正常的工作。在医疗事故发生时，患者及其家属通常不采取正当的依法维权途径，而是选择采取暴力伤害医务人员等极端行为宣泄个人的不满情绪。从另一个角度来看，医院对医务人员缺乏相关的法律、法规培训。面对情绪化的患者及其家属，医务人员的法律、法规意识比较弱，缺乏运用法律、法规维护自身合法权益的意识。特别是在医患双方的矛盾和纠纷发生时，医生由于缺乏足够的法律知识和职业敏感性，往往陷于未能依法维护自身合法权益的困境中。

（五）社会舆论的负面影响

社会舆论在还原真相、揭露贪腐、监督社会、表达民意等方面发挥着不可忽视的作用。但是，社会舆论也具有非理性、从众性等方面的特点，容易夸大、歪曲某一社会问题。社会舆论的误导加剧了医患关系紧张的状况。在医患双方信息不对称的情况下，每个人都有可能成为患者，出于对弱者同情的心理，大多数人往往会先入为主地把患者置于弱势群体的位置，将医患矛盾和纠纷的责任归咎于医院、医生，这种情感倾向会严重影响一些媒体对事件的客观报道。在“爆炸性”新闻层出不穷的网络时代，社会舆论通常比较浮躁。为了追求新闻的时效性和轰动效应，一些媒体在对患者投诉或网上爆料不做调查分析的情况下，采取断章取义或者夸张、放大的手段去报道医疗责任纠纷事件，使社会舆论从一开始就有失偏颇，这无疑加重了患者同医院、医生之间的心理隔阂，使患者对医生戒备有加，而医生则小心谨慎，不敢采取大胆的治疗方案，以至于医患双方处于矛盾和纠纷不断加剧的恶性循环中。

四、应对暴力伤医案件频发的对策建议

（一）深化医疗卫生管理体制的改革

1. 加大财政对医疗卫生事业投入的力度，重新塑造医疗卫生机构的公益属性。虽然我国财政在医疗卫生事业方面的投入逐年增加，但是财政对医疗卫生投入占财政支出的比重仍然比较低。国家统计局发布的数据显示，2018 年我国财政对医疗卫生事业

的投入仅为财政支出的7.1%，同期美国政府对医疗卫生的投入占财政支出的22.5%①。相比之下，我国财政对医疗卫生事业的投入还是比较低的。增加财政对医疗卫生事业的投入，可以从根本上改善医疗卫生机构的逐利行为，使社会公众对医院重新树立良好观感，消除医患矛盾产生的经济根源。

2. 改善医疗卫生资源投入过度集中的问题。政府应当加大对中小医院基础设施、设备、医务人员培训等补贴的力度，加大对城乡医疗卫生事业投入的力度，通过增加医院数量、培养更多的医务人员、鼓励医生多点执业等措施，使中小医院、乡镇医院在某一领域或某一技术方面具备同大医院相抗衡的实力，以缓解医疗卫生资源供给不足的问题。同时，政府有关管理部门应当采取措施，鼓励优质医院加强同乡镇基层医院的联系，促进优质医疗卫生资源下沉，促进医疗卫生资源的优化配置，以改善医疗卫生资源分配的不均衡状态。

3. 深化基本医疗保险制度改革。目前，我国基本医疗保险正在全力推进总额控制的医疗费用结算方式改革。在结算方式改革的过程中，应当注重覆盖范围、覆盖人群等标准的完善，完善医疗卫生服务质量考核指标体系的建设，加强对医生行为的监管，重点监测高价药物以及易滥用药品的处方，推进政务管理信息的公开、透明，切实减轻患者的负担，避免基本医疗保险资金分配不均衡产生的问题，防止医患双方矛盾的进一步激化。

（二）完善医院管理制度，提高医疗卫生服务质量

医疗卫生机构加强管理是改善医患双方紧张状况的重要方面，这主要包括医疗卫生服务质量提高、提高医务人员的职业素质、完善突发事件应急处理机制、完善医疗卫生机构安全保障措施等，对此应当做好以下几个方面的工作。

1. 医疗卫生机构应当加强管理制度建设，堵塞管理制度的漏洞，维护良好的经营秩序。医疗卫生机构应当加强管理制度建设，确保医疗卫生机构的各项规章制度得以贯彻落实，以维护良好的经营秩序。

2. 提高医务人员的职业素质。医疗机构应当提高医务人员的职业素养，不仅要提高医务人员的医疗技术水平，还要提高医务人员的职业道德素质。医务人员应当熟练地掌握医学基础知识以及临床操作技能，时刻关注医疗卫生科技发展的前沿，了解最新的医学动态，努力学习先进的医疗卫生技术，不断地提高自身的临床诊疗水平。与

① 钱用在什么地方？2018年美国的财政收入、财政支出、财政赤字对比［R/OL］. www.sohu.com/a/293784864_100110525.

此同时，医院也应当积极引导医务人员提高职业素质，严厉惩处医生“收红包”“开大处方”等违法、违规、失德行为，树立患者至上的理念，采取换位思考的思维方式，多体谅患者的难处，最大限度地争取患者及其家属的支持、理解和配合。

3. 医疗卫生机构应当完善突发事件应急处理机制。针对医患双方的矛盾，医疗卫生机构应当建立和完善医患矛盾、纠纷的协商处理机制，在医疗纠纷发生时能够高效地化解双方的矛盾和纠纷。针对突发事件，医疗卫生机构应当制定处置突发事件的预案和预警机制，及时化解伤医案件发生的风险。

4. 建立可靠的安全保障措施，确保医务人员的人身安全。医疗卫生机构应当建立有效的安全保障设施，将医务人员的人身置于安全、有保障的工作环境。在极端事件发生时，能够有效地保护医务人员的人身安全，对暴力伤医案件实行“零容忍”，以确保医务人员的人身安全。

（三）健全相关法律、法规，提高医患双方的守法意识

1. 政府管理部门应当建立、健全相关的法律、法规体系，有效地规范医患双方的权利和义务。政府出台的相关法律、法规应当明确界定医生、患者的权利和义务，在医患双方出现矛盾或者纠纷时能够做到“有法可依”“有法必依”，能够运用法律武器维护自身的合法权益。对此，政府管理部门应当加强普法宣传教育，切实增强医患双方的守法意识，引导患者及其家属依法维护自身的合法权益。

2. 政府管理部门应当依法规范医务人员的行为。对于医生的“吃回扣”“收红包”“开大处方”等违法、违规、失德的行为，应当予以严厉处罚；对于触犯法律的，应当依法追究刑事责任，以规范医疗卫生市场的秩序。

3. 政府管理部门应当依法规范患者及其家属的行为。政府、医疗卫生机构应当加强对患者及其家属就医行为的管理，依法规范患者及其家属的就医行为，对暴力伤医案件加大打击的力度。

4. 政府有关管理部门应当建立第三方调解机制，有效地处理医患双方的矛盾和纠纷。政府有关管理部门应当建立医疗纠纷调解委员会，建立独立于医院、患者的第三方调解机构。一旦发生医疗纠纷事件，当事人可以到医疗纠纷调解委员会申请调解，将医患双方的矛盾和纠纷交给专业的处理机构，以快速、高效地解决医患矛盾和纠纷。

（四）正确引导社会舆论，增强人文关怀

1. 医疗卫生机构应当建立有效的舆情应对机制。对于不实的社会舆论，医疗卫生机构应当树立危机意识，研究网络舆论的传播规律，重视网络舆论造成的不良影响，

及时澄清不实消息，积极、主动地采取有效的措施将社会舆论引向理性的轨道，最大限度地减少或消除医患之间的矛盾，从而对改善医患关系做出积极、正确的引导。

2. 新闻媒体应当承担起社会责任，公平、公正地报道医疗责任纠纷事件，实事求是地传播事件发生的前因后果。在充分调查、了解事件前因后果的基础上，给予客观、公正的报道，不盲目地跟风炒作，误导社会舆论。

3. 引导社会公众正确地对待医疗纠纷事件，增强社会的人文关怀。社会公众应当尊重医务人员的劳动，对于承受高强度、高压力、高风险的医务人员给予更多的人文关怀，以缓解医务人员的工作压力，对突发事件做积极的心理指导。同时，患者及其家属也应当接受现代就医的理念，养成良好的就医习惯，正确地看待就诊、看病过程中可能出现的不良结果，以缓解医患关系紧张的状况。

参考文献

［1］贾晓莉，周洪柱，赵越等.2003～2012 年全国医院场所暴力伤医情况调查研究［J］. 中国医院，2014（3）：1－3.

［2］2018 年全国医疗损害责任纠纷案件大数据报告［R/OL］. www. dxy. cn/bbs/newweb/pc/post/40445897.

［3］段迎君，任晓春. 医患矛盾：基于制度失范的体系化解释［J］. 医学与哲学，2019，7（13）：60－61.

［4］王亮，李梅君，张新庆等. 暴力侮辱伤医状况的调查分析［J］. 医学与哲学，2014（35）：47－49.

［5］王雁，周纯武. 采取有效途径化解医疗纠纷［J］. 中国医院，2006（6）：55.

［6］王君平. 暴力伤医何时休［N］. 人民日报，2013－11－22（19）.

［7］钱用在什么地方？2018 年美国的财政收入、财政支出、财政赤字对比［R/OL］. www. sohu. com/a/293784864_ 100110525.

案例适用说明

一、案例的适用范围和教学目标

1. 案例的适用范围。本案例适用于保险学、风险管理专业硕士、劳动与社会保障专业、政府管理专业《社会保障理论研究》课程的教学。

2. 案例的教学目标。本案例有助于学生了解、掌握医患双方矛盾的现状、产生的原因、解决问题的对策。培养学生将学习的社会保障理论应用于解决基本医疗保险、医疗卫生服务中的实际问题，以提高学生分析问题、解决问题的能力。

二、启发思考题

1. 我国医患关系紧张的原因主要有哪些？
2. 我国医疗卫生管理体制存在的问题有哪些？
3. 如何加强医患双方的沟通和交流？
4. 如何提高医患双方的法律、法规意识？
5. 如何完善我国医疗卫生管理体制？
6. 如何加强医院应对突发事件的应急管理机制？

三、建议课堂计划

建议讲述 4 课时，并进行讨论。

1. 课前计划。课前发放从网络上搜集的案例资料，让学生课后阅读。

2. 课堂计划。主持人要保持中立的态度，组织学生开展讨论，评价学生的讨论，可以采取模拟会议、辩论会、课堂讨论等方式，讨论问题。

3. 课后计划。讨论结束后，让学生提交案例分析报告。针对学生提交的案例分析报告，教师有针对性地进行讲评。

案例 9

想说爱你不容易

——基本医疗保险异地就医直接结算案例分析

赵雅馨　杨荣改　刘钧[①]

随着我国流动人口数量的快速增加，人口老龄化的日趋严重，基本医疗保险参保人跨统筹地区异地就医直接结算的问题越来越突出，这给基本医疗保险事业的发展带来了较大的挑战，也引起了社会各界对异地就医直接结算的关注。基本医疗保险异地就医直接结算是便于基本医疗保险参保人跨统筹地区就医、直接结算的重要民生工程之一，其可以减轻基本医疗保险参保人的经济负担，可以减少参保人频繁地奔波于两地报销医疗费用带来的诸多不便。但是，由于我国基本医疗保险制度设计得比较复杂，各统筹地区的制度设计不统一，医疗卫生资源分布不均衡等方面的原因，加大了基本医疗保险参保人异地就医直接结算的难度，影响了基本医疗保险异地就医直接结算的效率。本案例以《流感下的北京中年》为分析异地就医直接结算的起点，剖析了我国基本医疗保险在异地就医直接结算中存在的问题，并提出了解决问题的对策建议[②]。

---

① 赵雅馨，女，中央财经大学在读研究生，研究方向：劳动与社会保障。杨荣改，女，学士学位，招商银行昆明分行职员，研究方向：金融、社会保险。刘钧，女，中央财经大学保险学院教授，研究方向：劳动与社会保障。

② 案例根据《流感下的北京中年》一文改编，百度百科，www. baike. baidu. com/item/% E6% B5% 81% E6% 84% 9F% E4% B8% 8B% E7% 9A% 84% E5% 8C% 97% E4% BA% AC% E4% B8% AD% E5% B9% B4.

案例正文

一、案例介绍

2018年2月，微信朋友圈里一篇《流感下的北京中年》的文章被广泛转发和阅读。文章以第一人称的视角，叙述了北京中年的亲人从感染上流感到最终不幸离世的过程，全文2万多字，叙述了患者2个月内就诊、住院的诸多细节。文章平铺直叙，贴近生活，让读者看到了重病患者家庭的艰辛和不易。文章涉及诸多专业用语——流感、肺炎、重症监护室（ICU）、达菲、未知病毒、住院、床位、基本医疗保险、医疗费用等，患者住进ICU一天需要花费近2万元。文章作者是生活在北京的中产阶层，具有一定的积蓄和人脉资源，可是这样一场病足以击垮一个中产家庭。

在文章中，作者几次提到患者异地就医的问题。患者，男，是黑龙江省的一位退休人员，享受城镇职工基本医疗保险待遇。生病之前，患者住在北京的女儿家，帮助女儿照看年幼的外孙女。作者提到，患病初期，患者选择了一家小型的民营医院，患者不愿意去大医院就医的一个重要原因是异地就医，认为自己可能花费的医疗费不多。即使基本医疗保险能够报销部分医疗费用，也需要等几年后才能拿到现金，不如到住所附近的一家民营医院就医，花费的医疗费不多，也不用把发票寄回去报销。但是，随着患者病情的恶化，加上未知病毒的威胁，高价的ICU费用和昂贵的药品费用支出，促使患者家属开始申请异地就医直接结算的相关事宜。作者在文章中写道："亲戚发来岳父老家使用的异地医保报销申请单，里面有一项是需要所在地居民委员会或者派出所的盖章，证明申请人长期在异地居住。"作者按照流程开始为患者申请，在经办人签字环节，居民委员会以没有人名章为理由拒绝了签字，并建议到派出所办理；派出所以不属于管辖范围为由，拒绝盖章，建议到居住地社会保险管理中心办理；社会保险管理中心的工作人员表示，证明居住在北京不属于其工作职责范围内的事情，建议到街道办事处办理；街道办事处又要求作者回患者参保地先盖章。患者家属在以上单位反复交涉无果后，最终回到了居民委员会。在向居民委员会的工作人员解释清楚患者病危后，居民委员会的经办人才签了字。

本案例暴露了我国基本医疗保险异地就医直接结算中存在的诸多问题，这些问题给基本医疗保险参保人及其家属带来了诸多不便，完善基本医疗保险异地就医直接结算是事关百姓福祉的措施，亟待政府有关管理部门加以解决。

二、基本医疗保险异地就医直接结算的相关问题

基本医疗保险异地就医直接结算是指基本医疗保险参保人由于异地工作、安置、转诊或因差旅探亲等其他原因在基本医疗保险统筹地区之外的地方接受医疗卫生服务、发生医疗费用支出后，由就医地医院或就医地社会保险经办机构直接同参保人结算的管理方式。了解基本医疗保险异地就医直接结算产生的原因，结算的流程、管理等方面的问题，可以加深对基本医疗保险异地就医直接结算的理解，可以明晰我国基本医疗保险异地就医直接结算中存在的问题，并提出解决问题的对策建议。

（一）基本医疗保险异地就医直接结算产生的原因

近年来，随着我国居民生活水平的提高，越来越多的年轻人选择到大城市打工和生活，越来越多的新建家庭把老人接过来帮助照看孩子，越来越多的乡镇外来务工人员集聚在大中城市，越来越多的老年人退休后异地生活……这些都使基本医疗保险参保人不能在参保地看病、就医，而需要到参保地之外的城市或者地区看病、就医，由此产生了基本医疗保险异地就医直接结算的问题。造成基本医疗保险参保人异地就医直接结算的原因主要有以下几个方面。

1. 城市化进程加快，人员流动、迁移更加频繁，需要提供便捷的基本医疗保险经办服务。截至2016年年底，我国流动人口达到2.45亿人，占总人口的比重超过1/6①。数量庞大的流动人口，需要基本医疗保险能够提供异地就医直接结算服务。

2. 基本医疗保险实行属地管理，统筹层次低，“条块分割”严重，各统筹地区的基本医疗保险制度不统一。目前，我国基本医疗保险的统筹层次比较低，以县、市统筹为主，统筹单位有2000多个，众多“条块分割”的统筹单位影响了基本医疗保险参保人异地就医的及时结算。

3. 基本医疗保险制度设计越来越复杂，基本医疗保险关系的可转移性、可便携性比较差。基本医疗保险制度改革后，我国基本医疗保险制度越设计越复杂，“统账结合”的基本医疗保险制度造成基本医疗保险关系转移、接续困难，基本医疗保险关系的可转移性、可便携性比较差。

4. 地区之间医疗卫生事业发展不平衡。由于医疗资源分布不均衡等方面的原因，

---

① 中国流动人口发展报告2017［N/OL］. 新民网，［2017-11-10］. www.shanghai.xinmin.cn/xmsq/2017/11/10/31332612.html.

我国农村居民看病、就医比较困难，经常需要跨统筹地区异地就医。以眼科为例，全国70%的眼科医生集中在大、中型城市，而70%的眼疾患者却集中在基层农村地区。及时结算农村居民的基本医疗保险费用，可以提高农村居民的支付能力，减轻农村居民看病就医的经济负担。

（二）基本医疗保险异地就医直接结算适用的人群

基本医疗保险异地就医直接结算适用的人群，主要有以下几类。

1. 异地安置退休的人员。异地安置退休人员是指基本医疗保险参保人退休后在异地定居1年及其以上，或者户籍已经迁入定居地的退休人员。截至2014年年底，这部分人员达到200万人，主要是知青、支援边疆、支援内蒙古的人员，这部分人群是异地就医直接结算的主力军①。同期，我国企业退休人员有7400万人，机关事业单位退休人员有2000万人，异地安置退休人员占退休人员总数的2.1%。

2. 异地长期居住的人员。异地长期居住的人员是指在异地居住生活半年及其以上且符合基本医疗保险参保地规定的人员。例如，到北京、上海等城市随子女居住，帮助子女照看孩子的老年人。本案例中，患病的老人就属于这类人群。

3. 常驻异地工作人员。常驻异地工作人员是指用人单位派驻到异地工作半年及其以上且符合基本医疗保险参保地规定的人员。例如，驻外办事处、用人单位派驻到异地工作的人员或在外地急诊就医的人员。

4. 异地转诊人员。异地转诊人员是指符合基本医疗保险参保地转诊规定的人员。由于参保地医疗卫生机构诊断不了或者可以诊断但由于治疗水平不高，需要到统筹地区以外就医的人员。

（三）基本医疗保险异地就医直接结算的审批流程

1. 备案。基本医疗保险参保人在参保地医疗保险经办机构备案，医疗保险经办机构采集必要的信息（城市、医院名称等）后，给予审核通过。参保人通常需要到参保地医疗保险经办机构办理异地就医备案登记，提交备案表，等待审核。待审核通过后，医疗保险经办机构会把个人信息上传到系统，参保人可以登录社会保险网络查询系统查看自己是否备案成功（见图9－1）。目前，我国部分地区支持“不见面备案”，可以通过电话传真或手机端传输资料，等待审核。例如，江苏省徐州等市就可以通过当

① 返城知青支内支边人员将可医保“漫游”［N/OL］. 中研网，［2014－12－25］. www.chinairn.com/news/20141225/142913680.shtml.

地网站或官方手机软件直接上网完成备案。异地转诊人员还可以在有转诊资格的医疗机构的信息平台上进行备案。在备案时，基本医疗保险参保人员需要针对参保地的异地就医政策选择备案的方式。

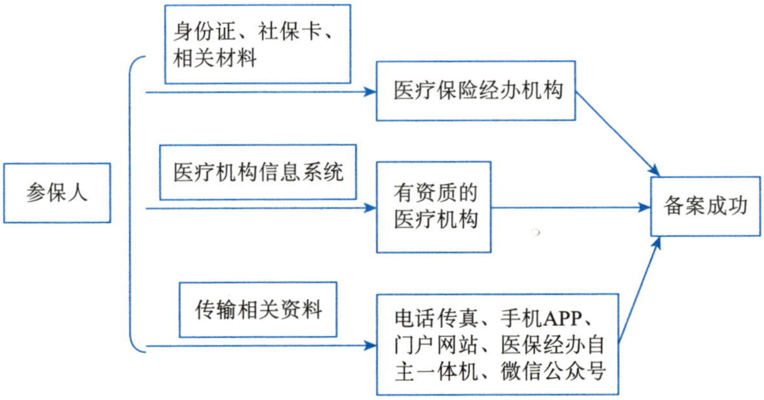

图 9－1 异地就医直接结算备案方式

2. 选择定点医疗机构。目前，全国跨省异地就医直接结算的医疗卫生机构已经突破了 20000 家，其中 95% 以上的三级及以上医院已经连接入网[①]。参保人员可以通过社会保险网络查询系统查询就医地定点医疗机构的具体信息，且多数地区只能选择两三家定点医疗机构。在选择定点医疗机构时，参保人需要结合自身的情况，谨慎地做出选择，因为大部分省份短期内不能变更参保人已经选择的医疗机构。例如，安徽省和湖北省规定，选择定点医疗机构后，一年内不得变更。如果基本医疗保险参保人在此期间选择到定点医疗机构之外的医院就医，就无法实现医疗费用的直接结算。

3. 持社会保障卡或医疗保险卡就医。备案成功后，参保人可以持社会保障卡（或者医疗保险卡）和身份证到定点医疗机构就医。医院的信息系统识别参保人的相关信息后，就可以直接结算医疗费用。目前，异地就医的住院费用可以直接结算，大部分省份还不支持门诊费用直接结算，需要患者垫付门诊医疗费用。

三、基本医疗保险异地就医直接结算制度发展的历程

（一）基本医疗保险异地就医直接结算制度的起步阶段

我国基本医疗保险异地就医直接结算问题的提出可以追溯到 10 多年前。2009 年 3

① 国家医疗保障局．基本医疗保险跨省异地就医住院医疗费用直接结算公共服务信息发布［EB/OL］.［2019－09－30］. www. nhsa. gov. cn/art/2019/9/30/art_54_1812. html.

月 17 日，中共中央、国务院发布的《关于深化医药卫生体制改革的意见》指出，做好城镇职工基本医疗保险制度、城镇居民基本医疗保险制度、新型农村合作医疗制度和城乡医疗救助制度之间的衔接。以城乡流动的农民工为重点，积极做好基本医疗保险关系转移接续，以异地安置的退休人员为重点改进异地就医结算服务。2009 年 12 月 31 日，人力资源和社会保障部、财政部联合发布的《关于基本医疗保险异地就医结算服务工作的意见》规定，切实加强和改进以异地安置退休人员为重点的基本医疗保险异地就医结算服务。2010 年 10 月 28 日，第十一届全国人民代表大会常务委员会第十七次会议通过的《社会保险法》规定，参保人员的医疗费用中应当由基本医疗保险基金支付的部分，由社会保险经办机构与医疗机构、药品经营单位直接结算。这一规定，首次从立法角度确立了建立基本医疗保险参保人员异地就医直接结算制度的法理基础。对此，社会保险行政管理部门和卫生行政管理部门应当大力支持异地就医医疗费用直接结算措施的实施。2011 年 4 月 20 日，人力资源和社会保障部发布的《“中华人民共和国社会保障卡”管理办法》明确规定，社会保障卡是持卡人享有社会保障和公共就业服务权益的电子凭证，具有信息记录、信息查询、业务办理等基本功能。

（二）基本医疗保险异地就医直接结算制度的试点阶段

2013 年 7 月 18 日，国务院发布的《关于印发深化医药卫生体制改革 2013 年主要工作安排的通知》规定，统一规划，推进基本医疗保险标准化和信息系统的建设；提高基本医疗保险基金的统筹层次，鼓励有条件的地方探索基本医疗保险的省级统筹，提高医疗保险管理服务中心的能力；总结实践经验，大力推进异地就医直接结算，逐步推开省内异地就医直接结算；选择在部分省份进行试点，探索建立跨省异地就医直接结算机制。

（三）基本医疗保险异地就医直接结算制度的全面推进阶段

2014 年 11 月 18 日，人力资源和社会保障部、财政部、卫计委联合发布的《关于进一步做好基本医疗保险异地就医医疗费用结算工作的指导意见》规定，推进基本医疗保险异地就医结算的工作目标任务。2014 年，在现有工作的基础上，完善基本医疗保险市级统筹，基本实现市级统筹区内就医直接结算，规范和建立省级异地就医结算平台；2015 年，基本实现省内异地住院费用直接结算，建立国家级异地就医结算平台；2016 年，全面实现跨省异地安置退休人员住院医疗费用直接结算。2016 年 4 月 21 日，国务院发布的《关于印发深化医药卫生体制改革 2016 年重点工作任务的通知》提出，加快推进基本医疗保险全国联网和异地就医结算工作，建立完善国家级异地就医结算平台，逐步与各省份异地就医结算系统实现对接，基本实现跨省异地安置退休人员住院费用直接结算。

2016 年 5 月 26 日，国家卫生计生委、财政部联合发布的《关于印发全国新型农村合作医疗异地就医联网结报实施方案的通知》规定，完善异地就医管理政策、信息系统功能，逐步实现新农合跨省就医联网结报。

2016 年 8 月 26 日，中共中央政治局通过的《“健康中国 2030”规划纲要》规定，加快推进基本医疗保险异地就医结算，实现跨省异地安置退休人员住院医疗费用直接结算和符合转诊规定的异地就医住院直接结算。2016 年 12 月 8 日，人力资源和社会保障部、财政部联合发布的《关于做好基本医疗保险跨省异地就医住院医疗费用直接结算工作的通知》规定，2016 年年底，基本实现全国联网，启动跨省异地安置退休人员住院医疗费用直接结算工作；从 2017 年开始，逐步解决跨省异地安置退休人员住院医疗费用直接结算，年底扩大到符合转诊规定人员的异地就医住院医疗费用直接结算。结合本地户籍和居住证制度改革，逐步将异地长期居住人员和常驻异地工作人员纳入异地就医住院医疗费用直接结算的覆盖范围。

2016 年 12 月 16 日，国务院办公厅发布的《关于加快推进跨省异地就医结算系统建设的通知》规定，2016 年年底前，实现大部分省级异地就医结算系统与国家异地就医结算系统对接，开始上线试运行；2017 年上半年，实现所有省份的对接；2017 年年底前，实现所有统筹地区的对接。

2016 年 12 月 19 日，人力资源和社会保障部发布的《关于进一步加强基本医疗保险异地就医监管的通知》做出如下规定：(1) 完善和落实异地就医管理制度和经办流程；(2) 大力推进异地就医直接结算；(3) 进一步加强医疗机构协议管理；(4) 加快健全异地就医协查机制；(5) 加大各方联动打击医保违法、违规行为的力度。

2017 年 12 月 27 日，人力资源和社会保障部发布的《关于开展跨省异地就医直接结算集中宣传活动》要求，在全国范围内开展以跨省异地就医直接结算为主题的宣传活动。

2017 年 12 月 29 日，人力资源和社会保障部办公厅、财政部办公厅发布的《关于规范跨省异地就医住院费用直接结算有关事项的通知》做出如下规定：(1) 加快扩大基层定点医疗机构覆盖范围；(2) 切实简化备案手续，优化备案流程；(3) 严格跨省异地就医退费管理；(4) 充分发挥预付金的作用，用好用活预付金；(5) 明确异地就医跨年度费用结算办法。

2018 年 8 月 20 日，国务院办公厅发布的《关于印发深化医药卫生体制改革 2018 年下半年重点工作任务的通知》规定，全面落实异地就医结算政策，扩大定点医疗机构覆盖面。

四、基本医疗保险异地就医直接结算工作的推进

2016 年 12 月 15 日，国家基本医疗保险异地就医结算系统正式上线试运行，这是中央政府建立并管理的基本医疗保险异地就医结算网络平台。2017 年，我国基本实现符合转诊规定的异地就医住院费用的直接结算。截至 2017 年年底，全国所有省级平台、所有统筹地区大多实现与国家异地就医结算系统对接。截至 2018 年年底，国家基本医疗保险跨省异地就医直接结算系统登记的定点医疗卫生机构已经达到 15411 家，二级及以下定点医疗卫生机构 12830 家①。其中，二级及以下定点医疗卫生机构占数据库内登记的定点医疗卫生机构的比重为 82.9%。为了配合基本医疗保险异地就医直接结算，我国政府全面推进社会保障卡的发行和综合应用。截至 2018 年年底，社会保障卡的持卡人数已经达到 12.27 亿人②。

随着全国基本医疗保险异地就医结算信息系统的建立，各省纷纷实现异地就医直接结算，但大部分统筹地区仅支持异地就医住院费用直接结算，仅部分省份实现了门诊和购药的直接结算。目前，京津冀地区和长三角地区正在开展门诊异地就医直接结算试点。京津冀地区、长三角地区探索的多地异地就医直接结算模式，有助于推进异地就医直接结算模式的创新。

1. 京津冀三地门诊异地就医直接结算试点的启动。2019 年 6 月 22 日，京津冀医疗保障协调发展合作协议签约仪式在天津举行，三地将加快推进异地门诊直接结算和医保一体化工作③。合作协议主要围绕异地就医住院和门诊直接结算、医药产品集中采购和医疗保障协同监管等方面开展深度合作，解决三省、市的群众看病垫资和跑腿报销等方面的问题，以提高医疗保险基金使用效率，减轻群众负担。河北省和天津市毗邻北京市，三地的合作符合居民看病就医的需求，满足了京津冀地区人们异地就医结算的需要。

2. 长三角 41 个城市实行医保“一卡通”。长三角地区是我国区域一体化最早的地区之一，正在持续推进异地就医直接结算工作。2018 年 9 月，长三角地区跨省异地就

---

① 2018 年全国跨省异地就医直接结算近 132 万人次［J/OL］. 中国日报网，［2019 - 07 - 03］. www.cnews.chinadaily.com.cn/a/201907/03/WS5d1c4064a310a6dd41e841ba.html.

② 人社部：截至 2018 年底社保卡持卡人数达 12.27 亿人［J/OL］. 新浪财经，［2019 - 01 - 24］. www.finance.sina.com.cn/money/insurance/bxdt/2019 - 01 - 24/doc - ihrfqzka0539102.shtml.

③ 国家医疗保障局. 国家医疗保障局关于政协十三届全国委员会第二次会议第 3015 号（医疗体育类 327 号）提案答复的函［EB/OL］. 国家医疗保障局网站，［2019 - 09 - 09］. www.nhsa.gov.cn/art/2019/9/9/art_26_1730.html.

医门诊费用直接结算试点工作启动。2019 年 5 月，苏州与上海实现了跨省异地就医门诊费用直接结算。2019 年 9 月，长三角异地就医门诊直接结算试点一年，取得了积极的成果。目前，长三角地区 41 个城市全部实行了医保“一卡通”，三省一市的定点医疗机构已经达到3500 余家①。随着长三角地区异地就医门诊费用直接结算的进一步推进，医保“一卡通”的服务会更方便、快捷。

五、我国基本医疗保险异地就医直接结算发展存在的问题

（一）基本医疗保险异地就医直接结算制度实施的障碍

由于我国基本医疗保险制度设计复杂，导致各统筹地区的基本医疗保险制度规定得不一致；基本医疗保险的统筹层次比较低，造成基本医疗保险异地就医直接结算管理的难度增加。

1. 各统筹地区的基本医疗保险规定不同。目前，我国基本医疗保险在实施的过程中，存在着《基本医疗保险药品目录》《基本医疗保险诊疗目录》和《基本医疗设施服务标准目录》不统一的问题。以《基本医疗保险药品目录》为例，甲类《基本医疗保险药品目录》全国统一，不允许各地区随意变动。乙类《基本医疗保险药品目录》各地区可以变动目录内药品数量的 15%。这就造成有些药品在这一地区为《基本医疗保险药品目录》内的药品，而在另一地区就不是《基本医疗保险药品目录》内的药品。在就医的过程中，基本医疗保险参保人使用的药品有可能在就医地的《基本医疗保险药品目录》内，但是不在参保地的《基本医疗保险药品目录》内，造成药品费用无法报销的问题，由此加大了基本医疗保险异地就医费用直接结算管理的难度。

2. 基本医疗保险制度设计复杂，管理难度比较大。目前，我国基本医疗保险实行“统账结合”的制度，基本医疗保险地域性较强，医疗保险关系转移、接续比较困难，各统筹地区规定的基本医疗保险社会统筹的“起付线”“封顶线”“报销比例”也不同。

（1）各统筹地区规定的基本医疗保险社会统筹支付的“起付线”不同。例如，北京城镇职工基本医疗保险住院费用报销的“起付线”为 1300 元，北京城镇无业居民、老人住院费用报销的“起付线”为 1300 元，儿童住院费用报销的“起付线”为 650

---

① 长三角地区全部 41 个城市实现医保“一卡通”[J/OL]. 中国青年报，[2019 - 09 - 26]. www.baijiahao.baidu.com/s?id = 1645723822606827036&wfr = spider&for = pc.

元。北京城镇居民基本医疗保险参保人的身份不同，“起付线”就不同。又如，上海城镇职工基本医疗保险住院费用报销的“起付线”分别为 700 元、1200 元、1500 元三个档次。如果参保人为在职职工，其住院费用报销的“起付线”为 1500 元；如果参保人为退休人员，其住院费用报销的“起付线”为 1200 元；如果参保人在基本医疗保险制度改革时已经退休的老人，其住院费用报销的“起付线”为 700 元。同时，上海城镇居民基本医疗保险参保人身份不同，其基本医疗保险住院费用报销的“起付线”不同。婴幼儿、中小学生、大学生、60 岁以上人员住院费用报销的起付线为 300 元，19～59岁城镇居民基本医疗保险参保人住院费用报销的“起付线”为 1000 元。

（2）各统筹地区规定的基本医疗保险社会统筹基金支付的“封顶线”不同。基本医疗保险制度改革初期，由于各统筹地区对基本医疗保险制度改革政策的理解不同，有些基本医疗保险统筹地区规定的最高限额为医疗费用乘以报销比例后的金额不超过最高支付限额为“封顶线”，有些基本医疗保险统筹地区规定医疗费用的最高限额为“封顶线”。同时，由于各地经济发展不同，各统筹地区规定的基本医疗保险“封顶线”也不同。例如，北京城镇职工基本医疗保险的“封顶线”为 30 万元，上海城镇职工基本医疗保险的“封顶线”为 34 万元，武汉城镇职工基本医疗保险的“封顶线”为 24 万元。

（3）各统筹地区基本医疗保险统筹基金报销的比例不同。各统筹地区的基本医疗保险通常规定，参保人到一级医院就医，住院报销的比例高；到二级、三级医院就医，住院报销的比例低。例如，某地城镇居民基本医疗保险住院费用报销的“起付线”因就医的医院等级不同而不同。其中，到一级医院住院发生的医疗费用的“起付线”为 50 元，到二级医院住院发生的医疗费用的“起付线”为 100 元，三级医院住院发生的医疗费用“起付线”为 300 元。基本医疗保险参保人转诊到异地就医的，通常患有统筹地区医院难以治愈的疾病，需要报销更高比例的医疗费，但是这一制度设计造成患有大病的参保人住院费用报销的比例低、患有小病的参保人住院费用报销的比例高的不公平问题。由于多种多样、五花八门的制度设计，造成异地就医直接结算管理的难度加大，政府有关管理部门只能出台政策，《基本医疗保险药品目录》《基本医疗保险诊疗目录》《基本医疗设施服务标准目录》按照就医地的规定执行，“起付线”“封顶线”、费用报销比例按照参保地的规定执行。这就需要就医地的医院随时将参保人的费用信息传输到参保地社会保险经办机构，这就涉及医院信息系统与社会保险信息系统共享的问题，各项信息需要在各自的系统中分别录入，其工作量比较大，管理难度也比较大。

3. 基本医疗保险制度设计复杂，基本医疗保险信息的转移性、便携性比较差。目前，我国基本医疗保险实行“统账结合”的制度，制度设计的地域性比较强，基本医疗保险关系转移、接续比较困难。同时，由于我国自1994年以来实行分税制管理体制，加大了参保人异地就医直接结算管理的难度。例如，基本医疗保险参保人在异地安家、到异地工作的，其基本医疗保险关系的转移就比较困难，基本医疗保险信息的便携性比较差。

4. 基本医疗保险统筹层次比较低，异地就医直接结算管理的工作量比较大。尽管国务院发布的《关于建立城镇职工基本医疗保险制度的决定》《关于做好2008年城镇基本医疗保险试点工作的通知》均规定，基本医疗保险原则上以地级以上行政区为统筹单位，条件不成熟的地区，可以实行县（市）统筹，但是目前大多数地区仍以县（市）为统筹单位，统筹层次比较低，由此涉及的相关利益主体也比较多。目前，我国基本医疗保险大多为县（市）级统筹，统筹单位有2000多个。大部分异地转诊就医病人在异地就医直接结算时都采取按服务项目付费的“后付制”结算方式，容易造成医疗卫生资源使用的浪费，地区之间的利益冲突比较大。

（二）基本医疗保险异地就医直接结算的业务流程复杂

目前，我国基本医疗保险异地就医直接结算的业务信息传输流程比较复杂，异地就医转诊备案手续复杂，容易出现费用结算方面的差错，其主要表现在以下几个方面。

1. 基本医疗保险异地就医直接结算涉及医疗保险经办信息系统同医疗卫生信息系统共享、衔接的问题，各项信息需要在各自的系统中分别录入，其工作量比较大，管理难度比较大。

2. 医疗保险经办机构之间的信息传输也比较复杂。目前，我国各地基本医疗保险信息技术发展很不平衡，造成各地基本医疗信息化水平存在着比较大的差异。部分地区不同管理主体之间的信息系统标准也不同，存在着信息传输慢、服务器故障、数据库出错等方面的问题，造成各地医疗保险经办机构之间的信息难以实现有效地实时对接、共享，影响了异地就医、费用结算信息的及时传递，制约了各统筹地区基本医疗保险异地就医直接结算工作的推进。目前，我国基本医疗保险大多为县（市）级统筹，统筹单位有2000多个。2000多个统筹单位进入医疗保险异地就医直接结算系统，增加了管理的工作量，使信息管理系统设计、运行比较复杂，信息在传输的过程中容易出现差错。

3. 异地转诊直接结算的业务流程复杂。目前，我国基本医疗保险实行分级诊疗制度，其规定如下：参保人首先需要在社区医院看病；社区医疗机构不能诊治的话，转诊到县级医院；县级医院不能诊治的话，再转诊到三级医院。在此过程中，医疗保险异地就医转诊的备案管理手续比较复杂，参保人不仅需要在参保地的医疗保险经办机构进行登记、备案，而且需要到就医地医院的医疗保险经办机构进行登记、备案，这些信息会传输到国家异地就医结算系统。如果参保人不能在登记的定点医疗机构住院、就医的话，或者不能持有社会保障卡的话，就无法顺利地实现异地就医直接结算。

（三）基本医疗保险异地就医直接结算系统的利用效率比较低

目前，我国基本医疗保险异地就医直接结算系统的利用效率比较低，未能有效地发挥便于直接结算的功能。

1. 适用的人群有限。目前，我国国家级基本医疗保险跨省异地就医直接结算仅适用于四类人群：（1）异地安置退休人员；（2）异地长期居住人员（通常为半年以上）；（3）常驻异地工作的人员（通常为半年以上）；（4）异地转诊人员。这就造成了基本医疗保险异地就医直接结算适用的人群有限。例如，基本医疗保险参保人到统筹地区之外出差、旅游就医、住院，就无法实现异地就医直接结算，只能由参保人垫付医疗费用后，持发票到参保地医疗保险经办机构报销。

2. 适用的范围有限。目前，我国医疗保险异地就医直接结算系统仅适用于基本医疗保险住院费用的结算，不适用于门诊就医参保人直接结算，不适用于慢性病人转诊异地就医直接结算，也不适用于补充医疗保险费用直接结算，更不适用于医疗救助直接结算，其适用的范围比较窄。

3. 适用的地区有限。通常，基本医疗保险参保人只能到参保地备案的定点医疗机构就医，临时转换定点医疗机构就无法实现异地就医直接结算。例如，某基本医疗保险参保人在参保地备案的定点医疗机构是北京同仁医院，但是参保人到北京后发现，在北京同仁医院根本就挂不上号，根本无法实现在定点医疗机构就医。此时，如果参保人选择到其他医院住院治疗，也无法实现异地就医直接结算。目前，我国基本医疗保险参保人依然无法实现持有一张社会保障卡，走遍全中国的漫游，其适用的地区有限。

4. 基本医疗保险异地就医结算系统的使用效率比较低。目前，我国已经开通运行国家级基本医疗保险异地就医直接结算系统，但是其使用率比较低。例如，截至2018年1月20日，跨省异地就医人员在国家级信息系统备案的人数为207万人，累计结算为18万人次[①]，国家级信息系统的使用效率仅为登记备案人数的8.7%[②]。截至2018

① 政府工作报告：扩大异地就医直接结算范围［J/OL］. 经济观察报，［2018－03－05］. baijiahao. baidu. com/s? id＝1594083018955717700&wfr＝spider&for＝pc.

② 这里没有考虑一位基本医疗保险参保人在异地就医多次直接结算。如果考虑一位基本医疗保险参保人在异地就医多次直接结算，其比例会更低。

年年底，跨省异地就医人员在国家级信息系统备案的人数为354万人，跨省异地就医直接结算131.8万人次①，如果不考虑基本医疗保险参保人多次使用国家级信息系统直接结算，国家级信息系统的使用效率仅为登记备案人数的37.2%，国家级信息系统有助于直接结算的功能并未得到有效地发挥。

（四）基本医疗保险异地就医直接结算的稽核有待于进一步加强

由于基本医疗保险参保地经办机构同就医地医院、就医地医疗保险经办机构缺乏有效的沟通渠道，容易发生非基本医疗保险参保人代替基本医疗保险参保人异地就医，以骗取基本医疗保险资金的事情，这也加大了参保人异地就医直接结算稽核的难度。同时，由于稽核、检查基本医疗保险参保人异地就医的难度比较大，需要耗费大量的人力、物力和财力资源，会造成基本医疗保险基金的损失。

（五）医疗卫生资源地区配置的不平衡

我国医疗卫生资源地区配置的不平衡是造成基本医疗保险参保人长途跋涉、异地转诊就医、治病的主要原因之一，也影响了公民获得公共医疗卫生服务的公平性、可及性和有效性，更影响了公共医疗卫生机构提供服务的质量和水平。我国医疗卫生资源地区配置不平衡的状况主要有以下几个方面。

1. 公共财政对医疗卫生投入存在着“总量不足，结构失衡”的问题。近几年来，政府财政承担社会责任的功能弱化，公共财政对医疗卫生的投入不足，特别是对农村基层医疗卫生投入严重不足。目前，我国80%的医疗卫生资源集中在大城市，其中30%的医疗卫生资源分布在大医院，同一地区不同等级的医疗卫生资源的分配差异也很大②，地区之间的医疗卫生资源分配严重不均，增加了农村居民大病就医的难度。

2. 各地区经济发展水平的不平衡，导致医疗卫生资源分布呈现出不均衡的发展态势。截至2018年年底，我国共有三级医院2548个，这些三级医院主要分布在城市③。这些三级医院大多集中在北京、上海、广州等大城市，结果造成这些地区医院的服务压力激增，许多大医院门庭若市、人满为患，基本医疗保险参保人异地看病、就医的难度比较大。相比之下，尽管我国农村已经实现了乡镇有卫生院、村村有诊所的医疗

---

① 中国新闻网：医保局：2018年跨省异地就医直接结算近132万人次［N/OL］. 中国新闻网，［2019-01-19］. www.baijiahao.baidu.com/s?id=1623056911884448911&wfr=spider&for=pc.

② 我国80%的医疗资源集中在大城市［N/OL］. 新浪网，［2019-04-20］. www.k.sina.cn/article-2672107961-m9f4521bq03300if85.html?from=local.

③ 中国卫生健康事业发展统计公报出炉［N/OL］. 光明网，［2019-05-24］. www.guancha.gmw.cn/2019-05/24/content_32862826.htm.

卫生资源分布格局，但是，由于乡村医疗卫生机构医疗设备短缺、医务人员技术素质低等方面的原因，基层医疗卫生机构提供的服务仍然不能满足农村居民看病、治病的医疗需求。

3. 优质的医疗卫生人才大多集中在经济发达的地区。医疗卫生人才是医疗卫生事业发展的重要因素之一。目前，我国基层医院医务人员短缺，整体素质有待进一步提高，技术骨干流失严重，难以满足农村居民的看病、就医需求，基本医疗保险参保人只能千里迢迢地辗转外地看病、就医。

六、解决基本医疗保险异地就医直接结算问题的对策建议

（一）简化基本医疗保险制度设计，提高基本医疗保险的统筹层次，统一医疗保险政策法规

1. 简化基本医疗保险制度设计，取消基本医疗保险社会统筹基金设置的“起付线”“封顶线”，以降低制度运营的管理成本。取消各统筹地区设置的标准不同的起付线、封顶线，可以为基本医疗保险参保人异地就医直接结算创造简单的制度基础，以降低管理成本，提高相关管理部门的工作效率。

2. 制定全国统一的基本医疗保险药品目录、基本医疗保险诊疗目录、基本医疗保险设施服务标准目录，统一各地区的报销比例。统一规定这三个目录，有利于提高基本医疗保险管理的效率，有利于异地医院、就医地医疗保险机构了解基本医疗保险参保人所在的统筹地区的基本医疗保险制度，有利于医院同参保人直接结算，有利于减少信息传输量。

3. 统一规定基本医疗保险参保人个人自付的比例，这样的规定有利于就医地医院、就医地医疗保险经办机构了解基本医疗保险参保人所在地的基本医疗保险制度，减少信息传输量，减少人工计算的成本。

4. 改变基本医疗保险补偿比例同就诊医院等级挂钩的制度设计，提高参保人到异地就医给予补偿的比例，减轻异地就医转诊、住院大病患者的经济负担。一般来说，基本医疗保险参保人到统筹地区之外就医，大多患有参保地难以治愈的疾病，降低基本医疗保险参保人到异地就医转诊的负担比例，不仅方便异地就医直接结算，而且可以降低基本医疗保险参保人的医疗费用负担，提高基本医疗保险的保障水平。

5. 逐步提高基本医疗保险的统筹层次，可以减少基本医疗保险异地就医直接结算的人次，降低基本医疗保险异地就医直接结算管理的工作量。如果提高基本医疗保险

的统筹层次，参保人就不必跨统筹地区就医了，这可以提高基本医疗保险参保人就医、结算的便捷性。

（二）简化基本医疗保险异地就医转诊备案流程，减少信息传输的环节

简化基本医疗保险异地就医转诊备案的流程，实现医疗保险信息管理的便捷化、规范化和科学化，可以提高基本医疗保险异地就医直接结算管理的效率。对此，需要做好以下工作。

1. 建立医疗保险经办机构信息系统、医疗卫生信息系统以及其他相关信息共享的机制，这样医疗保险经办系统拥有的信息医院可以共享，医疗卫生系统拥有的信息医疗保险经办机构可以共享，从而减少工作量，降低管理成本。

2. 建立国家级、省级医疗保险经办机构之间信息共享的平台，实现在线信息汇总、审核结算，以提高管理工作的效率。

3. 简化基本医疗保险参保人异地就医转诊直接结算的程序，实现管理的信息化、便捷化和科学化，为基本医疗保险参保人转诊就医、直接结算提供及时、可及的管理服务。

（三）提高国家级医疗保险异地就医直接结算系统的使用效率

1. 扩大基本医疗保险异地就医直接结算适用的人群。改变基本医疗保险异地就医直接结算只适用四类人群的状况，扩大到更广泛的人群，让更多的参保人分享到异地就医直接结算的便利。

2. 扩大基本医疗保险异地就医直接结算适用的范围。扩大异地就医直接结算的范围，不仅可以使基本医疗保险参保人实现门诊就医的实时结算，而且可以使补充医疗保险参保人、医疗救助受益人、公费医疗参保人实现异地就医直接结算。

3. 扩大基本医疗保险定点医疗机构的范围。扩大定点医疗机构的范围，让参保人有更多的、可供选择的定点医疗机构，为参保人提供更加便捷的异地就医直接结算服务。

4. 提高国家级医疗保险异地就医直接结算系统的使用效率。让更多的人享受到结算系统带来的效率，以真正实现从摇篮到终老的“一卡通”服务，让基本医疗保险参保人在信息化的浪潮中享受到社会保障“一卡通”服务带来的便利。

（四）规范基本医疗保险异地就医的稽核管理

进一步规范参保地医疗保险经办机构委托就医地医疗保险经办机构或医院稽核异地就医参保人的程序，可以借助互联网系统实行在线稽核，以堵塞不法分子利用虚假

住院证明、虚假医疗票据和材料骗取基本医疗保险基金的行为，防止基本医疗保险基金的损失。

（五）统筹城乡发展战略，缓解公共医疗卫生资源分布不平衡的状况

改变城乡医疗卫生资源分布的态势，需要政府进行有效的干预，以弥补市场失灵。统筹城乡医疗卫生资源配置，加大公共财政投入，可以提高基层医疗卫生服务的质量和水平。对此，需要做好以下工作。

1. 加大公共财政对基层医疗卫生投入的力度，缓解医疗卫生资源地区分布不平衡的态势。对此，有关管理部门应当统筹安排，制定科学的医疗卫生资源配置规划，将医疗卫生资源配置倾斜于农村基层医疗卫生机构，以改变医疗卫生资源向购买力强、人口密度大的城市配置的不平衡状况。同时，应当花大力气补充基层医疗卫生机构临床必需的医疗卫生设备，以逐步改变农村医疗卫生设备短缺、房屋破旧、人员短缺等方面的问题，提高医疗卫生资源配置的公平性。

2. 建立规范化的医师培训制度，提升基层医务人员的职业素质和职业技能，提高他们的医疗技术和服务水平，满足农村居民就医的需求，改善城乡医疗卫生资源分布不均衡的局面，以缩小城乡居民健康水平的差距。同时，政府也应当建立稳定的定向为农村培养全科医师和执业医师的计划，为农村医疗卫生事业的发展提供源源不断的人才储备，以提高农村医疗卫生的服务质量。

3. 建立城乡医疗的协同发展机制，以促进农村医疗卫生水平的提高。建立三甲医院有高级职称的大夫到农村工作并给予奖励的机制，以帮助基层医疗卫生机构及时诊治疑难杂症，提高基层医务人员的技术水平。同时，也可以鼓励基层医疗卫生机构的医生，到三甲医院实习、工作一段时间，帮助农村医务人员提高业务素质，减少基本医疗保险参保人异地就医的人次。

4. 鼓励民间资本等社会力量举办基层医疗卫生机构，改变公立医院独家垄断医疗卫生市场的局面，提高医疗卫生市场的竞争力。同时，应当扶持、激励有资质的医师开办诊所或者个体行医，多方位地提升基层医疗机构的服务质量和水平，以满足农村居民就近看病、就医的需要。

参考文献

[1] 中国流动人口发展报告2017 [N/OL]. 新民网，[2017-11-10]. www.shanghai.xinmin.cn/xmsq/2017/11/10/31332612.html.

[2] 返城知青支内支边人员将可医保“漫游”[N/OL]. 中研网, [2014-12-25]. www. chinairn. com/news/20141225/142913680. shtml.

[3] 国家医疗保障局. 基本医疗保险跨省异地就医住院医疗费用直接结算公共服务信息发布[EB/OL]. [2019-09-30]. www. nhsa. gov. cn/art/2019/9/30/art_54_1812. html.

[4] 2018 年全国跨省异地就医直接结算近 132 万人次[N/OL]. 中国日报网, [2019-07-03]. www. cnews. chinadaily. com. cn/a/201907/03/WS5d1c4064a310a6dd41e841ba. html.

[5] 人社部：截至 2018 年年底社保卡持卡人数达 12.27 亿人[N/OL]. 新浪财经, [2019-01-24]. www. finance. sina. com. cn/money/insurance/bxdt/2019-01-24/doc-ihrfqzka0539102. shtml.

[6] 国家医疗保障局. 国家医疗保障局关于政协十三届全国委员会第二次会议第 3015 号（医疗体育类 327 号）提案答复的函[EB/OL]. 国家医疗保障局网站, [2019-09-09]. www. nhsa. gov. cn/art/2019/9/9/art_26_1730. html.

[7] 长三角地区全部 41 个城市实现医保“一卡通”[N/OL]. 中国青年报, [2019-09-26]. baijiahao. baidu. com/s?id=1645723822606827036&wfr=spider&for=pc.

[8] 政府工作报告：扩大异地就医直接结算范围[N/OL]. 经济观察报, [2018-03-05]. baijiahao. baidu. com/s?id=1594083018955717700&wfr=spider&for=pc.

[9] 中国新闻网. 医保局：2018 年跨省异地就医直接结算近 132 万人次[N/OL]. [2019-01-19]. baijiahao. baidu. com/s?id=1623056911884448911&wfr=spider&for=pc.

[10] 今年我国在线医疗市场规模有望突破 170 亿元[N/OL]. 新华网, [2015-11-10]. www. xinhuanet. com/fortune/2015-11/10/c_1117100811. htm.

[11] 中国卫生健康事业发展统计公报出炉[N/OL]. 光明网, [2019-05-24]. guancha. gmw. cn/2019-05/24/content_32862826. htm.

案例适用说明

一、案例的适用范围和教学目标

1. 案例的适用范围。本案例适用于保险学、风险管理专业硕士、劳动与社会保障、公共管理等专业开设的《社会保障理论研究》课程。

2. 案例的教学目标。本案例旨在使学生了解、掌握基本医疗保险异地就医直接结算业务的特点、适用的人群、产生的原因、业务办理的流程，了解我国政府在推进基本医疗保险异地就医直接结算的过程中出台了哪些法规和部门规章，理解异地就医直接结算中存在的问题和解决问题的对策建议。

二、启发思考题

1. 什么是基本医疗保险异地就医直接结算？
2. 基本医疗保险异地就医直接结算适用的人群有哪些？
3. 基本医疗保险异地就医直接结算的业务办理流程有哪些？
4. 我国基本医疗保险异地就医直接结算产生的原因有哪些？
5. 中国政府为了实施基本医疗保险异地就医直接结算采取了哪些措施？
6. 中国在实施基本医疗保险异地就医直接结算中存在哪些问题？
7. 解决中国基本医疗保险异地就医直接结算中存在问题需要采取哪些措施？

三、建议课堂计划

建议讲述4课时，并进行讨论。

1. 课前计划。课前发放从网络上搜集的案例资料，并让学生课前阅读，了解案例发生的经过。

2. 课堂计划。主持人保持中立的态度，组织学生开展讨论，评价学生的观点，可以采取提问、模拟会议、辩论会、展示课件等形式讨论问题，启发学生思考。

3. 课后计划。讨论结束后，组织学生写作案例分析报告，针对学生提交的案例分析报告进行讲评。

案例10

谨防“医患合谋”骗取基本医疗保险资金

王一飞　刘钧[①]

基本医疗保险是惠及百姓生命安全和身体健康的重要制度安排，对于解决百姓“看病难”“看病贵”问题发挥着积极的作用。基本医疗保险资金不仅来源于个人、用人单位的缴费，而且我国政府每年也投入大量的资金。然而，这些涉及百姓健康的“救命钱”却屡遭骗取、套取，造成基本医疗保险资金的损失。在已经发生的骗取、套取基本医疗保险资金案件中，医疗卫生机构同患者合谋骗取基本医疗保险资金是我国基本医疗保险资金损失的一个重要方面。国家医疗保障局作为基本医疗保险的管理机构肩负着繁重的工作任务和压力。但是，按照我国现有法律、法规和部门规章的规定，国家医疗保障局只能通过协议管理的方式来督促医疗卫生机构认真履行职责，不能对违法、违规的医疗卫生机构、个人采取行政处罚措施。本案例以“医患合谋”骗取基本医疗保险资金为例，介绍基本医疗保险资金在使用、管理中存在的问题，揭示了造成“医患合谋”的主要原因，并提出解决问题的对策建议。

① 王一飞，女，中央财经大学在读研究生，研究方向：风险管理、社会保险。刘钧，女，经济学博士，中央财经大学教授，研究方向：劳动与社会保障。

案例正文

一、案例介绍

李某，男，34 岁，青岛市某企业职工。自 2010 年 7 月参加城镇职工基本医疗保险以来，李某及其所在单位均按照青岛市政府的规定参加了城镇职工基本医疗保险，并按规定缴纳了基本医疗保险费。李某的医疗保险卡显示，2019 年 2 月 1～9 日、2 月 21～24 日、3 月 10～25 日李某因胃炎分三次到某定点医院住院治疗，共花费医疗费 53215 元。其中，李某花费了 5312. 5 元，当地基本医疗保险基金支付了 47902. 5 元的医疗费用。当基本医疗保险管理部门的工作人员到定点医院检查时，发现这是一起医院伙同参保人合谋骗取基本医疗保险资金的典型案例。

经过调查后，工作人员发现，实际住院人是李某某（男，55 岁），其病情为萎缩性胃炎。实际住院人使用了基本医疗保险参保人李某的医疗保险卡、身份证，而实际住院人却是李某的父亲，李某的父亲未参加基本医疗保险，因此使用了李某的医疗保险卡办理住院手续。医院的工作人员陈某虽然知道李某的父亲在使用李某的医疗保险卡，但是陈某不仅不予劝阻，而且还为李某及其父亲骗取基本医疗保险资金大开方便之门。在陈某的帮助下，李某父亲使用的自费药篡改成了基本医疗保险目录内的甲类药品。陈某同李某及其父亲内外串通，弄虚作假，伪造病历，骗取了基本医疗保险资金的支付。

工作人员还发现，李某先后于 2019 年 2 月 1～9 日、2 月 21～24 日、3 月 10～15 日三次办理了住院手续，但实际上李某并未住院，而是李某的父亲住院了。医生陈某为李某的父亲伪造了李某的病历，并开具了培美曲塞二钠、血栓通等药品。这些药品被药房工作人员赵某换为其他药品，以降低李某的自负比例。在李某父亲第三次出院时，定点医院给医疗保险经办机构提供的出院结算费用清单与患者留存的结算单费用不符。工作人员经过核实后发现，定点医院违规撤销了李某的出院结算，提高了基本医疗保险统筹基金为李某报销的金额。在李某父亲治疗的过程中，患者因胃炎入院治疗，但是住院期间医生却开出了“血管彩超”“糖化血红蛋白”“颅脑磁共振”“运动试验”等检查，并通过网络传输其费用清单为 15415 元。医疗保险经办机构的工作人员认为，这是医生与患者合谋的过度医疗行为，遂将案件报告给了本单位领导。

在这起“医患合谋”骗取基本医疗保险资金的案件中，存在着冒名顶替住院、篡改药品清单、重复结算、过度医疗等骗取基本医疗保险资金的行为。如果不是医疗保险管理部门工作人员的认真核查，就会造成基本医疗保险资金的损失。

二、我国基本医疗保险管理中存在的“医患合谋”问题

随着社会福利水平和基本保险医疗保障水平的不断提高①，越来越多的人开始钻制度设计漏洞的空子，一些医生缺乏职业道德和规范教育，与患者沆瀣一气，采取各种方式骗取基本医疗保险资金支付，造成基本医疗保险资金的损失。病人是演的、诊断是假的、病房是空的，只要住院就能够挣钱……在这些看似荒诞、可笑的案件背后，却是我国基本医疗保险资金大量流失的严峻现实，揭示出的问题主要有以下几个方面。

1. 医生诱导患者开高价药，以谋取不正当回扣，造成基本医疗保险资金的损失。医生用药、治疗通常具有比较强的专业性，对于使用什么药品、使用哪一厂家生产的药品、药品的价格如何、疗效如何，医生通常比较熟悉。在患者就医的过程中，药品的选择、使用通常取决于医院进药的品种和医生替患者做出的选择，但是药品的最终付费者却不是医生或者医院，而是患者和基本医疗保险基金，这就使医疗的决策行为和购买行为分开，患者反而成了医疗产品交易行为中不相干的人。这时，如果缺乏有效的约束机制，医生就有足够的动机选择价格偏高、回扣较高的药品，而不是选择价格便宜、疗效可靠的药品。这是医疗卫生行业同其他行业不同，也是医生收取药品回扣不合法的主要原因。但是，在患者就医的过程中，医生可能会根据回扣比例的多少决定使用哪个药品生产厂商生产的产品，以致越贵的药品卖得越快，用药的选择权通常在医生而不是患者手里，至于患者高价买回的药品是否能够达到同价格相匹配的疗效，医生并不关心。一些无良的医生更关心的是如何无风险地获得经济利益，如何使用安全无效、回扣高的药品，这些成为他们选择药品时需要考量的重要因素。在经济利益的驱使下，一些利欲熏心的医生会主动同患者勾结，通过医生的花言巧语、坑蒙拐骗让患者更多地使用高价药，从而获得更多的回扣。

2. “医患合谋”骗取基本医疗保险资金的隐蔽性比较强，审核难度比较大。为了获得更多的经济利益，我国医疗卫生领域还存在着医生同患者合谋，套取基本医疗保险资金的问题。“医患合谋”骗取基本医疗保险资金的案件之所以难以发现，是因为医患双方“站到了一个战壕里”②。本案例中，医生帮助患者将自费药换成基本医疗保

① 韩雪. 医患合谋骗保应追究法律责任［N］. 北京日报，2018-11-21.

② 罗志华. 医患合谋应成防治骗保重点［N］. 光明网，2017-01-26. www.sohu.com/a/125173001-162758.

险目录内的药品，患者支付的医药费用少了，医院的收入增加了，损失的却是基本医疗保险资金；将患者的一次住院分解成三次，就能够突破基本医疗保险对单次住院金额的限制，不受约束地使用基本医疗保险资金。基本医疗保险参保人“挂床”住院，对于参保人来说是一种“零投入”，医院给参保人一些好处，医院就可以得到骗取的基本医疗保险资金的大部分。如果将这一问题推广到药店，也是如此。药店将日常生活用品当药品售卖，医患双方只要心照不宣，就可以各得其所。由于医患双方形成了利益共同体，使“医患合谋”具有比较大的隐蔽性，不反复地核查，很难发现其中隐藏的问题。可见，“医患合谋”骗取基本医疗保险资金的行为应当成为有关管理部门防范基本医疗保险资金损失的重点①。

“医患合谋”骗取基本医疗保险资金的隐蔽性比较强②，还体现在合谋骗取基本医疗保险资金的票据或者医疗文书上，且很难被发现。基本医疗保险管理的工作人员通常只能根据现有的材料发现问题，无法对早已发生的医疗行为实施有效的追溯检查，这使许多“医患合谋”骗取基本医疗保险资金的行为被掩盖，“医患合谋”骗取基本医疗保险资金的实际金额远远超过被审计单位查实的金额。尽管“医患合谋”骗取基本医疗保险资金的行为比较隐蔽，但是仍然会暴露出一些蛛丝马迹。例如，药品购入与卖出通常会有两账本，如果“购入”这本账同“卖出”这本账对不上，问题就会显现出来，这样就会发现“医患合谋”骗取基本医疗保险资金的证据。又如，患者刚出院又入院，如此分解住院的行为，通常违反医疗诊疗常规。只要认真核查，就会发现其中存在的问题。

3. 懂得医疗技术的财务管理人员缺乏。发现“医患合谋”骗取基本医疗保险资金的一些行为，通常需要复合型人才，需要从事基本医疗保险管理的人员既具备专业的医学知识，又具有财务管理的经验。如果从事基本医疗保险管理的工作人员具有的医学专业知识不足，则很难发现其中存在的问题。例如，用药、检查的必要性和适度性通常是不具备医疗专业技术的基本医疗保险管理人员无法通过财务审查发现的。即使由基本医疗保险管理部门的工作人员实施即时的全过程管理，也很难发现其背后隐藏的问题。例如，针对患者的过度医疗行为，医生通常会以医疗技术的需要为借口予以狡辩，不懂医疗技术的审计人员根本无法同具有过度医疗行为的医生对话、交流，更不用说发现其中隐藏的问题。只有懂得医疗技术的财务管理人员深入到医院的诊疗活动中，才能对医生的诊疗行为实施有效的约束和管理，才有可能发现“医患合谋”的

---

① 夏俊，朱闵敏，王莉燕．医疗“骗保”行为分析及对策［J］．医学与社会，2007（8）：4－6.

② 李新．基本医疗保险骗保行为分析［J］．湖北经济学院学报（人文社会科学版），2006（9）：40－41.

问题。

4. 缺乏规范医院、医生、患者行为的可操作性强的法律、法规。“医患合谋”的不法行为主要包括以下几种类型：(1) 虚开药品用于变现。一些医院为基本医疗保险参保人开出患者并不需要的药品，然后再把药品出卖出去，从而套取基本医疗保险资金。(2) 虚记药品、诊疗项目、医用耗材、医疗卫生服务设施等，套现基本医疗保险资金。基本医疗保险参保人未使用过某些药品、未做过某些检查、未使用过某些医用耗材或者医疗服务设施，但是医院却虚记患者使用了某些药品、诊疗项目、医用耗材、医疗卫生服务设施等相关费用，造成基本医疗保险资金的损失。(3) 篡改患者使用药品、医疗器械、诊疗项目、诊疗设施等行为。一些医院同患者合谋，将患者使用的自费药品、医疗器械或者诊疗项目篡改为基本医疗保险目录内的药品、诊疗项目、诊疗设施，造成基本医疗保险资金的损失。本案例中，医生陈某就违法、违规将患者使用的基本医疗保险目录外的自费药品篡改为基本医疗保险目录内药品，将基本医疗保险目录内的乙类药品篡改为甲类药品，以降低患者的自负比例，但是却带来了基本医疗保险资金的损失。(4) 存在分解收费、超标准收费、重复收费等违法违规收费的行为。一些医院将大额收费分解为分散的收费；将超标准收费分解为分散的收费；将重复收费隐藏在不同时间段的检查、用药中，造成基本医疗保险资金的损失。(5) 存在不必要的诊疗、用药及其他违法违规骗取基本医疗保险资金等行为。为了获得经济利益，一些医生会要求患者做不必要的化验、检查，会故意开出高价药，造成基本医疗保险资金的损失。本案例中，李某的父亲是萎缩性胃炎住院，但是医生却给他做了许多与病情无关的检查，不仅浪费了医疗卫生资源，还造成了基本医疗保险资金的流失。(6) 挂床住院。挂床住院又称为“假住院”“挂名住院”，是指基本医疗保险参保人并没有住院治疗，但是医院的患者名单中却登记着患者正在住院治疗，这是“医患合谋”骗取基本医疗保险资金支付的行为。在挂床住院的医疗行为中，医生会编造出一系列假病历、假治疗、假用药等方面的虚假消费信息，以骗取基本医疗保险资金的支付，并从中谋取经济利益。基本医疗保险参保人虽在上班，却可以获得医院给付的医疗费用或者住院费用，可谓“一举两得”。挂床住院是“医患合谋”骗取基本医疗保险基金支付的主要手段。(7) 冒充基本医疗保险参保人就医。应基本医疗保险参保人的要求，医生会给使用别人医疗保险卡就医的未参加基本医疗保险的人开药、检查、住院等，对基本医疗保险参保人的骗保行为视而不见。本案例中，李某的父亲使用李某的基本医疗保险卡住院就医的行为，就属于“医患合谋”冒名就医，骗取基本医疗保险资金支付的行为。以上诸多行为，不仅违反了诚实、守信的契约精神，还涉嫌违法犯罪。

5. 基本医疗保险参保人的守法意识淡薄。近年来，医院、基本医疗保险参保人合谋，骗取基本医疗保险资金的案件频发。2018年，国家医疗保障局及有关部门联合开展的打击骗取基本医疗保险基金的专项行动中，共查处了违约、违规的定点医疗卫生机构有6.63万家，违规支付基本医疗保险资金达到2.42万元①。上述违法、违规情况表明，不仅基本医疗保险参保人，而且医疗卫生机构医务人员的守法意识也很淡薄。骗取基本医疗保险资金的行为不同于日常生活中的偷窃行为，偷窃行为是明知偷窃违法、犯罪但是依然实施的行为。骗取基本医疗保险资金的人员，大多并不了解我国现行《社会保险法》《刑法》等法律、法规对骗取基本医疗保险资金行为的规定，也不知道这种行为的法律后果。骗保行为会受到法律制裁的意识在许多心中十分淡薄，以为被识破后顶多被拒赔，却不明白这种行为已经涉嫌违法、犯罪。

三、解决“医患合谋”骗取基本医疗保险资金的对策建议

（一）加大政府对公共医疗卫生的财政投入，回归医疗卫生机构的公益属性

针对医疗卫生机构的营利动机，有关管理部门应当加大对公共医疗卫生机构财政投入的力度，让公立医疗卫生机构回归其公益属性。医疗卫生事业属于准公共产品，具有一定的公益属性，发展医疗卫生事业对于公民的身体健康具有较强的外部性。加大政府对医疗卫生机构的财政投入，可以缓解医疗卫生机构运营收不抵支的状况，可以改变医疗卫生机构、医务人员的逐利动机，可以让医疗卫生机构、医务人员安心地为患者看病，以堵塞“医患合谋”造成基本医疗保险基金流失的经济根源。

（二）加大对医疗卫生机构、医生监管的力度，防止医生开高价药或者谋取不正当的利益

为了防止“医患合谋”造成基本医疗保险基金的损失，监管机构或者医疗保险经办机构可以采取多样化的管理手段，其主要包括以下几个方面。

1. 采取医疗卫生机构自查和监管机构抽查相结合的管理方式。医疗卫生机构应当按照监管部门的要求整理患者的诊疗记录、用药记录等资料，监管机构可以采取抽查的监管方式，以判断医生的用药、检查、治疗是否合理。

---

① 国家医保局：打击骗保三个月追回资金超10亿元［N］. 北京商报，www.baijiahao.baidu.com/s?id=1626731015598124091&wfr=spider&for=pc，2019.

2. 采取监管机构现场检查与非现场检查相结合的管理方式。监管机构既应当根据医疗卫生机构提交的材料，检查是否存在“医患合谋”的行为，也可以定期或不定期地进行现场检查，以及时发现“挂床住院”的欺诈行为。只有采取灵活的现场检查方式，才能有效地遏制“医患合谋”骗取基本医疗保险资金的行为。

3. 现场检查与大数据信息的智能检查相结合的方式。除了监管机构的工作人员进行现场检查之外，还可以利用高科技手段，结合大数据信息进行检查。有关监管部门可以利用大数据全面、准确的特点，如实地登记参保人员的信息，筛选住院治疗次数较多的基本医疗保险参保人，对这些参保人的用药、治疗过程进行重点检查，以确定是否存在分解住院的行为。

4. 采取事先告知与突击检查相结合的管理方式①。有关监管部门既要进行事先告知的检查，以规范医疗卫生机构的日常工作秩序，又要进行突击检查，了解医疗卫生机构经营的真实状况。

（三）采取规范基本医疗保险资金管理的措施，防止医生同患者合谋骗取基本医疗保险资金的行为

有关管理部门可以采取措施，剥离医务人员同药品、医疗卫生服务之间的利益关系，严格基本医疗保险报销的程序，以增加“医患合谋”骗取基本医疗保险资金的难度。例如，采取“医药分离”的管理措施。在医院之外，建立独立于医院的社会药房，病患看病取得医生的用药处方后，可以凭医生开具的处方到社会药房购药，以剥离医生同药品之间的利益关系。针对住院病人的用药，可以规定医院开的药品不允许带出医院，只能在医院内使用，以防止患者在住院的过程中同医务人员相勾结，倒卖虚开的药品，造成基本医疗保险资金的损失。在费用结算环节，政府有关管理部门可以采取按照医疗服务项目付费、定额付费等管理方式②，以防止基本医疗保险资金的流失。

（四）加大对基本医疗保险资金管理人才培养的力度，防止“医患合谋”恶意套现基本医疗保险资金的行为

针对“医患合谋”造成基本医疗保险资金损失的行为，有关管理部门可以采取以

① 吴镭，周贤君．新形势下我国医保基金监管工作的难点及对策——以沈阳市医疗骗保案为例［J］．中国市场，2019（36）：53－57.

② 涂丹，何中臣，唐贵忠，医患合谋诱导医疗保险消费的道德风险及其规避［J］．医学与哲学，2014（35）：43－45.

下几个方面的措施。

1. 定期评议医生的诊断、治疗情况。针对医生提供服务的信息垄断性、专业性，有关管理部门可以组织专家组，定期评议医生的诊断、治疗情况，对于故意使用高价药、诱导患者过度消费的行为予以严厉的打击。

2. 建立定点医疗卫生机构的退出机制。针对损害公共利益，造成基本医疗保险资金损失的医疗卫生机构，有关管理部门可以采取取消相关医疗卫生机构的定点医院资格，以净化医疗卫生市场环境。

3. 加大对基本医疗保险资金管理人才培养的力度，提高工作人员的业务管理能力。基本医疗保险资金使用的管理工作不同于一般的审计工作，监管人员不仅需要具有财务管理的相关知识，而且还需要具有信息、药学和医学专业的相关知识①。唯有如此，才能及时发现过度医疗、篡改药品清单等行为，对此应当建设专业化的基本医疗保险资金使用监管的团队。只有具备相关专业知识的人才，才能实施有效的监管。

（五）完善相关法律、法规和部门规章，严厉打击“医患合谋”的不法行为

完善《社会保险法》《中华人民共和国刑法》等相关法律、法规和部门规章的规定，对骗取基本医疗保险资金行为予以处罚。对此，可以采取以下几个方面的措施。

1. 界定骗取基本医疗保险资金行为的主体。根据《刑法》中关于诈骗的法律规定和基本医疗保险中骗取基本医疗保险资金的现实情况，可以依法界定骗取基本医疗保险资金的行为主体，其主要包括医疗保险经办机构的工作人员、定点医疗卫生机构的医务人员、零售药店及相关工作人员、基本医疗保险的参保人员。

2. 界定骗取基本医疗保险资金行为的种类。“医患合谋”骗取基本医疗保险资金行为的种类主要有以下几个方面：（1）虚开药品用于变现的行为；（2）虚记药品、诊疗项目、医用耗材、医疗服务设施等相关费用的行为；（3）篡改药品、医疗器械、诊疗项目、医疗服务设施等相关费用的行为；（4）分解收费、超标准收费、重复收费等违规收费的行为；（5）不合理的诊疗、用药和其他违法、违规等行为；（6）挂床住院等行为。

定点零售药店及其工作人员骗取基本医疗保险资金的行为主要有以下几个方面：（1）盗刷他人医疗保险的身份凭证，套取现金、购买生活用品、保健品、化妆品等非医疗物品的行为②。（2）替参保人员串换药品等物品，骗取医疗保险基金的行为。

① 中国医疗保险，高效监管，防止骗保，医保要注重三个“强”［J］. www.mini.eastday.com/mobile/180428172915830.html.

② 李西霞．完善我国反欺诈骗取医保基金刑事法律规定的思考［J］．中国医疗保险，2019（05）：20－23.

（3）非定点医疗机构刷卡、记账。（4）为参保人员提供虚假发票、虚开发票[①]。（5）其他骗取基本医疗保险资金的行为。

基本医疗保险参保人骗保的行为主要包括以下几个方面：（1）伪造票据，骗取基本医疗保险资金支付。（2）将基本医疗保险身份凭证转借他人使用，或者假借他人身份凭证就医。（3）违法使用基本医疗保险身份凭证，骗取药品进行倒卖等。（4）其他骗取基本医疗保险资金支付的行为。

3. 依据我国《刑法》的规定制定处罚标准。有关管理部门可以依据《中华人民共和国刑法》第266条关于骗取医疗保险基金行为构成诈骗罪的条款定罪量刑。具体数额标准可以参照现行司法解释：诈骗财物超过3000元，或以单位名义（诈骗所得归单位所有）诈骗金额在50000~100000元，确定为入罪门槛，并将特定的骗取基本医疗保险资金的行为纳入刑事法律调整的范围。刑事处罚量刑标准也可以参照现行《刑法》司法解释的相关规定确定。地方政府也应当出台相应的地方法规以及部门规章，以保证相关法律、法规和部门规章的可操作性，实现行政与法律之间的衔接。相关法规和部门规章应当包括以下几个方面：（1）定点医疗机构选择标准；（2）监管机构检查实施细则，主要包括应做的检查工作种类及检查期间；（3）对于骗取基本医疗保险资金的参保人的惩罚如何落实，对于骗取基本医疗保险资金的医疗卫生机构的惩罚办法，设置定点医疗卫生机构的退出制度，以遏制骗取基本医疗保险资金的行为。

4. 增加社会公示环节，及时的意见反馈有助于地方政府依法完善行政法规和部门规章。

（六）加大宣传教育工作力度，增强医疗卫生机构、参保人的守法意识

针对“医患合谋”的行为，有关管理部门应当加强对《社会保险法》《中华人民共和国刑法》等相关法律、法规和部门规章的宣传。对此，可以采取以下几个方面的措施。

1. 制作宣传相关法律、法规的宣传册及海报，在医疗卫生机构内部张贴或者发放。

2. 组织医务人员学习相关法律、法规和部门规章，提高他们遵守法律、法规和部门规章的意识。

3. 向基本医疗保险参保人免费发放相关宣传单或者宣传册，普及相关法律、法规，提高基本医疗保险参保人的守法意识。

---

① 李西霞，完善我国反欺诈骗取医保基金刑事法律规定的思考［J］. 中国医疗保险，2019（05）：20-23.

4. 通过社区讲座、宣传会等互动性较强的活动，宣传相关法律、法规和部门规章。

5. 培养相关人才。我国教育管理部门应当加强对相关专业的建设，让更多学子了解基本医疗保险的相关知识，培养更多的基本医疗保险管理人才，促进基本医疗保险的规范发展。

参考文献

[1] 韩雪．医患合谋骗保应追究法律责任 [N]．北京日报，2018-11-21.

[2] 罗志华．医患合谋应成防治骗保重点 [J]．法制日报，2017.

[3] 夏俊，朱闵敏，王莉燕．医疗“骗保”行为分析及对策 [J]．医学与社会，2007 (8)：4-6.

[4] 李新．基本医疗保险骗保行为分析 [J]．湖北经济学院学报（人文社会科学版），2006 (9)：40-41.

[5] 国家医保局：打击骗保三个月追回资金超10亿元 [N]．北京商报，baijiahao. baidu. com/s?id=1626731015598124091&wfr=spider&for=pc，2019.

[6] 吴镭，周贤君．新形势下我国医保基金监管工作的难点及对策——以沈阳市医疗骗保案为例 [J]．中国市场，2019 (36)：53-57.

[7] 涂丹，何中臣，唐贵忠，医患合谋诱导医疗保险消费的道德风险及其规避 [J]．医学与哲学，2014 (35)：43-45.

[8] 李西霞．完善我国反欺诈骗取医保基金刑事法律规定的思考 [J]．中国医疗保险，2019 (05)：20-23.

案例适用说明

一、案例的适用范围和教学目标

1. 案例的适用范围。本案例适用于保险学、公共管理、劳动与社会保障、风险管理专业的学生开设的《社会保障理论研究》学习和使用。

2. 案例的教学目标。本案例旨在让学生关注我国基本医疗保险资金的损失问题，了解医疗卫生机构、患者、基本医疗保险参保人骗取基本医疗保险资金的经济动因，了解我国政府堵塞基本医疗保险资金流失的制度建设和存在的问题，以激发学生对我国基本医疗保险研究的关注。

二、启发思考题

1. 基本医疗保险提供哪些保障？
2. 基本医疗保险的管理为什么必须有医疗卫生机构介入？
3. “医患合谋”骗取基本医疗保险资金的情形有哪些？
4. 如何有效地解决“医患合谋”骗取基本医疗保险资金的问题？

三、建议课堂计划

建议安排4课时，进行课堂讨论。

1. 课前计划。课前发放案例材料，提出启发性思考的问题，让学生查阅相关的背景资料，并在课前完成相关阅读。

2. 课堂计划。主持人首先简明、扼要地介绍案例；其次组织学生进行分组讨论，组织分小组发言；最后主持人进行归纳、总结和评价，启发学生积极地思考。

3. 课后计划。让学生阅读我国基本医疗保险、医疗卫生机构运营的相关文献资料，围绕我国“医患合谋”造成基本医疗保险资金流失的问题，写出相关对策建议报告，并对学生写作中存在的问题予以讲评。

案例 11

新冠肺炎疫情对我国医疗卫生管理体制的挑战与改革

沈奂　刘钧[①]

2019 年年末，新冠肺炎最先在武汉被发现，我国政府反应迅速，采取了坚决有力的措施对疫情进行科学有效的防控，并同社会各界密切合作，使疫情在 2020 年 3 月基本得到有效控制，也为世界各国抗击疫情积累了宝贵的经验。本案例反映了我国政府积极调配医疗卫生资源，迅速调整医疗卫生管理政策，支持抗击疫情的行动，并取得了非凡的成果。但是，此次疫情也暴露出我国医疗卫生管理体制的一些不足，需要我们在总结经验的同时，反思我国医疗卫生管理体制中存在的问题，以便更好地应对各种医疗卫生公共事件。新冠肺炎疫情在对我国医疗卫生管理体制提出挑战的同时，也为我国医疗卫生管理体制的后续改革提供了方向[②]。

---

① 沈奂，女，泰康人寿有限公司职员，金融学硕士，研究方向：风险管理与保险。刘钧，女，中央财经大学保险学院教授，经济学博士，研究方向：劳动与社会保障。

② 资料根据媒体公开发表的新闻整理而成。

案例正文

一、新型冠状病毒肺炎疫情的暴发

2019 年年末，一种新型冠状病毒（2019 - nCoV/SARS - CoV - 2）导致的肺炎在中国武汉最先被发现。根据武汉市卫生健康委员会于 2020 年 1 月 11 日发布的通告显示，2019 年 12 月 27 日，湖北省中西医结合医院张继先医生将接诊的 4 位患者的情况向医院做了汇报，医院立即上报给武汉市江汉区疾病预防控制中心，张继先医生由此被称为湖北省“疫情上报第一人”。2019 年 12 月 31 日，国家卫生健康委员会委派专家组抵达武汉指导疫情处置工作，武汉协和医院设立呼吸传染病隔离区。2020 年 1 月 3 日，我国政府开始向美国疾病预防控制中心通报疫情信息和防控措施，向世界卫生组织和周边国家通报了最先发现的新型冠状病毒疫情。2020 年 1 月 5 日，世界卫生组织就“武汉不明原因肺炎”发布通告。2020 年 1 月 6 日，国家疾病预防控制中心启动了突发公共卫生事件二级应急响应。2020 年 1 月 8 日，国家卫生健康委员会初步确认新型冠状病毒为此次疫情的病源。2020 年 1 月 9 日，武汉市出现首例新冠病毒疫情引起的死亡病例。2020 年 1 月 12 日，世界卫生组织将新型冠状病毒命名为 2019 - nCoV。2020 年 1 月 15 日，国家疾病预防控制中心将突发公共卫生事件二级应急响应调整为一级应急响应。2020 年 1 月 20 日，国家卫生健康委员会发布 2020 年第 1 号公告，将新型冠状病毒肺炎纳入《中华人民共和国传染病防治法》规定的检疫传染病进行管理。2020 年 1 月 22 日，湖北省政府启动突发公共卫生事件二级应急响应。2020 年 1 月 23 日凌晨，武汉市新型冠状病毒肺炎疫情防控指挥部发布消息，从 2020 年 1 月 23 日 10 时起，全市公交、地铁、轮渡、长途客车暂停运营，没有特殊原因市民不能离开武汉，同时机场、火车站等离汉通道暂时关闭，恢复时间另行通告。同日，武汉市新型冠状病毒肺炎疫情防控指挥部宣布建设火神山医院。2020 年 1 月 24 日，湖北省新型冠状病毒感染的肺炎疫情防控指挥部发布通报，湖北省正式启动重大突发公共卫生事件一级响应，进一步提高了应急响应的级别。同日，上海市支援武汉的医疗队 135 人到达武汉，成为驰援武汉的第一支医疗队。2020 年 1 月 25 日，习近平总书记主持的中央政治局常委会会议决定成立中央应对新型冠状病毒感染肺炎疫情工作领导小组，李克强总理担任组长。会议决定，向湖北省派出指导组，促进地方政府全面加强新型冠状病毒肺炎疫情防控一线的工作。同日，疾病预防控制局发布的《新型冠状病毒感染的肺炎疫情控制工作应急预案（试行）》对工作的要求、社区防控策略及措施等做出了具体的应急部署。同日，财政部、国家卫生健康委员会联合发布的《关于新型冠状病毒感染肺炎疫情防控有关经费保障政策的通知》规定，对于确诊患者发生的医疗费用，在基本医疗保险、大病保险、医疗救助等按规定支付后，个人负担部分由财政给予补助，所需要的资金由地方财政先行支付，中央财政对地方财政按实际发生费用的60%予以补助。同日，武汉市新冠肺炎疫情防控指挥部宣布建设雷神山医院。2020年1月27日，国家中医药管理局依托中国中医科学院组建的第一支国家中医医疗队抵达武汉后迅速开展工作。截至2020年1月29日，我国内地31个省、区、直辖市均已启动重大突发公共卫生事件一级响应。2020年1月30日，人力资源和社会保障部发布的《关于切实做好新型冠状病毒感染的肺炎疫情防控期间社会保险经办工作的通知》规定，确保各项社会保险待遇按时足额发放，强化经办大厅防控措施，推行“不见面”服务，开辟医护人员及相关工作人员工伤保障的绿色通道，允许参保企业和个人延期办理业务。随着确诊病例数量的显著增加，世界卫生组织于当地时间1月30日宣布该事件为“国际关注突发公共卫生事件”。

2020年2月2日，火神山医院建成交付使用，并移交解放军医疗队接管。2020年2月3日，3家方舱医院开始筹建，用于收治轻症患者。随后，又陆续建成了16家方舱医院，实际投入使用的方舱医院共有15家，总床位数超过1.34万张。同日，国家卫生健康委员会发布的《关于加强信息化支撑新型冠状病毒感染的肺炎疫情防控工作》规定，鼓励在线开展部分常见病、慢性病复诊及药品配送服务，以满足常见病、慢性病患者的用药需求。2020年2月6日，国家卫生健康委员会发布的《在疫情防控中做好互联网诊疗咨询服务工作》要求，大力开展互联网诊疗服务，进一步完善“互联网+医疗健康”服务功能，推动互联网诊疗咨询服务在疫情防控中发挥更重要的作用。

2020年2月7日，国家卫生健康委员会宣布建立16个省支援武汉以外地市的对口支援关系，以“一省包一市”的方式支持湖北省抗击疫情、救治患者的工作。2020年2月8日，雷神山医院交付使用，由武汉大学中南医院接管，雷神山医院拥有32个病区，1500张床位。2020年2月10日，武汉市新型冠状病毒肺炎疫情防控指挥部发布公告，在全市范围内所有住宅小区实行封闭式管理，湖北省政府于2020年2月16日发布，进一步强化新型冠状病毒肺炎疫情防控的通告，对城乡所有村组、社区、小区、居民点实行24小时最严格的封闭式管理。2020年2月11日，世界卫生组织将2019-nCoV命名为SARS-CoV-2，其引发的疾病命名为COVID-19。2020年2月14日，习近平总书记在主持召开的中央全面深化改革委员会第十二次会议上明确提出，完善重大疫情防控体制、机制，健全国家公共卫生应急管理体系。2020 年 2 月 29 日，湖北省首次发布的《湖北省县（市、区）新冠肺炎疫情风险等级评估报告》按照低、中、高三个等级对 103 个县（市、区）的传染风险进行了风险等级评估。

2020 年 3 月 1 日，武汉市硚口武体方舱医院成为武汉市首家“休舱”的方舱医院。在此后的 9 天，武汉市其余 15 所方舱医院也陆续休舱。2020 年 3 月 5 日，中共中央、国务院发布的《关于深化医疗保障制度改革的意见》规定，到 2030 年，全面建成以基本医疗保险为主体，以医疗救助为托底，补充医疗保险、商业健康保险、慈善捐赠、医疗互助共同发展的医疗保障制度体系，待遇保障公平适度，基金运行稳健、持续，管理服务优化便捷，医疗保险治理现代化水平显著提升，更好地实现保障公民“病有所医”的目标。2020 年 3 月 6 日，中央应对新型冠状病毒感染肺炎疫情工作领导小组发布的《关于进一步做好疫情防控期间困难群众兜底保障工作的通知》做出如下规定：（1）保障好疫情防控期间困难群众基本生活；（2）保障好陷入临时困境外来人员基本生活；（3）保障好特殊困难人员基本照料服务需求；（4）确保困难群众求助有门、受助及时；（5）切实加强组织领导。2020 年 3 月 13 日，国家卫生健康委员会发布消息称，我国本轮疫情流行高峰总体上已经过去。同日，民航局发布的消息称，当前严防境外输入已经成为我国疫情防控工作面临的重大挑战。2020 年 3 月 14 日，国务院发布的《关于印发〈因新冠肺炎疫情影响造成监护缺失儿童[①]救助保护工作方案〉的通知》做出如下规定：（1）及时发现报告；（2）落实监护照料；（3）加强救助帮扶；（4）强化保障工作。2020 年 3 月 16 日，国家卫生健康委员会发布消息称，外防输入成为当前我国疫情防控的重中之重。2020 年 3 月 18 日，中国内地首次实现当日新增确诊病例零增长。2020 年 3 月 28 日，湖北省除武汉外各市州的离鄂交通管控卡口全部拆除完毕，武汉轨道交通部分线路恢复运营，各车站出入口部分开放。2020 年 3 月 29 日，湖北省境内恢复了除武汉天河机场的国内客运航班。2020 年 3 月 30 日，武汉市 66 家大中型医院与专科医院推进服务功能的恢复。2020 年 4 月 8 日零时，武汉市解除离汉、离鄂通道的管控措施，并恢复武汉天河机场的国内客运航班。2020 年 4 月 15 日，火神山医院、雷神山医院宣布闭院休舱。同日，北京协和医院国家援鄂抗疫医疗队 186 人撤离武汉，援助湖北省的医疗队全部撤离，我国在抗击新型冠状病毒肺炎疫情的战役中取得了阶段性的胜利。

截至 2020 年 4 月 15 日，我国累计确诊病例为 82295 例，出院人数为 77816 例，死

① 监护缺失儿童是指按照《民政部办公厅关于做好因新冠肺炎疫情影响造成监护缺失的儿童救助保护工作的通知》（民电〔2020〕19 号）界定的儿童，主要包括其父母或者其他监护人确认感染、疑似感染或需隔离观察，其父母或其他监护人因防疫抗疫工作需要以及其他因疫情影响不能完全履行抚养义务和监护职责的儿童。

亡人数为3342例。截至2020年4月15日，海外209个国家和地区累计确诊新冠肺炎超过190万例。其中，美国、西班牙、意大利等国家的疫情较为严重。

二、我国应对新型冠状病毒肺炎疫情的经验

面对这场来势汹汹的新冠病毒肺炎疫情，在没有特效药、疫苗的情况下，我国政府积极调动各方资源，采取一切能够采取的措施，及时根据形势调整策略，将非药物干预措施贯彻到底。我国此次疫情防控采取的战术是传统的传染病防治手段，即“早发现、早隔离、早诊断、早治疗”。此次抗击疫情的积极经验主要有以下几个方面。

（一）疫情信息的公开透明

此次疫情防控的过程中，我国政府十分重视信息公开工作，让民众能够及时了解疫情的最新动态、病例的社区分布、防护常识、管控措施的细节、政策解读等信息。例如，从2020年2月5日至2月19日，国务院联防联控机制共召开了21场新闻发布会，发布了同抗击疫情有关的各项工作①。政府对这些信息在第一时间做出了权威、精确的解释，能够让公众及时了解疫情的相关信息，缓解了民众的疑惑、焦虑情绪，减少了流言的产生。

（二）各部门之间相互合作、协调联动

自新冠病毒肺炎疫情最先发现以来，各级政府管理部门之间能够相互合作、协调联动，积极出台相关的政策措施，以解决应对疫情中出现的各种问题。从决策到执行，各级政府管理部门之间做到了无缝衔接、高效实施，充分显示了具有中国特色的社会主义国家在应对重大灾害事故中的协调、合作。

（三）中央财政、地方财政及时提供充足的抗疫资金

截至2020年5月31日，全国各级财政共安排疫情防控资金达到1624亿元②。充足的资金支持了各级政府做好患者救治、医护人员补贴发放、建立疫情防控短缺物资

---

① 15天21场发布会！有这些疫情防控重磅信息！［DB/OL］. 中国政府网，［2020－02－20］. www. gov. cn/xinwen/2020－02/20/content_5481198. htm.

② 抗疫斗争伟大实践启示之五——坚实国力：应对惊涛骇浪的深厚底气［DB/OL］.［2020－09－15］. 中央纪委国家监委网站. www. ccdi. gov. cn.

储备、开发药品和疫苗研发等方面的工作。此次抗疫工作集中体现了我国政府及时、高效配置资源应对突发公共卫生事件的能力，有效地保障了抗疫工作的开展，保障了公民的身体健康。

（四）举全国之力提供积极的医疗救治

“封城”只是抗疫的第一步，“封城”后的重点工作在于如何及时地救治患者。为了应对疫情，救助灾区，政府有关管理部门在医疗救治方面及时采取了如下多项措施。

1. 积极调配全国医疗物资，支援湖北地区。由于疫情暴发得突然，医疗物资在初期出现了短暂的短缺，由此保障湖北省医疗物资需求一直是抗疫工作的重点。截至 2020 年 3 月 5 日，全国各地累计向湖北省调集分配防护服 530 多万件，N95 口罩近千万只，通过各种渠道调入湖北省的医疗救治设备共 38 类，共 6.5 万台（套）。其中，呼吸治疗类设备为 2.2 万台（套）；价格昂贵、先进的膜式氧合仪为 67 台、心电监护仪为 1.5 万台。此外，各地还提供了负压救护车 699 辆①。在抗击疫情的过程中，湖北省医疗防护物资已经能够满足医护人员的需求，医疗设备也能够达到应配尽配。此外，政府还出台一系列减税降费的措施，以保障防疫物资的供应。

2. 派遣专家及医护人员支援湖北地区。疫情发生后，全国各地迅速响应中央政府的号召，29 个省（自治区、直辖市）和新疆生产建设兵团火速派遣医护人员到达湖北地区，19 个省（自治区、直辖市）采取以省包市的方式对口支援湖北省各市、州。截至 2020 年 2 月 28 日，全国各地共选派 330 多支医疗队、4 万多名医护人员。其中，重症医学科、感染科、呼吸科、循环内科和麻醉科等专业医护人员达到 15000 多人②。与此同时，我国政府还派出了军队力量助力疫情防控工作。来自军队的医疗队承担了火神山医院的医疗救治任务，军队医疗队在救治患者、综合保障、科研攻关等方面发挥了重要的作用，彰显了人民军队的大无畏精神。

3. 快速修建传染病医院，接纳患者，做到“应收尽收”。此次疫情的特点之一是轻症患者占大多数，但如果不及时隔离救治，轻症患者很容易转化为重症。为了防止轻症患者转化为重症，需要快速修建传染病医院，这对当时的医疗卫生资源提出了很大的挑战。2020 年 2 月初，在武汉疫情高发期间，每天会有 3000 多床位的需求，病患人数已经远远超过了医疗卫生资源负荷的极限。为了改善这一状况，相关部门将医院

---

① 李如意．累计向湖北调度 N95 口罩近千万只，膜式氧合仪 67 台［EB/OL］．［2020－03－06］．xw. qq. com/cmsid/20200306A0N6IO00.

② 彭瑶．中央指导组：全国 4 万多医务人员驰援湖北重症医学科等专业人员达 1.5 万［EB/OL］．［2020－02－28］．news. china. com. cn/txt/2020－02/28/content_75756240. htm.

修建、改造与方舱医院建设同步推进。从2020年2月3日起，武汉及全国各方救援力量连夜行动，29个省、自治区、直辖市紧急调集22支国家紧急医学救援队和3支移动核酸检测实验室驰援武汉市，将武汉市一批会展中心、体育场馆等改造成可以收治病人的方舱医院，开放床位13000多张①，中央政府预算内安排资金2.3亿元支持医院的建设②。方舱医院集中收治确诊的轻症患者，短时间内解决了床位不足的问题，大大地降低了轻症患者向重症转化的概率。此外，为了救治各医院发热门诊与住院确诊新型冠状病毒肺炎的患者，武汉市建造了雷神山、火神山两家医院。这两家医院借鉴了SARS时期“小汤山医院”的管理模式，只设住院不设门诊。火神山、雷神山两家医院分别于2020年2月2日、2月8日交付使用，火神山医院由部队接管，雷神山医院由武汉大学中南医院接管，两家医院从设计到交付均只用了10天的时间，充分展示了我国政府应对突发事件的领导力与执行力。

（五）及时调整医疗保障政策

治疗新冠肺炎患者需要的药物、设备均十分昂贵，护理工作十分繁重，人工成本比较高，一些重症患者的治疗费用高达几十万元甚至上百万元，这是大多数家庭负担不起的医疗费用支出。为了减轻患者的后顾之忧，国家卫生健康委员会、人力资源和社会保障部、民政部、财政部等主管部门及时出台了一系列政策措施，各省、市也积极响应中央政府的号召，在保障民生方面发挥了重要的作用，其措施主要有以下几个方面。

1. 调整了基本医疗保险基金的支付范围和资金结算方式。在疫情发生初期，国家卫生健康委员会、财政部联合发布的文件从患者与医院两个方面保障了医疗救治工作的顺利开展。一方面明确规定，患者不会因费用问题影响就医，医疗费用方面实施综合保障，对异地就医实行先救治后结算的方式，并根据需要临时扩大了基本医疗保险基金支付的范围。另一方面，通过调整相关医院的基本医疗保险总额预算指标和预付医疗保险资金的方式，确保医院不会因基本医疗保险费用支付超过总额预算指标而影响到患者的救治。

2. 扩大了基本医疗保险定点医疗机构的范围。医疗保险管理部门将全国所有的专门救治新冠肺炎患者的医疗机构均纳入了基本医疗保险定点医院，扩大了定点医院的

---

① 王敬东．方舱医院：托起生命的方舟［EB/OL］．［2020－03－10］．news. cctv. com/2020/03/10/ARTIpmh3awbXGO6ib VeoFlnF200310. shtml.

② 国家发展改革委员会安排中央预算内投资2.3亿元支持武汉市方舱医院增强收治能力［EB/OL］．［2020－02－16］．news. cctv. com/2020/02/16/ARTInMieYurv8NjdCuB8BZGA200216. shtml.

范围。例如，在火神山医院、雷神山医院开院的同时就将这两家医院纳入了基本医疗保险定点医院。

3. 及时将“互联网 +”医疗卫生服务纳入基本医疗保险支付费用的范围。为了保障新冠肺炎患者的救治，特设了基本医疗保险“绿色通道”，积极开展“互联网 +”医疗卫生服务，并将符合条件的“互联网 +”医疗卫生服务费用纳入基本医疗保险支付的范围，鼓励定点医药机构提供“不见面”购药服务，不断提升信息化水平，提供高效的医疗保险经办管理服务，为提高救治效率、抗击疫情提供高效的服务。

三、我国抗击新型冠状病毒肺炎疫情暴露出的问题

此次抗击新冠肺炎疫情的行动中，我国医疗卫生管理体制发挥了积极的作用，为抗击疫情提供了及时的医疗救治和制度保障，护佑了患者的生命和群众的健康，体现了“生命高于一切”的人道主义精神。同时，这次疫情的“大考”中也暴露出一些问题，主要包括以下几个方面。

1. 医疗卫生管理体系建设与经济发展水平不适应。(1) 政府对医疗卫生投入的资金较少，政府对卫生事业的财政投入占 GDP 的比重仅为 0.6%~1.9%，远低于世界卫生组织提出的 5% 的水平，造成我国医疗卫生资源储备不足。(2) 公共医疗卫生资源供给严重短缺，如传染病医院床位数不足、基层社区卫生机构传染病防疫功能不足及硬件配备设施缺失等。(3) 公共卫生人才队伍建设需要加强，存在人才储备不足、高层次人才缺失、人才结构分布不合理、基层人才数量少且城乡差距较大、人才流失等方面的问题。(4) 个人医疗卫生支出占医疗卫生总费用支出的比重比较高。由于财政投入医疗卫生的资金比较少，我国居民个人承担医疗卫生费用支出占医疗卫生总费用支出的比重比较高，一直维持在 30%~50% 的水平。

2. 政府管理部门重视疾病治疗、轻视疾病预防工作。在没有大型传染病流行的年份，传染病的预防工作常常不被重视，很多医院的传染病科室也存在着被边缘化的倾向。传染病早期的预防、监测和应急管理制度也存在一些漏洞，通报还不够及时，或未引起足够的重视。

3. 患者无序就医问题突出，分级诊疗制度并未较好地推行。分级诊疗制度主要体现在“基层首诊、双向转诊、急慢分治、上下联动”四个方面，分级诊疗制度是缓解“看病难”“看病贵”的重要制度安排。但是，我国分级诊疗制度并未强制推行，造成我国公民并未养成有序就医的习惯，在疫情早期出现了三甲医院“挤兑”就医的问题，不利于疫情的监控，也造成了患者的交叉感染。

4. 医疗卫生机构经营的市场化倾向凸显，民营医院在数量上已经超过公立医院，但医疗卫生资源配置和服务量均低于公立医院，在疫情中承担责任有限。

5. 基本医疗保险管理中也存在一些问题，主要有：(1) 基本医疗保险的统筹层次较低，基本医疗保险资金难以在全国、省级范围内发挥互济互助的功能，疫情比较严重的地区面临着较大的基本医疗保险基金支付的压力。(2) 基本医疗保险异地就医直接结算困难。(3) 各项医疗保险措施大多为临时性、应急性的措施，常规的医疗保险制度应对突发公共卫生事件的适应性不足。

四、进一步优化我国医疗卫生管理体制的对策建议

此次疫情有助于推动我国医疗卫生管理体制的进一步优化，为今后我国医疗卫生管理体制的改革和发展提供了方向，进一步优化我国医疗卫生管理体制的建议如下。

(一) 构建适应我国经济发展的医疗卫生管理体制

1. 加大财政对医疗卫生投入的力度。我国财政部门应当调整财政资金的支出结构，向医疗卫生领域投入更多的资金，力争达到世界卫生组织提出的标准，使医疗卫生事业回归公益属性，更好地服务于国民的身体健康。

2. 加大财政对公共卫生投入的力度。针对公共医疗卫生资源供给短缺等方面的问题，有关管理部门应当加大财政投入的力度，完善公共卫生资源的供给，建立应急性医疗卫生资源的储备机制，增加呼吸科、传染病病房的数量，增加负压救护车的数量等，以适应传染病集中暴发对医疗卫生资源的需求。

3. 吸引人才服务于公共卫生事业。针对公共卫生事业人才储备不足、高层次人才缺乏、人才结构分布不合理、人才严重流失等方面的问题，政府有关管理部门应当出台特殊的人才保护措施，提高公共卫生人才的待遇水平，以吸引人才、留住人才，更好地服务于我国公共卫生事业。

4. 降低个人医疗卫生费用支出。针对我国居民个人承担医疗卫生费用占比过高等方面的问题，政府有关管理部门应当出台综合性措施，降低医疗卫生服务的价格，提高基本医疗保险的保障水平，降低个人医疗卫生费用支出占卫生总费用支出的比重，以达到世界卫生组织规定的标准，切实解决百姓“看病难”“看病贵”方面的问题。

(二) 构建以疾病预防为主导的公共卫生服务体系

医疗卫生管理体制的作用不仅仅在于疾病的治疗，而且还包括疾病的预防、保健

和健康护理等工作。

1. 完善医疗卫生发展战略规划，回归医疗卫生的公益性。针对我国医疗卫生管理中的市场化倾向，特别是公共卫生管理中的市场化倾向，有关管理部门应当深刻地反思，调整医疗卫生发展的战略规划，回归医疗卫生的公益性。以公益性为导向，就是要坚持医疗卫生服务将人民的健康放在首位。当前，由于工业化、城镇化、人口老龄化的发展，疾病谱、生态环境、生活方式也不断地发生变化，影响居民健康的风险因素也日益复杂多样。如果这些问题不能得到有效地解决，就会影响居民的身体健康，甚至会引发社会动荡。此次迅速蔓延的疫情对经济和社会发展造成的一些影响也从侧面反映了医疗卫生发展回归公益性的重要性。

2. 明确公共卫生事业的发展定位。公共卫生管理的范围主要有五个方面：（1）改善环境卫生；（2）控制传染性疾病；（3）教育人们注意个人卫生；（4）组织医护人员提供疾病诊断、预防服务；（5）建立依法治理的机制。公共卫生机构作为居民健康防线的上游，是避免居民少生病、晚生病、不生大病的重要防线，是发挥疾病预防作用的关键环节。明确公共卫生事业发展的定位，加强对公共卫生治理体系的制度建设，强调公共卫生事业在提升社会健康水平中的重要性，可以起到事半功倍的作用。

3. 完善传染病预防、监测和应急管理制度。公共卫生管理部门应当从事前预防，事中预警、响应、监测，事后应急管理和保障支撑等方面加强应急管理制度的建设，努力构建统一、权威、高效的公共卫生管理体制，提高公共卫生法治保障，探索将大数据纳入公共卫生管理体系，提高公共卫生应急响应的效率，以高效地应对公共卫生事件。

（三）大力推行分级诊疗制度，完善医疗卫生网络服务体系

我国的基层医疗卫生机构承担着提供基本医疗服务、基本公共卫生服务的双重职责，是“医防结合”的守门人。为了满足民众对健康、医疗的多样化需求，基层医疗卫生机构的发展需要政府的大力扶持，需要基层医疗机构根据自身的优势，发展特色医疗卫生服务。

1. 加大财政对基层医疗卫生机构投入的力度。政府有关管理部门应当加大对基层医疗卫生机构投入的力度，为基层医疗卫生机构提供满足基本医疗卫生服务的仪器、设备和设施，以满足患者就医的需要，提高居民就医的便捷性、可及性。

2. 加大对全科医生培养的力度。对此，政府有关管理部门应当调整医务人员培养的方向，加大对全科医生培养的力度，以满足基层医疗卫生机构对高素质人才的需求。

3. 医疗保险管理部门应当将一些基层医疗卫生机构纳入基本医疗保险定点医院的范围，以形成合理、有序就医的双向分流制度。同时，政府有关管理部门应当加强对基层医疗卫生机构经营的监管，监管基层医疗卫生机构提供服务的质量，提高患者就医的满意度。

4. 改变基层医疗卫生资源分布的不均衡态势。在基层医疗卫生机构建设的过程中也要多关注对中小城市及农村基层医疗卫生机构的建设，提高基层医疗卫生服务的效率和质量，以满足城乡居民身体健康的需要。

5. 推进在线医疗卫生服务的发展。新型冠状病毒肺炎疫情虽然促进了人们健康意识的提高，但是疫情期间线下优质医疗卫生资源紧缺，且在医院就医感染传染病的风险比较高，互联网医疗卫生服务的优势就显示了出来。例如，在线诊疗能够减轻线下排查疑似患者的压力，避免了人传人的风险，节约了患者就诊的时间等。针对慢性病、轻症患者的在线医疗卫生服务有助于解决他们开药、就医的问题，有助于缓解线下就诊的压力。

（四）改变医疗卫生事业发展的市场化倾向

针对我国医疗卫生事业发展的市场化倾向，政府有关管理部门应当改变减少公立医院数量、减少公立医院人员、减少公立医院床位、将公立医疗卫生机构推向市场的错误做法，回归医疗卫生机构的公益属性，切实解决百姓“看病难”“看病贵”的问题，提高公民的健康水平。

（五）充分发挥医疗保障的经济补偿功能

医疗保障在健康中国战略实施中也应该发挥应有的作用。健康中国的内容之一是“完善医疗保障制度”，提高公民的健康水平。对此，应当做好以下几个方面的工作。

1. 提高基本医疗保险的统筹层次。针对城乡居民基本医疗保险统筹层次比较低的问题，有关管理部门应当采取措施，调整相关政策措施，提高基本医疗保险的统筹层次，切实解决居民跨统筹地区就医中遇到的问题。

2. 切实解决基本医疗保险参保人异地就医直接结算问题。尽管我国政府已经就异地就医直接结算做出了积极的努力，但是其运行的障碍依然没有得到有效的解决。针对此次新型冠状病毒肺炎疫情，政府有关管理部门应当加快实施异地就医直接结算的步伐，发挥金保工程的作用，使公民能够真正实现“一卡在手走遍全国”。

3. 将互联网诊疗服务纳入基本医疗保险支付的范围。针对此次疫情，政府有关管理部门应当进一步推进将互联网诊疗服务纳入基本医疗保险支付的范围，促进“互联网 + 医疗卫生服务”的发展，提高公民看病就医的便利性。

4. 将临时性、应急性的医疗保障措施纳入我国《传染病防治法》。这样，可以使政府有关管理部门出台的措施有法可依，以减少临时性、应急性措施带来的负效应。

参考文献

[1] 15 天 21 场发布会！有这些疫情防控重磅信息！［DB/OL］. 中国政府网，［2020 - 02 - 20］. www. gov. cn/xinwen/2020 - 02/20/content_5481198. htm.

[2] 郭择涵. 财政部：对确诊新型冠状病毒肺炎患者个人负担费用中央财政补助［DB/OL］. 中国网，［2020 - 02 - 07］. www. news. china. com. cn/txt/2020 - 02/07/content_75681587. htm.

[3] 财政部新闻办公室. 2020 年一季度财政收支情况新闻发布会文字实录［EB/OL］.［2020 - 04 - 20］. www. mof. gov. cn/zhengwuxinxi/caizhengxinwen/202004/t20200420_3501084. htm.

[4] 李如意. 累计向湖北调度 N95 口罩近千万只，膜式氧合仪 67 台［EB/OL］.［2020 - 03 - 06］. www. xw. qq. com/cmsid/20200306A0N6I000.

[5] 彭瑶. 中央指导组：全国 4 万多医务人员驰援湖北重症医学科等专业人员达 1.5 万［EB/OL］.［2020 - 02 - 28］. www. news. china. com. cn/txt/2020 - 02/28/content_75756240. htm.

[6] 王敬东. 方舱医院：托起生命的方舟［EB/OL］.［2020 - 03 - 10］. www. news. cctv. com/2020/03/10/ARTIpmh3awbXGO6ibVeoFlnF200310. shtml.

[7] 国家发展改革委安排中央预算内投资 2.3 亿元支持武汉市方舱医院增强收治能力［EB/OL］.［2020 - 02 - 16］. www. news. cctv. com/2020/02/16/ARTInMieYurv8NjdCuB8BZGA200216. shtml.

案例适用说明

一、案例的适用范围和教学目标

1. 案例的适用范围。本案例适用于保险专业、风险管理专业硕士、劳动与社会保障、政府管理等专业开设的《社会保障理论研究》课程。

2. 案例的教学目标。本案例旨在使学生了解我国政府在面对重大突发性公共卫生事件时采取了哪些应对措施，了解应对新冠肺炎疫情的过程中我国医疗卫生管理体制暴露出的问题，了解解决这些问题的对策建议。本案例可以培养学生对现实问题的思考判断能力，引导学生将所学的医疗保障的相关知识应用于解决实际的问题，提高学生分析问题、解决问题的能力。

二、启发思考题

1. 面对新冠肺炎疫情，我国政府对医疗保障政策做出了哪些调整？
2. 我国医疗卫生管理体制为抗击疫情发挥了哪些积极作用？
3. 你如何评价我国政府应对新冠肺炎疫情的举措？理由有哪些？
4. 我国医疗卫生管理体制可以怎样进行进一步改革和优化？

三、建议课堂计划

建议讲述 4 课时，并进行讨论。

1. 课前计划。课前发放从网络上搜集的我国新冠肺炎疫情纪实资料。

2. 课堂计划。建议采用模拟会议、辩论会、课堂讨论等形式进行讨论，主持人应当保持中立的态度，组织学生开展讨论，并对学生的观点进行讲评。

3. 课后计划。课后，要求学生提交案例分析报告，并对学生写作案例中存在的问题予以指导。

案例 12

几家欢乐　几家忧愁

——大学生就业案例分析

刘钧[①]

目前，我国每年毕业的大学毕业生已经达到 800 多万人，大学生就业难问题已经成为社会各界普遍关注的热点问题。本案例从大学生就业的现状出发，探讨大学生就业中存在的就业率低、就业分布不平衡、就业歧视、就业评价满意度低等方面的问题，分析造成大学生就业困难的主要原因，并提出解决问题的对策建议。

---

① 刘钧，女，经济学博士，中央财经大学保险学院教授，研究方向：劳动与社会保障。

案例正文

一、案例介绍

（一）大城市：想说爱你不容易

李某寒窗苦读十余载，终于考上了北京某名牌大学，攻读农业经济专业方向。他考大学的目的是毕业后能够在北京、上海、广州、深圳等大城市找到一份满意的工作，以报答父母的养育之恩。最近，李某发现，自己投出去的求职简历如石沉大海一般，没有单位通知他去面试。眼看着就要大学毕业了，李某的工作依然没有着落。看到其他同学的工作大多有了着落，李某觉得很郁闷，闷在宿舍打游戏。他在为自己找不到工作而苦恼，更害怕自己的户口会被遣返回农村老家。李某不知道自己该如何找到一份满意的工作。

（二）证书：能证明我有较高的能力吗①

河南某学院文法学院孙某是一名即将毕业的大学生。大学四年，他努力学习，收获了 65 个证书。这 65 个证书摊在地上足足有 5 平方米，摞起来也有 1.3 米高。这些证书中，国家职业资格类有 6 个，国家级荣誉证书有 5 个，省级荣誉证书有 15 个，市级荣誉证书有 8 个，校级荣誉证书有 27 个，奖学金证书有 4 本，并且孙某连续两年综合成绩全学院第一。如今，拿着这些证书，孙某却找不到一份满意的工作。眼看还有 20 天就要毕业了，望着这些证书，孙某很困惑，这些证书难道不能证明自己具有较高的能力？

大学毕业后，孙某决定自主创业。经过半年的创业摸索，孙某发现，自己因为欠缺经营管理方面的经验，生意不好，每天起早贪黑，工作很累却只能勉强度日。他不想创业了，想找一家企业工作。从大学毕业那年 11 月份至今，2 年过去了，他投了 50 多份简历，却没有一个令人满意的结果。

---

① 根据《男子大学 4 年获 65 个证书，投 50 份简历未获面试通知》一文改编，搜狐，2015－05－11，news.sohu.com/20150511/n412782838.shtml.

（三）“研究生面馆”创业失败案①

某高校食品科学系6名研究生自筹资金20万元，准备在成都著名景观边上开一个“六味面馆”。他们雄心勃勃地说，准备5年后开20家连锁店。第一家店还未开张，6位股东已经把目光放到了5年之后，一说到今后的打算，他们异口同声地说：当然是开分店啦！

第一家店开业后，6名研究生都不愿意花费时间去管理面馆。面馆经营4个多月后，这家号称成都“第一研究生面馆”的餐厅仅仅经营了4个多月，就草草关门了，投资人已经准备转让餐厅。

本来计划以“研究生”之名来制造广告轰动效应，但事情的发展却出人预料。“研究生面馆”开业不久，6名研究生就被学校领导一个个找去谈话，要他们在学业和面馆之间做出选择：要么退出，要么退学。

6位研究生创业失败的主要原因有以下几个方面。

（1）生意不红火。尽管研究生面馆具有一定的广告效应，但是客户大多反映，面条“味道不好，分量不足，吃不饱”。

（2）管理混乱。6位研究生称，因为功课比较繁忙，餐厅经常无人管理，以至于餐厅客户减少时未能及时调整经营思路。

（3）面馆的选址有问题。面馆位于成都某街道内，不在繁华的商业市区，用餐的顾客比较少。

（4）面馆每月的开支比较大，成本管理不善、入不敷出，最后关门倒闭。

以上案例反映了我国大学毕业生就业、创业中存在的诸多问题。针对这些问题，本案例从我国大学生就业、创业的发展现状出发，分析大学生就业中存在的地域分布不平衡、专业分布不平衡、行业分布不平衡、就业歧视、就业评价满意度低等方面的问题，分析造成这些问题的主要原因，并提出解决大学生就业困难问题的对策建议。

二、大学毕业生就业的现状

大学生是经过长期人力资本投资的高素质、专业人才。这一群体毕业、就业后，提高了中国劳动力就业的技能和素质，为中国的经济发展提供了源源不断的高素质、

① 根据《创业失败案例分析》整理而成，百度文库，www.wenku.baidu.com/view/b6376b0459f5f61fb7360b4c2e3f5727a4e924f0.html.

专业人才的供给，促进我国经济的发展，提高了劳动者的职业素质。目前，我国大学生就业的特点主要有以下几个方面。

（一）大学毕业生供给量大

改革开放以来，随着高等教育事业的不断发展，我国高校毕业生人数已经从严重短缺的状态发展到供给过剩的状态（见表 12－1）。截至 2018 年年底，普通高等教育的毕业生人数已经达到 700 多万人。加上一些留学回国的大学毕业生，每年大学毕业生的供给可以达到 800 多万人。

表 12－1　1978～2018 年我国普通高等教育毕业生①人数统计

年份	1978	1980	1981	1982	1983	1984	1985	1986
人数（万人）	16.5	14.7	14	45.7	33.5	28.7	31.6	39.3
增长率（%）	—	—	－4.76	226	－26.7	－14.3	10.1	24.4
年份	1987	1988	1989	1990	1991	1992	1993	1994
人数（万人）	53.2	55.4	57.6	61.4	61.4	60.4	57.1	63.7
增长率（%）	35.4	4.14	3.98	6.60	0	－1.65	－5.46	11.6
年份	1995	1996	1997	1998	1999	2000	2001	2002
人数（万人）	80.5	83.8	82.9	83.0	84.4	95.0	103.6	133.7
增长率（%）	26.8	4.09	－1.07	0.12	1.69	12.6	9.05	29.1
年份	2003	2004	2005	2006	2007	2008	2009	2010
人数（万人）	187.8	239.1	306.8	337.47	447.79	512.0	531.1	575.4
增长率（%）	40.5	27.3	28.3	10.0	32.7	14.3	3.73	8.34
年份	2011	2012	2013	2014	2015	2016	2017	2018
人数（万人）	608.2	624.7	638.7	659.4	680.9	704.2	735.8	753.3
增长率（%）	5.70	2.71	2.24	3.24	3.26	3.42	4.49	2.38

资料来源：

1. 国家统计局编．中国统计年鉴（1979—2017）[M]．北京：中国统计出版社．
2. 中国教育事业发展公告（2017）[EB/OL]．搜狐网，[2018－07－21]．www.sohu.com/a/242462126_177272.
3. 中国教育发展公告（2018）[EB/OL]．搜狐网，[2019－07－24]．www.sohu.com/a/328918309_100226214.

从表 12－1 可以看出，1978 年，我国普通高等教育毕业生人数仅有 16.5 万人，处于严重短缺的状态；从 20 世纪 80 年代开始，毕业生人数逐年增加。但是，20 世纪 80 年代，我国普通高等教育毕业生人数增长率的波动比较大。其中，毕业生人数增长率

① 本数据仅指高等教育本专科毕业生，不包括自学考试、成人教育本专科学生，不包括硕士、博士研究生，不包括国外留学回国的毕业生。

最高的年份为1982年，达到226%；增长率最低的年份为1983年，增长率为-26.7%。21世纪初的2002~2005年，我国高等教育毕业生人数的增长率比较高。其中，2003年的增长率高达40.5%。2009~2018年，我国普通高等教育毕业生人数的增长率回落到10%以内，但是由于高校毕业生基数大，即使增长率相对较低，但其总量依然比较大。例如，2018年就有753.3万大学生毕业。以上数据表明，我国高等教育为经济发展提供了源源不断的人才供给，提高了国民的文化素质，有力地助推了中国的经济发展。

（二）大学毕业生就业领域分布广泛

目前，我国高等教育共有12个学科门类，学科门类下设92个专业，专业下设506个专业方向，这些专业为我国的经济发展培养了服务于各行各业的高素质专业人才，提升了教育服务经济发展的能力。从2018年大学毕业生就业的去向分析看，有将近半数的大学毕业生选择到企业就业，占比为50.51%；其次为报考研究生群体，占比为30.02%；到机关、事业单位就业的大学生占比为6.87%；出国留学的大学生占比为5.85%；创业的大学生占比为3.63%；其他仅为3.12%[①]。这些大学毕业生分布在国民经济的各行各业，其就业领域的分布比较广泛。

（三）大学毕业生的专业素质比较高

随着高等教育体制改革的逐步深入，我国高等教育专业课程育人的数量、质量和水平逐步地提高，这也进一步提高了大学毕业生的专业素质。截至1996年年底，我国经过大专及其以上教育的人口占总人口的比重为2.8%。截至2001年年底，我国经过大专及其以上教育的人口占总人口的比重为5.6%。截至2017年年底，我国经过大专及其以上教育的人口达到1.2亿人，占总人口的比重为8.5%[②]。2017年的比重比1996年提高了5.7个百分点，比2001年提高了2.9个百分点。这些高素质、专业人才步入社会，求职、就业，提高了我国劳动力的整体素质，为我国产业结构的调整、升级提供了专业化的人才储备。

（四）大学生就业关系国计民生

经过几十年的发展，大学生这一群体在我国经济发展中发挥着关系国计民生的作用，既为国家各项重大战略提供了智力保障，也为国家各项经济发展提供了坚实的人

---

① 2018年中国毕业生就业报告［R/OL］. 百度文库，［2018-09-26］. wenku.baidu.com/view/a4a8f43db94ae45c3b3567ec102de2bd9705de40.html.

② 根据《中国统计年鉴（2018年）》计算得到，中国统计年鉴（2018年）［M］. 中国统计出版社，2018.

力资源支撑。随着经济改革的逐步深化，我国政府更是将大学生创业提升到战略发展的高度。2018 年 9 月 26 日，国务院发布的《国务院关于推动创新创业高质量发展打造“双创”升级版的意见》指出：“强化大学生创新导师制，把创新创业教育和实践纳入高校必修课体系，允许大学生用创业成果申请学位论文答辩。支持高校、职业院校（含技工院校）深化产业融合，引入企业开展生产性实训。”对此，各省、市纷纷为大学生创新创业开辟了“绿色通道”，推行工商登记、税费减免、创业贷款等创新创业优惠政策①。大学生的创新创业关系着我国经济未来的发展方向。

三、大学生就业存在的问题

尽管我国在大学生培养、就业方面取得了积极的成果，但是也存在着一些不容忽视的问题，影响着劳动力资源的配置效率，其主要表现在以下几个方面。

（一）大学生就业市场已经从“卖方市场”转向“买方市场”

改革开放初期，大学生比较缺乏，这一群体的就业主要由政府统招统分，个人仅具有较小的自主选择权，大学生就业市场处于卖方市场状态，大学生在劳动就业中处于主导地位。20 世纪 90 年代初期，我国大学生就业开始实行“自主择业、双向选择”的制度，政府不再统一分配。在这一背景下，大学生就业开始实行“自主择业、双向选择”的机制。1999 年 1 月 13 日，国务院发布的《面向 21 世纪教育振兴行动计划》指出，积极稳步发展高等教育，高等教育入学率达到 11% 左右；瞄准国家创新体系的目标，培养、造就一批高水平的具有创新能力的人才。随着高校招生规模的持续扩大，毕业的大学生逐年增加，大学毕业生就业的形势日益严峻。2010 年 5 月 5 日，国务院发布的《国家中长期教育改革和发展规划纲要（2010—2020 年）》提出，要“实现更高水平的普及教育”，这意味着高等教育大众化水平将会进一步提高。但是，随着我国经济增速放缓及我国经济结构、产业结构的调整，用人单位对大学毕业生的需求逐年降低，大学生失业率高的问题不容忽视。

衡量大学生就业的指标有两个：一是大学生初次就业率。大学生初次就业率是指大学生离校前已经落实就业去向的人数占同期大学毕业生人数的比例。教育部从 1999 年开始公布大学生初次就业率。二是大学生毕业半年后的就业率。大学生毕业半年后的就业率是指大学生毕业半年后仍就业占同期大学毕业生人数的比例。这一比例是统

① 罗亮．实现更高质量和更充分就业——2018 年大学生就业创业政策略读［J］．中国大学生．2018（5）：20.

计部门调查公布的，相比于大学生初次就业率而言，这一比例能够真实、客观地反映大学生就业的状况。

同大学生就业率对应的指标是大学生失业率。例如，大学生毕业半年后的失业率计算公式为：

大学生毕业半年后失业率 =1 - 大学生毕业半年后的就业率

本案例主要考察大学生毕业半年后的失业率。我国大学生 2007 ~ 2018 年毕业半年后的失业率情况见表 12 - 2。

表 12 - 2　2007 ~ 2018 年我国本科生、高职高专毕业生失业率

年份	本科生失业率（%）	失业率等级①	高职高专失业率（%）	失业率等级
2007	7.7	轻警情失业	15.9	重警情失业
2008	12.2	重警情失业	16.5	重警情失业
2009	12.0	重警情失业	14.8	重警情失业
2010	8.8	轻警情失业	11.9	重警情失业
2011	9.2	轻警情失业	10.4	轻警情失业
2012	8.5	轻警情失业	9.6	轻警情失业
2013	8.2	轻警情失业	9.1	轻警情失业
2014	7.4	轻警情失业	8.5	轻警情失业
2015	7.8	轻警情失业	8.8	轻警情失业
2016	8.2	轻警情失业	8.5	轻警情失业
2017	8.4	轻警情失业	7.9	轻警情失业
2018	9.0	轻警情失业	8.0	轻警情失业

资料来源：麦可思研究院．麦可思大学就业报告［M］．北京：社会科学出版社，2007 - 2019.

从表 12 - 2 可以看出，目前我国大学生失业率等级长期维持在轻警情失业状态，失业率一直维持在 7% ~ 9%，大学有 50 万 ~ 70 万名大学毕业生处于失业状态。在这些失业的大学生中，农村家庭出生的大学生已经成为就业困难的群体，有些年份的失业率甚至高达 30.5%②。大学生就业市场已经从“卖方市场”逐步转向“买方市场”，大学生在劳动就业市场上处于弱势地位。在这种情况下，一些学生以报考研究生、公务员为由自愿失业，拖延就业的时间，大学生就业呈现出“慢就业”的倾向，由此带

① 国际上根据失业率对于社会经济安全的影响程度，将失业率分为四个等级：（1）当失业率低于 5% 时，为无警情失业；（2）当失业率介于 6% ~ 9% 时，为轻警情失业；（3）当失业率介于 10% ~ 19% 时，为重警情失业；（4）当失业率大于 20% 时，为巨警情失业。

② 农村家庭毕业生成就业困难群体失业率达 30.5%［J/OL］.［2015 - 10 - 18］. www.xinhuanet.com//politics/2015 - 10/18/c_128329721.htm.

来的隐性失业率比较高。

（二）大学生就业分布不平衡

大学生就业分布的不平衡主要表现在以下几个方面。

1. 大学生就业的地域分布不平衡。目前，大学生就业的地域集中在东部经济发达地区，主要集中在北上广地区。相比之下，中部地区、西部地区、经济发展相对落后的地区、广大的农村地区虽然急需专业性强、高素质的人才，但是大学毕业生较少选择到这些地区就业，造成大学生就业分布的地域不平衡。本案例中，李某本来学习农业经济专业，其毕业后应当更好地服务于农村地区的经济发展，但是李某的就业目的地是大城市，因此，其在大城市难以找到适合自己的工作。大学生就业分布的地域不平衡，不利于我国中部地区、西部地区、农村地区的经济发展。

2. 大学生就业的专业分布不平衡。2018 年教育部发布的信息显示，2017 年我国大学生就业最热的五个专业排名分别为：中小学教育、互联网开放与应用、金融（银行、基金、证券、期货、理财）、医疗保健或紧急救援、媒体或出版。2017 年我国大学生就业最冷的五个专业排名分别为：建筑工程、机械（仪器）仪表、销售、电气、机动车机械等。用人单位需求在专业分布方面的冷热不均，造成热门专业学生供不应求，冷门专业无人问津，大学生就业的专业分布不平衡（见表 12－3），影响了劳动力资源的配置效率。

表 12－3　　2017 年高等教育专业就业率排名榜

名次	专业名称	就业率（%）
1	财务管理	95.30
2	计算机科学与技术	94.50
3	土木工程	92.60
4	会计学	92.50
5	机械设计制造及其自动化	92.30
6	汉语言文学	91.70
7	英语	91.50
8	艺术设计	90.60
9	国际经济与贸易	90.10
10	法学	87.90

资料来源：2018 年中国大学生毕业人数、就业率最高的十大专业及毕业生就业形势分析［N/OL］. 中国产业信息网，［2018－04－11］. www.chyxx.com/industry/201804/629134.html.

表 12－3 显示了 2017 年我国高等院校大学毕业生就业率前 10 名的专业分布，这些热门专业的就业率相对较高。相比之下，一些冷门专业的就业率比较低。目前，我国大学生的失业率依然较高。麦可思公布的数据显示，2010～2014 届大学生毕业半年后的失业率呈下降趋势，本科生失业率已经从 2010 年的 8.1% 降至 2014 年的 6.4%，高职高专已经从 2010 年的 11.6% 降至 2014 年的 8.1%①。一些专业性人才失业、找不到工作，会降低劳动力资源的配置效率，会影响大学毕业生的就业信心。

3. 大学生就业的行业分布不平衡。随着经济的发展，社会分工越来越细。不同行业完成着不同的社会工作，不同行业对经济发展的贡献也不尽相同。目前，我国产业结构正处于优化升级阶段，这是一个长期的过程。例如，第一、二产业发展对社会经济发展而言，具有举足轻重的作用，但是从事第一、二产业付出的工作量相对较大，以至于较少有大学生愿意放下身段从事这些行业的工作，造成大学生就业的行业分布不平衡。本案例中，李某可以选择到需要他做出贡献的第一产业工作，服务于我国农村地区的经济发展。但是，李某宁愿失业，也要“蜗居”在大城市，不愿意到农村地区就业。

4. 大学生具有的职业素质与用人单位的劳动用工需求素质不匹配。一般来说，用人单位比较喜欢爱岗敬业、全力以赴、具有责任感和使命感的劳动者。但是，一些大学生不切实际地追求高工资、舒适的就业环境、工作强度小的工作，这些期望同用人单位的用工期望不一致，造成大学生的职业素质同用人单位的用工需求不匹配，这也是造成大学毕业生失业率长期居高不下的重要原因之一。

（三）大学生就业评价的满意度比较低

大学生就业后，对工作岗位评价的满意度通常比较低，造成个人心理预期与用人单位提供的工资、就业环境等不相匹配，影响了大学毕业生对工作岗位评价的满意度，以至于多数大学生对就业评价的满意度比较低。大学生随时准备辞职、跳槽问题比较严重。例如，一些学生难以在一家公司或者一个工作岗位上工作较长时间，动辄就辞职、跳槽。大学生随意辞职、跳槽，不仅会造成用人单位劳动用工的损失，而且造成其自身职业生涯的损失。一些人不断地更换单位，越换越差。

（四）就业歧视在大学生就业中普遍存在

目前，一些用人单位缺乏明确的用人标准和规范，主观随意性比较大。在招聘学

① 大学毕业生失业率连续 5 年下降现在流行“慢就业”［N/OL］. 新浪教育，［2016－04－10］. www. edu. sina. com. cn/l/2016－04－10/doc－ifxrcizu3904954. shtml.

生的过程中，随意性强，甚至存在就业歧视的问题。就业歧视是指用人单位基于种族、肤色、宗教、政治见解、民族、社会出身、性别、户籍、残障、身体健康状况、年龄、身高、相貌、语言等方面的原因，采取区别对待劳动者的行为，就业歧视损害了大学生平等就业的权利，属于社会不公的一个方面。大学生求职中的就业歧视也是多种多样的，其主要有以下几个方面。

1. 性别歧视。性别歧视是就业歧视中最普遍的问题。女性大学毕业生相比于男性来说，比较难就业，呈现出大学生就业性别结构分布的不平衡状态。例如，西南政法大学的一项调查显示，约70%的女大学生认为，在求职过程中存在男女不平等。调查中，认为政府机关和事业单位存在性别歧视的，占四成以上。其中，政府机关居于首位，其次是事业单位，第三是国有企业①。

2. 地域歧视。目前，一些用人单位采取隐性歧视的措施，区别对待某些地区的毕业生生源，造成某些地区大学毕业生就业比较困难。例如，歧视河南、东北三省的大学毕业生等，就属于隐性的地域歧视。

3. 身高歧视。一些用人单位对求职人员的身高有特殊要求，造成一些身高较矮的大学生难以被用人单位录用，这就属于身高歧视的问题。

4. 相貌歧视。一些用人单位对求职人员的相貌有特殊的要求，造成一些相貌平平的大学生就业比较困难。

5. 户籍歧视。一些用人单位对具有本市户籍和非本市户籍的大学生区别对待，造成非本市户籍大学生就业困难。例如，北京、上海的一些用人单位区别对待具有本市户籍和不具有本市户籍的大学生，用人单位的这种做法就属于户籍歧视。

四、造成大学生就业难的主要原因

造成大学毕业生就业难的原因是复杂的，既有政府出台政策措施的原因，也有经济发展周期等方面的客观原因；既有用人单位的原因，也有大学生个人的原因，其主要有以下几个方面。

（一）高等院校扩招是造成大学生就业难的主要原因

从21世纪初期开始，我国高等院校开始大规模扩大招生，这一措施既有利于满足

① 女大学生就业面临性别歧视专家呼吁立法保障［J］. 中国网，［2006－12－30］. www.china.com.cn/education/txt/2006－12/30/content_7581108.htm.

学生接受高等教育的愿望，也有利于提高我国国民的素质和水平。但是，高校大规模扩大招生带来的直接结果就是大学毕业生人数的大幅度增加。在用人单位对人才的需求并未发生大幅度增加的情况下，扩大招生带来的结果是许多大学生毕业后找不到合适的工作，造成大学生失业率提高。

（二）经济发展不平衡是造成大学生就业地域分布不平衡的主要原因

我国东部、中部和西部地区经济发展的不平衡状况是造成大学毕业生就业地域分布不平衡的主要原因。长期以来，毕业后在北上广这样的大城市工作已经成为许多大学毕业生就业的第一选择，这些大城市通常具有环境好、工资高、机会多等方面的优势，这些因素也影响大学生的就业选择。北上广等大城市已经成为大学生梦寐以求的就业地，留在北上广甚至成为大学生成功就业的象征。然而，近几年这些城市为了解决过于庞大的人口数量，为了缓解市场人口过于集中的压力，采取了一系列控制人口规模方面的政策措施，这些措施的出台使大学生顺利在北上广等大城市就业面临比较大的困难。相比于北上广等大城市，尽管我国许多中部、西部省会城市出台了许多吸引大学生就业、落户的优惠措施，但是其吸引人才的力度依然有限，大学生就业地域的分布不平衡状况依然存在。

（三）高等院校专业设置不合理是造成大学生就业专业分布不平衡的原因

目前，我国一些高校、一些专业的课程设置比较落后，存在着滞后于经济发展的问题，出现了老师在课堂上讲授，学生不愿意听讲的问题。造成高等院校专业设置不合理的原因主要有以下几个方面：第一，由于专业设置过于狭窄，造成一些专业的课程设置重复，以至于某些课程学生学习的次数比较多。第二，因人设课的问题比较突出。造成这一问题的主要原因是，一些教师的专业知识结构老化，不适应市场经济发展对专业人才的需要。为了完成学校规定的教学工作量，一些教师不得不开设一些学生已经学过或者已经过时的课程，造成课程设置的重复率比较高。第三，一些行政管理人员的意识存在问题，影响了专业课程设置的思路和效果。由于高校院系的行政管理人员缺乏大局意识，缺乏前瞻性的思维，以至于其在考虑课程设置时，想不出应该设置哪些课程，应该取消哪些课程。高等院校的专业设置不适应市场需求，造成大学生具有的技能、经验与生产部门的用工要求不相匹配，短时间内又无法学习到新技能去适应新的市场需求，就会出现劳动力闲置而工作岗位空缺的问题，造成结构性失业[①]。

---

① 李琦，刘根旺．经济转型背景下大学生结构性失业难题及解决［J］．延边教育学院学报．2018（5）：70.

（四）大学生对第一、二产业的评价低造成就业行业的不平衡

大学生毕业后，热衷于选择工资待遇好、工作环境优越、工作稳定、工作轻松的单位①，不愿意到工资待遇低、工作环境差、工作不稳定的单位、行业就业，这是造成大学生分布行业结构性失业的原因之一。目前，我国高校毕业生到基层工作的总体人数还较少，高校毕业生到基层就业的内生动力还很不足②。同时，由于政府出台的相关优惠政策作用力度有限，部分已经到基层工作的大学毕业生面临着发展空间有限、发展平台有限等方面的问题，难以形成良性循环的吸引人才的机制。

（五）一些大学毕业生对就业的心理预期过高是造成其就业难的个人原因

新兴的第三产业为劳动力市场提供了许多就业岗位，但是这些行业对大学生能力、经验、技术等方面的要求比较高。大学生由于知识技能欠缺、实践能力较弱、经验不足、创新能力不强、竞争力弱等自身原因，与市场需求不相匹配，被排挤出市场、难以就业。同时，由于大学生存在不正确的择业观和价值观，倾向于到大城市、热门行业、稳定程度高的单位工作③，而这些单位对大学生素质的要求又比较高，“高不成、低不就”成为大学生就业中存在的普遍问题。

五、解决大学生就业难的对策建议

（一）发挥政府的引导作用，为大学生就业创造更广阔的发展空间

政府在解决大学生就业难问题上应当发挥积极的引导作用，应在宏观调控、深化教育体制改革、培育就业市场、拓宽就业渠道等方面采取措施，为大学生就业、创业创造更广阔的发展空间。对此，应当做好以下几个方面的工作。

1. 利用“互联网＋就业”模式，建立中央政府、地方政府和高校的就业联动机制。根据大学毕业生的特点和求职意愿，为大学生就业提供就业岗位信息，提供就业方面的指导。对此，可以做好以下几个方面的工作：（1）利用“互联网＋就业”模式，建立毕业生求职意愿、用人单位岗位需求信息数据库，实现大学毕业生信息同用人岗位需求信息的有效对接。（2）提供多样化、个性化的就业咨询、岗位认知、就业

---

① 李琦，刘根旺．经济转型背景下大学生结构性失业难题及解决［J］．延边教育学院学报．2018（5）：71.

② 罗亮．实现更高质量和更充分就业——2018 年大学生就业创业政策略读［J］．中国大学生．2018（5）：19.

③ 李琦，刘根旺．经济转型背景下大学生结构性失业难题及解决［J］．延边教育学院学报．2018（5）：72.

指导、职业介绍等方面的培训，引导大学生积极主动地就业、创业。(3) 精准帮扶贫困家庭毕业生、残疾毕业生、少数民族毕业生和零就业家庭毕业生等，帮助他们顺利实现就业。针对这些学生，可以实行“一生一策”地动态跟踪，精准帮扶，帮助他们顺利地实现就业。

2. 引导学生投身符合国家发展战略的产业。政府、学校、用人单位应当结合“一带一路”的建设、京津冀协同发展战略、长江经济带发展等国家发展战略的需求，多渠道开发就业岗位，完善待遇、保障和职业发展政策，为大学生就业创造更广阔的发展空间。大学生也应当适应社会发展的需要，为经济发展贡献力量。

3. 鼓励、引导大学生创新、创业，以创业带动就业。对此，可以采取以下几个方面的措施：(1) 综合运用政府支持、学校自筹，以及贷款、创业投资、社会公益、无偿许可专利等方式筹集创业资金，扶持大学生自主创业，以创业带动更多的就业。(2) 建立健全中央政府、省级政府、高校大学生创业服务平台，聘请行业专家、创业校友等担任导师，通过举办讲座、论坛、沙龙等活动，为大学生创业提供信息咨询、管理运营、项目对接、知识产权保护等方面的就业指导服务①。(3) 给予创业的大学生以技术、资金、税收等方面的优惠，帮助他们成功创业。

4. 发挥中小企业吸纳毕业生就业的主渠道作用。例如，通过举办全国中小企业网上百日招聘等活动，吸引大学生到中小企业就业，以发挥中小企业吸纳大学毕业生就业的主渠道作用。

（二）出台政策措施，改变大学生就业分布不平衡的状况

1. 采取鼓励大学生到中部地区、西部地区、东北地区和艰苦的边远地区就业的措施，以改变大学生就业的地区分布不平衡状况。例如，对到中部地区、西部地区、东北地区以及一些经济不发达地区就业的大学生给予一定的就业补助，鼓励他们到这些地区工作。同时，政府更要增强对就业帮扶资金的跟踪以及定位，避免出现大学生拿不到创业资金或者拿不够创业资金的问题②。

2. 改革高等院校的专业设置，取消不适应市场发展的落后专业或课程，增设适应市场发展的专业或课程。改革高等院校的专业设置，以培养创新型、复合型、应用型人才为目标，设置适应市场需求的专业、课程，以培养适应能力强、综合素质高的大学生。

3. 采取鼓励大学生到第一、二产业就业的措施，以改变第一、二产业人才紧缺的

① 罗亮．实现更高质量和更充分就业——2018 年大学生就业创业政策略读［J］．中国大学生．2018（5）：20.

② 朱澳星，王超，徐一刚，马强．大学生就业问题原因及对策分析［J］．轻工科技．2018（10）：151.

不平衡局面。例如，实施引导大学生到基层工作的措施，引导大学生到农产品加工、农村电子商务、农产品营销、农产品信息交流等第一、二产业就业。到基层的教育文化、健康养老、扶贫开发、社会组织去就业，给予已经在基层就业的大学毕业生更广阔的发展空间和发展平台，形成吸引人才的良性机制。

（三）完善劳动法律、法规，改变劳动用工中就业歧视问题

1. 针对劳动用工中的歧视问题，政府有关管理部门应当尽快出台法律、法规。政府有关部门应当尽快出台《反就业歧视法》，对歧视行为造成的损失，可以责令纠正歧视行为或者赔偿经济损失，以约束用人单位公平地对待每一位求职者，以促进大学生顺利就业。

2. 积极引导用工单位，平等地对待每一位求职者。针对性别歧视、地域歧视、身高歧视、相貌歧视等方面的问题，应当加强对用人单位的教育和引导，给予不同地域、不同身高、不同相貌、不同民族的大学生平等就业的机会，为大学生创造公平的就业环境。

（四）加强职业教育培训，培养大学生具有爱岗敬业的精神

政府、高等院校要积极引导大学生将个人的前途与国家的命运、发展紧密联系起来，积极主动地工作，爱岗敬业，发挥自己的专业才能，在服务国家经济发展的过程中大显身手。

参考文献

[1] 2018 年中国毕业生就业报告 [R/OL]. 百度文库， [2018 - 09 - 26]. wenku. baidu. com/view/a4a8f43db94ae45c3b3567ec102de2bd9705de40. html.

[2] 罗亮. 实现更高质量和更充分就业——2018 年大学生就业创业政策略读 [J]. 中国大学生. 2018 (5): 20.

[3] 农村家庭毕业生成就业困难群体失业率达 30.5% [N/OL]. [2015 - 10 - 18]. www. xinhuanet. com//politics/2015 - 10/18/c_128329721. htm.

[4] 大学毕业生失业率连续 5 年下降现在流行“慢就业” [N/OL]. 新浪教育, [2016 - 04 - 10]. edu. sina. com. cn/l/2016 - 04 - 10/doc - ifxrcizu3904954. shtml.

[5] 女大学生就业面临性别歧视专家呼吁立法保障 [J]. 中国网, [2006 - 12 - 30]. www. china. com. cn/education/txt/2006 - 12/30/content_7581108. htm.

[6] 李琦, 刘根旺. 经济转型背景下大学生结构性失业难题及解决 [J]. 延边教育学

院学报.2018（5）：70.

［7］罗亮.实现更高质量和更充分就业——2018 年大学生就业创业政策略读［J］.中国大学生.2018（5）：19.

［8］朱澳星，王超，徐一刚，马强.大学生就业问题原因及对策分析［J］.轻工科技.2018（10）：151.

案例适用说明

一、案例的适用范围和教学目标

1. 案例的适用范围。本案例适用于保险学、风险管理专业硕士、劳动与社会保障、政府管理等专业开设的《社会保障理论研究》课程。

2. 案例的教学目标。本案例旨在使学生了解、掌握就业、失业的基础理论和就业的管理实践，以加深对就业、失业问题的理解。

二、启发思考题

1. 大学扩大招生对劳动力的供给和需求会产生什么影响？
2. 经济发展如何影响劳动力的就业分布？
3. 高等院校的专业设置如何影响劳动力的就业分布？
4. 如何看待我国大学毕业生就业中面临的各种问题？
5. 如何解决我国大学毕业生就业中存在的问题？

三、建议课堂计划

建议讲述 4 课时，并进行讨论。

1. 课前计划。课前发放从网络上搜集的案例资料，让学生熟悉事件发生的经过。

2. 课堂计划。主持人应当保持中立的态度，组织学生开展讨论，评价学生的观点，可以采取问答、模拟会议、辩论会、课堂讨论等形式，讨论问题。

3. 课后计划。讨论结束后，让学生汇集各方面的观点，提交案例分析报告。针对学生写作中存在的问题，给予讲评。

案例13

谁来保障“外卖小哥”的权益

王一飞　刘钧[1]

“外卖小哥”是伴随着我国“互联网+”的发展衍生出来的新兴劳动就业群体，这一就业群体具有流动性大、工作强度大、小时劳动报酬低、缺乏相应的社会保险等方面的特点。本案例以我们身边经常发生的“外卖小哥”遭受的工伤事故为切入点，探讨“外卖小哥”社会保险权益保障的缺失问题，并提醒政府管理部门尽快出台法律、法规，解决“外卖小哥”这一群体的社会保险保障缺失的问题，切实维护他们的劳动保障权益。本案例的写作目的在于使学生了解“外卖小哥”就业的形式及“外卖小哥”劳动权益保障缺失的问题，探讨完善“外卖小哥”劳动权益保障的对策建议，以提高学生分析问题和解决问题的能力[2]。

① 王一飞，女，硕士，青岛银行总行，管理培训生。研究方向：社会保障、风险管理和金融。刘钧，女，中央财经大学保险学院教授，研究方向：劳动与社会保障。

② 案例根据《网络平台外卖骑手侵权，责任主体怎样认定》一文改编，澎湃，[2020-10-21]. m. thepaper. cn/baijiahao_9673586.

案例正文

一、案例介绍

2015 年 10 月 10 日，小张被杭州的“快捷送”外包公司雇用，到“饿了么”外卖网络平台当外卖配送员，也就是人们俗称的“外卖小哥”。“饿了么”外卖网络平台的运营商上海扎拉斯公司与“快捷送”外卖网络平台之间签订的《“饿了么”外卖配送合作协议》约定，由“快捷送”外包公司负责杭州地区的外卖配送工作，自行招募人员，并从事相关的外卖配送事宜。小张经朋友介绍到“快捷送”外包公司工作，但是与“快捷送”外包公司之间并未签订书面的劳动合同。

2016 年 1 月 5 日，在送餐的过程中，小张驾驶的二轮摩托车与一辆小轿车相撞，造成小张小腿骨断裂，住院治疗了 20 天，共花费医疗费 23015 元。小张能够活动后，多次找“快捷送”外包公司、“饿了么”外卖网络平台的人力资源管理部门，要求报销住院期间的花费。但是，“快捷送”外包公司和“饿了么”外卖网络平台均拒绝了小张的要求。

2016 年 9 月 30 日，小张向杭州市劳动人事争议仲裁委员会申请劳动争议仲裁，请求确定自己与“饿了么”外卖网络平台的运营商——上海扎拉斯公司之间的劳动关系。杭州市劳动人事争议仲裁委员会确认，上海扎拉斯公司同小张之间存在劳动关系。上海扎拉斯公司对裁决结果不服，遂向上海市普陀区人民法院提起诉讼。法院经过调查后发现，小张并不是“饿了么”外卖网络平台运营商直接雇用的配送员，且上海扎拉斯公司与“快捷送”外包公司之间签订的《“饿了么”外卖配送合作协议》合法有效。遂判决，上海扎拉斯公司与小张之间不存在劳动关系。

随后，小张又向杭州市劳动人事仲裁委员会提出劳动争议仲裁申请，请求确定自己同“快捷送”外包公司之间存在劳动关系。杭州市劳动人事争议仲裁委员会经过调查后认为，小张是通过“快捷送”外包公司管理系统登记注册的外卖骑手，主要从事外卖配送工作。杭州市劳动人事仲裁委员会确认，小张与“快捷送”外包公司之间存在劳动关系。其理由主要有以下几个方面：（1）小张从事的外卖派送服务属于“快捷送”外包公司的主要经营项目，是“快捷送”的主要用工领域。（2）“快捷送”外包公司通过其管理的系统向包括小张在内的一些外卖骑手分配快递业务。（3）劳动报酬由“快捷送”外包公司计件发放，按月结算，符合建立劳动关系的基本特征。

本案例中，尽管小张同“快捷送”外包公司之间的劳动关系得到确认，但是其获得工伤保险待遇的给付还需要经过漫长的诉讼之路。

二、“外卖小哥”的就业现状

截至2018年年底，我国外卖交易额为4613亿元①，2019年外卖交易额超过6000亿元②。从城市分布来看，北京、上海、深圳、广州和成都分别位列外卖订单量的前5名。从数据分布来看，截至2018年年底，共有270多万外卖骑手在美团外卖获得就业收入。其中，77%的外卖骑手来自农村，其就业主体以“80后”“90后”居多③。“外卖小哥”的就业人数庞大，已经成为劳动市场不容忽视的群体。

（一）“外卖小哥”的就业形式

“外卖小哥”的就业形式主要有以下四种。

1. 平台专送骑手。平台专送骑手通常与网络平台建立劳动关系，依法享有《劳动法》《社会保险法》规定的各项权利。例如，美团外卖平台的专送骑手，其配送方式通常具有区域固定、配送时间灵活、权益有保障等特点，其劳动权益受到《劳动法》《劳动合同法》《社会保险法》的保护。平台专送骑手相比于其他用工形式的送餐员，有较严格的管理，对“外卖小哥”的送餐质量要求也比较高④。

2. 外包骑手。外包骑手是指网络平台为了补充平台专送骑手的不足，将业务外包给第三方公司，由第三方公司雇用骑手送外卖的用工形式。这类骑手通常与第三方外包公司之间建立劳动关系，外包骑手同网络平台之间并不具有劳动关系。但是，在实践中，为了规避《劳动法》《劳动合同法》《社会保险法》的限制，一些第三方外包公司宣称，外包公司同外卖骑手之间建立的不是劳动关系，而是劳务关系。本案例中，小张就属于外包骑手，小张同第三方外包公司“快捷送”之间存在事实上的劳动关系。虽然小张同外包公司之间并未签订书面的劳动合同，但是由于具备以下情形，能够判定小张同外包公司之间建立的劳动关系：（1）用人单位和劳动者符合法律、法规

---

① 美团研究院，中国饭店协会．中国外卖产业调查研究报告［R］．中国报告网，［2019－12－18］．www.baogao.chinabaogao.com/canyin/469797469797.html.

② 2019年我国外卖行业交易额预计超6000亿元［EB］．中国金融信息网，［2019－12－24］．www.mnw.cn.

③ 美团研究院．2018外卖骑手就业报告［R］．搜狐，［2019－03－07］．www.sohu.com/a/299679204_99900352.

④ 邹开亮，王米娜．外卖送餐员劳动权益保障初探——从外卖小哥搜狐，“王立友”工伤赔偿案谈起［J］．齐齐哈尔大学学报，2019（10）．

规定的主体资格；（2）用人单位依法制定的各项劳动规章制度适用于劳动者，劳动者接受用人单位的管理，并从事有报酬的劳动；（3）劳动者提供的劳动是用人单位业务的重要组成部分。基于以上理由，可以判定小张同外包公司之间形成事实劳动关系，受到《劳动法》《劳动合同法》的保护。在劳务外包中，从事外包服务的劳动者小张同发包单位——上海扎拉斯公司之间不存在劳动关系。

3. 众包骑手。同前两种骑手的被雇用方式不同，众包骑手通常并不具有固定的用人单位，通常不为某一固定的网络平台提供服务。众包骑手通常通过网络平台的官网注册登录，线上签订电子服务协议，承担着本应当属于网络平台的配送工作。这种模式通常由餐厅派单，由众包骑手通过网络平台抢单。网络平台认为，众包骑手同网络平台之间是信息服务居间关系；餐厅认为，餐厅与众包骑手之间不存在劳动关系。在这种情况下，如果众包骑手在送外卖的途中发生人身伤害等问题，其权益很难得到有效维护。这主要是因为，众包骑手同各家网络平台、各餐厅之间建立的通常不是劳动关系，而是劳务关系。

4. 卖家自送骑手。卖家自送骑手是指餐饮企业根据自己的需要，雇用的只为自己餐厅服务的送餐骑手，卖家自送骑手与餐饮企业之间建立的社会经济关系通常属于劳动关系，卖家自送骑手的劳动报酬、工作时间、工作地点通常由餐饮企业和骑手协商确定。

（二）“外卖小哥”就业的特点

“外卖小哥”的工作环境大多比较艰苦，工作强度比较大，其就业的特点主要有以下几个方面。

1. “外卖小哥”的月平均就业收入比较低。“外卖小哥”的就业收入通常由底薪和配送或接收的快件数量提成组成。以北京市为例，“外卖小哥”的底薪通常为 1000 ~ 1500 元，派件快件的提成是“外卖小哥”的主要收入来源，其配送 1 件的收入大约为 0.9 ~ 1.5 元，其月平均就业收入大约为 5000 元，低于外地来京就业人员的平均工资水平。国家邮政局近日对全国 31 个省份、6000 名快递员的基本收入状况进行的调查显示，多数快递员的月平均就业收入在 5000 元以下①。相比于其他地区，北京市快递员的月平均收入高于全国平均水平。尽管在元旦、端午节、中秋节、春节、“双 11”等特殊时期快递员的就业收入会普遍提高，但是大部分快递员的收入仍然低于

① 国家邮政局 .80 后、90 后构成快递队伍的主体［EB］. 新浪网，［2019 - 02 - 20］. news. sina. com/olomesticgd/10000159/20190220/35259967. html.

1 万元。

2. “外卖小哥”的就业形式比较灵活。“外卖小哥”的就业形式比较灵活，如被京东、顺丰速递等企业雇用的快递员就属于雇员，其劳动权益可以获得较好的保障。但是，为“饿了么”等信息平台送快餐的快递员的身份就很难界定，其劳动权益很难获得有效的保障①。一旦发生职业伤害事故，就会产生用人单位是否承担责任的争议。同时，由于就业层次比较低，管理不够规范，即使在一个用人单位，有些快递员就同用人单位签订了劳动合同②，有些单位就未同快递员签订劳动合同。由于就业方式灵活，有些快递员工作的时间达不到全日制工作的时间，只能按照非全日制工作时间对待，这就给用人单位留下了违规、侵权的空间，用人单位可以以雇用的“外卖小哥”属于非全日制工作为由，不为“外卖小哥”办理参加社会保险的手续。“收入并不算高，但是工作比较自由，不像在工厂干活那样受约束。做快递，想多挣点儿，就可以使劲地接单，时间怎么安排自己有自主权。”某“外卖小哥”陈师傅这样说。陈师傅的话语较好地诠释了快递员就业形式的灵活性。

3. 工作生活比较辛苦。由于快递员的收入主要来自派件收入，“快递小哥”通常会积极、主动地多配送快件，以获得更多的收入。快递员每天工作的时间比较长，通常在 10 小时以上，周工作时间在 70 小时左右。快递员通常租住在居住环境比较差的地方，多人挤在一个房间，其在大城市的生活、工作比较辛苦。

4. 因工作造成伤害事故的发生率比较高。每天中午、晚上用餐的高峰时段，在餐饮店、大街小巷、写字楼等商圈随处可见“外卖小哥”匆忙送餐的身影。他们以摩托车或者电动车为主要交通工具干着为客户送餐的活儿，因为需要准时将外卖送达客户手中，他们需要“与时间赛跑”，争取多送一些外卖。在送餐的途中，许多“外卖小哥”无视交通规则，争分夺秒、见“缝”就插地奔波在马路上。“外卖小哥”逆行、闯红灯、超速行驶等违反交通法规的行为不仅给市民的安全带来了较多隐患，而且造成“外卖小哥”遭受的伤害事故频繁发生。上海市公安局交警总队公布的统计数据显示，2017 年的前两个季度上海市“外卖小哥”发生的道路交通事故一共有 76 起，平均每 2.5 天就有 1 名“外卖小哥”在送餐途中伤亡③。南京市平均每天发生的同“外卖小哥”有关的交通事故 18 起④。深圳市交警在 10 天内就查处“外卖小哥”违反交

---

① 胡放之．网约工劳动权益保障问题研究——基于湖北外卖骑手的调查［J］．湖北社会科学，2019（10）．

② 签订劳动合同是发生劳动纠纷、依法维权的重要依据。

③ 平均 2.5 天就有 1 名外卖小哥伤亡［EB］．东方资讯，www. mini. eastday. com/a/190129105659518 - 2. html.

④ 王煜．每天交通事故 18 起南京拟限制外卖送餐员抢单数量［N/OL］．新京报，［2017 - 09 - 22］．tech. qq. com/a/20170922/004284. htm?pgv_ref = aio2015&ptlang = 2052.

通法规的案件 1781 宗[1]。外卖配送成为伤害事故发生率最高的职业之一。

三、“外卖小哥”的劳动权益保障问题

本案例引发的“外卖小哥”的劳动权益保障问题引发了社会各界的广泛关注，同时也暴露出“外卖小哥”劳动权益保障中存在的诸多问题，其主要有以下几个方面。

（一）行业垄断导致网络平台同“外卖小哥”处于不平等的市场地位

在现行的外卖行业中，美团外卖和“饿了么”两大网络平台占据了市场份额的 81.6%[2]，剩下的份额被小型网络平台瓜分，形成了外卖行业的垄断。垄断使这两家公司可以通过“霸王条款”降低劳动成本，损害了“外卖小哥”的合法权益。对于“外卖小哥”来说，通常没有选择的余地，只能被动地接受不平等的“霸王条款”。例如，2018 年美团外卖为了提升自己的接单量[3]、留住客户，出台了这样一条“霸王条款”：只要是平台派给“外卖小哥”的单子，必须去送；如果拒单，就会被扣钱或者封号。以往，如果美团外卖派给“外卖小哥”的单子不合理、与“外卖小哥”的路线安排不匹配，“外卖小哥”可以拒绝接收。但是，现在不行了，无论刮风、下雪，无论白天、黑夜，“外卖小哥”必须无条件地接受网络平台分配的送餐业务。又如，“饿了么”网络平台规定，不得无故停单 96 小时。此外，一些网络平台为了维护自身的竞争力，过度讨好用户，将用户的评价直接同“外卖小哥”的薪酬水平挂钩。例如，某网络平台规定，每月订单的好评数量必须达到一定的数量。否则，就要减少相应的工资。如果“外卖小哥”收到差评或者被用户投诉，就会降低“外卖小哥”的级别、报酬。尽管网络平台会从每日的订单数量、打卡考勤、及时送达率、配送距离等多个方面对“外卖小哥”的工作绩效进行考核，但是差评和用户投诉却是考核“外卖小哥”的首要标准。由此可以看出，相对于网络平台而言，“外卖小哥”处于缺乏话语权的弱势地位，只能被动地接受网络平台制定的一些“霸王条款”。这使“外卖小哥”即使知道网络平台侵权，也难以有效地维护自身的劳动权益和社会保险权益。

---

① 深圳交警 10 天查处外卖送餐交通违法案件 1781 宗［N］. 深圳晚报，［2017 - 09 - 15］. wb. sznews. com/PC/content/201709/15/c177273. html.

② iimedia research. 2017 - 2018 年中国在线餐饮外卖市场研究报告［R］.［2018 - 04 - 12］. www. 163. com/dy/article/DFTBVQ2P0511A1Q1. html.

③ 美团强制接单引发社会口诛笔伐［DB］.［2018 - 07 - 20］. www. boyzondarun. com/3/123881. html.

（二）薪酬模式给“外卖小哥”带来较大的送餐压力

目前，许多网络平台的人员管理比较粗放，通常以送餐是否超时或是否被用户差评作为支付“外卖小哥”劳动薪酬的依据。这样的管理制度倒逼“外卖小哥”盲目地追求较快的送餐时间，促使“外卖小哥”经常不顾及交通规则，以争抢时间、争抢道路的方式去送餐，也使“外卖小哥”自身或者他人的生命财产处于较高的风险隐患之下。除此之外，由于工作强度大、工作时间长，许多“外卖小哥”的工作时间从上午10点干到晚上10点，有的“外卖小哥”的工作时间甚至更长。医疗卫生专家认为，个人的精神状态与交通事故的发生密切相关，缺乏足够休息时间的“外卖小哥”在驾驶摩托车送餐的过程中其判断能力会下降，甚至会判断失误，造成交通事故的发生。网络平台设置用户评价的本意是适应激烈的市场竞争，但是实践中却本末倒置，激励“外卖小哥”向用户索要五星好评或者在送餐的过程中因为抢时间进而发生交通事故，不仅损失了“外卖小哥”的合法权益，而且也给用户带来了不好的使用体验。

（三）认定“外卖小哥”同网络平台存在劳动关系比较困难

确定“外卖小哥”同网络平台或者外包公司存在劳动关系是“外卖小哥”获得工伤保险待遇赔偿的前提条件。但是，“外卖小哥”同网络平台的劳动关系具有虚拟化的特点，“快递小哥”通过网络平台注册、登录，就开始完成网络平台交代的工作任务，网络平台支付“快递小哥”劳动报酬，“外卖小哥”同网络平台之间建立了劳动关系。尽管如此，许多网络平台并未同“快递小哥”签订书面的劳动合同或者电子版的劳动合同。同时，“外卖小哥”缺乏法律、法规意识，缺乏依法维权意识。一旦发生劳动争议，“外卖小哥”通常难以证明自己同网络平台之间具有劳动关系，甚至无法确定自己同网络平台存在事实劳动关系。在这种情况下，“外卖小哥”的各项权益很容易受到侵害。

相比于“平台专送骑手”“外包骑手”“卖家自送骑手”来说，“众包骑手”同网络平台的劳动关系更加难以确定。餐厅往往不认为自己同“众包骑手”之间存在劳动关系，而网络平台为了保护自己的利益，主张自己与“众包骑手”之间属于信息服务居间关系，不具有传统意义上的劳动关系的特征。近几年，网络平台发展较快，“众包骑手”等网约用工形式的出现，对传统劳动关系的认定标准提出了较大的挑战。目前，我国法律、法规尚缺乏针对这一群体劳动权益保护的法律、法规。当“众包骑手”同餐厅、网络平台产生劳动纠纷时，很难保护“众包骑手”的劳动权益，这一群体面临的风险比较高。由于劳动关系认定难，“外卖骑手”的劳动权益无法获得有效的保障。

目前，我国劳动争议案件处理实行劳动人事争议仲裁前置程序。也就是说，如果劳动者要确定自己同某用人单位存在劳动关系，必须经过劳动人事仲裁。如果劳动人事争议仲裁委员会确认具有劳动关系，才能确定劳动者同用人单位具有劳动关系；如果劳动人事仲裁委员会确认不具有劳动关系，就不能确定劳动者同用人单位具有劳动关系。对于劳动人事争议仲裁委员会的裁决结果，如果有一方不服的，可以在规定的期限内到辖区内的人民法院提起诉讼。我国人民法院审理案件，实行二审终审制。经过以上程序，需要劳动人事争议双方耗费大量的时间和精力，简化劳动关系认定程序势在必行。本案例中，小张为了确定自己同上海扎拉斯公司或者“快捷送”外包公司具有劳动关系，2 次向当地劳动人事争议仲裁委员会申请劳动争议仲裁，才确定了自己同“快捷送”外包公司具有劳动关系，“外卖小哥”确定同用人单位具有劳动关系比较困难。

（四）“外卖小哥”参加社会保险的比率比较低

目前，绝大多数网络平台、外包公司、餐厅均未同“外卖小哥”签订劳动合同，更未为“外卖小哥”办理参加社会保险的手续，以至于这一群体在遭遇工伤事故、疾病、失业等风险时难以获得社会保险的保障。本案例中，“快捷送”外包公司并未为小张办理参加社会保险的手续，导致小张在遭受工伤事故伤害后，无法获得工伤保险的补偿。除了工伤保险待遇外，“外卖小哥”还会面临着缺乏基本养老保险、基本医疗保险、失业保险、生育保险等方面保障问题。

（五）“外卖小哥”面临的潜在责任风险比较高

在从事职业活动中，“外卖小哥”还面临着比较高的责任风险。例如，“外卖小哥”在送餐的途中撞到穿越马路的行人，“外面小哥”就承担赔偿受害人损失的风险。在这种情况下，“外卖小哥”会面临较重的赔偿责任，需要赔偿受害人的医疗费用、误工费用、护理费用等，这些损害赔偿费用往往是“外卖小哥”难以负担的。如何规避“外卖小哥”在送餐途中面临的职业责任风险，也是政府有关管理部门、网络平台、“外卖小哥”亟待解决的问题。

四、维护“外卖小哥”劳动和社会保险权益的对策建议

针对“外卖小哥”劳动权益的损失和维权的困境，本案例提出以下维护“外卖小

哥”社会保险权益的对策建议。

（一）加强劳动保障监察，依法维护“外卖小哥”的合法权益

针对网络平台的雇用行为，劳动保障监察部门应当加大对网络平台监察的力度，监管用人单位同“外卖小哥”的劳动合同签约率、社会保险参保率，依法维护“外卖小哥”的合法权益。监管网络平台制定的劳动规章制度，对于用人单位制定的不符合劳动法律、法规的规章制度，应当要求网络平台依法整改，以切实保护“外卖小哥”的合法权益。

（二）鼓励“外卖小哥”群体组建或者加入工会组织

依法获得工会组织的支持和帮助，提高“外卖小哥”在劳动权益维护中的话语权。例如，上海嘉定区工会于2019年举办的“组织灵活就业群体参加工会，会员专享基本保障”的项目，首批将发展5000名灵活就业人员参加专享基本保障项目①，尝试解决这一群体社会保障缺失的问题，增强他们的归属感和获得感。又如，上海市嘉定区工会组织于2019年发布规定：从事快递物流、网约送餐、房屋中介、护工护理、货运驾驶、保安保洁、商场信息、家政服务等服务行业的灵活就业群体，未满60周岁且不享受上海市职工基本医疗保险待遇的，可以自愿加入工会组织，参加“灵活就业会员专享基本保障项目”，个人的最高保障金额可达6万元。针对上海市嘉定区工会的做法，各地工会应当效仿，将“外卖小哥”这类灵活就业群体吸引到工会组织，不仅为他们提供基本保障，而且为他们争取劳动待遇谈判的话语权，使他们在与垄断网络平台谈判的过程中有效地保护自身的合法权益。对此，工会组织应当联络网络平台代表和“外卖小哥”选举出的代表，依法建立有效的沟通、协商机制，妥善地处理劳动争议问题。

（三）简化劳动关系认定的程序，依法确认用人单位同劳动者的劳动关系

简化用人单位同劳动者具有劳动关系的认定程序，可以提高办案效率，可以更好地维护劳动关系双方的合法权益。本案例中，针对“外卖小哥”同网络平台专送骑手、外包骑手和卖家自送骑手难以确定劳动关系的问题，有关管理部门应当简化劳动关系认定的程序，使他们同网络平台或者外包公司的劳动关系可以及时、有效地获得确认。

---

① 嘉定工会. 2019嘉定工会服务职工实事项目公布［R］.［2019-02-27］. m. sohu. com/a/298357321_172168.

（四）完善针对“众包骑手”的劳动法律、法规和部门规章

目前，我国相关的劳动法律、法规对“众包骑手”的身份和地位缺乏有效的界定。“众包骑手”属于类劳动者[①]。类劳动者这一名词并不是最近才兴起的概念。国际劳工组织早在20世纪50年代就在《雇用关系报告》中指出，劳动者和自雇劳动者之间存在着一类特殊的群体，这类群体虽然表面上看像是自雇劳动者，实质上其经济来源依赖于某一顾客或者极少数顾客[②]。意大利政府出台的劳动法律、法规在界定“类劳动者”时并没有使用经济从属性或者契约弱势的方式表述，而是从非标准劳动关系中抽象出一系列比较具体的构成要件，主要包括如下几个方面：（1）“类劳动者”不具有隶属性。“类劳动者”通常不单独属于某一家用人单位，可以为多家用人单位提供劳动服务。（2）“类劳动者”给付的人格性。因劳动获得的报酬在个人收入中占比较高的地位。（3）给付的持续性。报酬的给付是连续不断地逐月、逐年给付的。（4）给付的协同性。劳动者的活动是委托人生产活动的环节，同委托人的生产活动具有协同性。德国政府出台的《劳动法》在对“类劳动者”进行倾斜性保护中，是以“类劳动者”在经济上的非自主性为判断标准的。在司法实践的适用时，一般综合考虑“类劳动者”劳动的给付期限、“类劳动者”在经济上相似于从属性劳动者以及“类劳动者”出于生存需求的约束等多方面的原因。

借鉴国际经验，我国政府可以结合具体国情进行相应的调整，可以根据以下标准界定“类劳动者”的范围：（1）“类劳动者”不具有传统劳动关系认定的人格隶属性，“类劳动者”在劳动过程中享有较大的自主性和灵活性。（2）“类劳动者”具备经济的从属性。基于这一特征，可以从两个方面加以界定：一是劳动提供者的主要收入来源于网络平台，而这种经济从属性界定的具体比例，可以参考国外经验加以界定。例如，德国政府按照收入的50%来界定，加拿大政府按照收入的80%来界定。我国政府可以采用按照收入的50%的标准加以界定。二是提供劳动的持续性，偶然性、非持续性劳动的提供者不属于这个范畴。三是提供劳动应当具有协同性，即“类劳动者”所提供的劳动同网络平台公司的主营业务活动相关，可以代表某一生产环节或工具。我国劳动法律、法规在引入“类劳动者”这一概念后，需要明确“类劳动者”的法律地位，给予“类劳动者”低于劳动者但高于自雇劳动者的倾斜保护待遇。在法律、法规的保护措施上，可以先明确通用性的保护措施，再根据实际需要探索突破性的措施，

---

① 盖建华．共享经济下“类劳动者”法律主体的制度设计［J］．改革，2018（4）：102－109.

② 国际劳工大会．雇用关系报告［R］．2018.

其主要措施如下。

其一，明确通用性的保护措施。通用性的保护措施是指“类劳动者”的共同保护需求。例如，保障“类劳动者的职业安全”措施，强制用人单位给予“类劳动者”办理参加社会保险的手续，其具体费用应当由各网络平台和“众包骑手”共同分担，以解决“众包骑手”劳动权益保障缺失的问题。

其二，实施创新性的保护措施。例如，针对“类劳动者”在劳动过程中产生的纠纷，可以按照劳动人事争议纠纷的解决途径加以处理。由劳动人事争议处理机关予以处理，给予“类劳动者”选择纠纷处理方式的权利，并参照劳动人事纠纷处理中的举证责任规定，适当加大网络平台公司的举证责任，在立法理念上注重对“类劳动者”的倾斜性保护。

（五）引入职业责任保险制度

职业责任保险也称为“职业赔偿保险”，承保专业技术人员因职业上的疏忽或者过失致使合同当事人或者其他人遭受的人身伤害或者财产损失，依法应当承担赔偿责任的保险。职业责任保险仅对专业人员因从事本职工作时疏忽或者失职造成的赔偿责任负责，职业责任保险对被保险人从事同本职工作无关的活动所负有的赔偿责任不负赔付责任。对此，可以从以下三个层面推行职业责任保险。

1. 政府层面的对策措施。首先，借鉴国外政府对用人单位给予“类劳动者”投保职业责任保险的立法经验，结合我国的实际情况，出台全国统一的《新产业新业态从业人员的职业伤害保险暂行条例》，强制推行职业责任保险制度，推动“网络平台”“快递小哥”投保商业保险①，以转嫁“外卖小哥”面临的人身伤害风险和责任风险。其次，要加大推进职业责任保险宣传的力度，对于参保单位（网络平台、外包公司）和“外卖小哥”给予一定的税费减免等，鼓励各方积极投保职业责任保险。

2. 企业层面的对策措施。企业应当加强风险管理，加强对“快递小哥”的责任风险管理，以有效地规避网络平台的责任风险，规避“快递小哥”面临的较高的职业责任风险。

3. 行业层面的对策措施。外卖送餐行业要利用工会或者行业组织的力量，积极推进职业责任保险制度的实施。第一，行业协会可以对行业内“外卖小哥”提供专业的指导，以增强他们对职业责任保险的理解，使行业内“外卖小哥”能够正确地理解职业责任保险的保障范围、提供的保障。第二，行业协会或工会组织可以作为代表同保

---

① 全国人大代表张晓庆：建立新业态从业人员职业伤害保险制度[N].经济日报，2019-03-05.

险公司协商。行业协会或者工会组织作为团体的代表，可以协商确定参保的价格，以降低“外卖小哥”、网络平台的投保成本，以有利于职业责任保险的推行。第三，行业协会或者工会组织可以对“快递小哥”实施倾斜性保护。在发生相关责任、纠纷后，行业协会或者工会组织可以提供相关的法律援助和帮助，以维护“外卖小哥”的合法利益。

参考文献

［1］美团研究院，中国饭店协会．中国外卖产业调查研究报告［R］．中国报告网，［2019－12－18］．baogao. chinabaogao. com/canyin/469797469797. html.

［2］2019 年我国外卖行业交易额预计超 6000 亿元［EB］．中国金融信息网，［2019－12－24］．www. mnw. cn.

［3］美团研究院 .2018 外卖骑手就业报告［R］．搜狐，［2019－03－07］．www. sohu. com/a/299679204－99900352.

［4］邹开亮，王米娜．外卖送餐员劳动权益保障初探——从外卖小哥“王立友”工伤赔偿案谈起［J］．齐齐哈尔大学学报，2019（10）．

［5］国家邮政局近日［EB］．新浪网，［2019－02－20］．news. sina. com/domesticgd/10000159/20190220/35259967. html.

［6］胡放之．网约工劳动权益保障问题研究——基于湖北外卖骑手的调查［J］．湖北社会科学，2019（10）．

［7］平均 2. 5 天就有 1 名外卖小哥伤亡［EB］．东方资讯，mini. eastday. com/a/190129105659518－2. html.

［8］王煜．每天交通事故 18 起南京拟限制外卖送餐员抢单数量［N/OL］．新京报，［2017－09－22］. tech. qq. com/a/20170922/004284. htm?pgv_ref = aio2015&ptlang = 2052.

［9］深圳交警 10 天查处外卖送餐交通违法案件 1781 宗［N］．深圳晚报，［2017－09－15］．wb. sznews. com/PC/content/201709/15/c177273. html.

［10］www. iimedia research. 2017－2018 年中国在线餐饮外卖市场研究报告［R］．［2018－04－12］．www. 163. com/dy/article/DF78VQ2P0511A1Q1. html.

［11］美团强制接单引发社会口诛笔伐［DB］．www. boyzondarun. com/3/123881. html，2019.

［12］嘉定工会 .2019 嘉定工会服务职工实事项目公布［R］．［2019－02－27］．m. sohu. com/a/298357321_172168，2019.

[13] 盖建华. 共享经济下"类劳动者"法律主体的制度设计 [J]. 改革的关键领域研究，2018 (4).

[14] 国际劳工大会. 雇佣关系报告 [R]. 2018.

[15] 全国人大代表张晓庆：建立新业态从业人员职业伤害保险制度 [N]. 经济日报，2019－03－05.

案例适用说明

一、案例的适用范围和教学目标

1. 本案例的适用范围。本案例适用于保险学专业、风险管理专业硕士、劳动与社会保障专业、公共管理专业开设的《社会保障理论研究》课程。

2. 本案例的教学目标。本案例旨在使学生了解、掌握"外卖小哥"的就业形式、就业特点，了解"外卖小哥"面临的人身风险和职业责任风险，了解"外卖小哥"面临的劳动权益保障问题，掌握"外卖小哥"的"类劳动者"特点，解决"外卖小哥"面临劳动权益保障的问题。本案例的教学目的在于培养学生将学习的社会保障理论应用于解决"外卖小哥"就业中存在的问题，提高学生解决实际问题的能力。

二、启发思考题

1. "外卖小哥"的就业形式有哪些？
2. "外卖小哥"的就业特点有哪些？
3. "外卖小哥"就业面临的劳动权益保障问题有哪些？
4. "众包骑手"面临的权益保障问题有哪些？
5. 解决"外卖小哥"面临的劳动保障权益的对策有哪些？

三、建议课堂计划

建议讲述 4 课时，并组织学生进行讨论。

1. 课前计划。课前发放从网络上搜集的案例资料，让学生了解事件发生的经过。

2. 课堂计划。主持人要保持中立的态度，组织学生开展讨论，评价学生的讨论，并提示学生讨论中存在的问题。本案例可以采取模拟会议、辩论会的形式讨论问题。

3. 课后计划。讨论结束后，要求学生写作案例分析报告，针对学生写作中存在的问题予以讲评，以提高学生分析问题、解决问题的能力。

案例 14

大学教师“过劳死”挑战我国的工伤认定

田雨薇　刘钧①

我国经济发展正处于经济增长速度换挡、产业结构调整阵痛期，这样的经济发展形势加剧了劳动者的工作压力和负荷。有数据显示，我国劳动者超时、超强度工作已经逐步呈现出常态化的趋势。在当今社会具有普遍性的过度劳动趋势下，大学教师这个群体也不例外。人们普遍认为，大学教师不需要坐班，不需要面对严格的组织纪律约束，工作比较轻松。但事实上大学教师意外猝死的案例屡见报端，而“过劳死”的背后，是这一群体高强度的过度劳动。剖析大学教师过度劳动的形成机制，会发现工作角色的行政化干扰、锦标赛色彩的晋升制度、隐性强制、缺乏工作与生活界限等，是造成大学教师“过劳死”的主要原因。大学教师出于职业道德和内在个人动机进行自驱性的过度劳动。但是，目前我国现行的法律、法规对于大学教师“过劳死”尚缺乏明确的医学和法学界定，导致大学教师由于过度劳动而致死亡不能认定为工伤，其工伤待遇处于无法保障的缺失状态。本案例对我国工伤认定中存在的问题以及解决问题的对策提出了积极的建议，以期能够保障大学教师因“过劳死”造成的权益损失②。

---

①　田雨薇，女，管理学硕士，中国人民人寿保险股份有限公司，职员，研究方向：劳动与社会保障。刘钧，女，经济学博士，中央财经大学保险学院教授，研究方向：劳动与社会保障。

②　案例根据《大学教授公交车上猝死，家属申请工伤被否》一文改编，2018－05－22，www.gzrbshare.gzcankao.net/news/wx/detail? newsid＝194136.

案例正文

一、案例介绍

2017 年 3 月 8 日 7 时许，广东金融学院副教授刘老师在乘坐公交车途中突然从座位上晕倒[①]。7 时 35 分左右，120 急救人员赶到现场，证实刘老师已经死亡，警方确认死亡原因为猝死。处理事故的民警在交接刘老师的遗物时发现，在其手机上有一条尚未发出的微信，内容为“我先去医院，原定于今天早上辅导论文的事回校后再处理”。

刘老师生前任职广东金融学院金融系财政教研室主任，职称为副教授，52 岁，承担教研室管理和教学工作。据刘老师的妻子和同事回忆，2017 年 3 月 7 日下午，刘老师在系里开完会后，同教研室的其他同事及系里新来的同事讨论了科研工作，之后批改学生的论文，加班到 3 月 7 日晚 20 时左右才离开办公室。回到家后，刘老师双手捂着胸部，告诉妻子他身体不适、胸闷。休息了一会儿后，他继续批改学生的论文，一直到次日凌晨 2 时左右。广东金融学院在工伤认定申请中表示，刘老师是教学骨干，高校教师的工作时间和工作地点具有一定的不确定性，工作时间无法简单地用上下班时间来确定，工作地点不局限于课堂和学校校园内。出事前，刘老师正忙于教学及科研工作，包括辅导、修改学生毕业论文、准备科研课题的调研等，单位同意刘老师家属提交的工伤认定申请。

然而，对于刘老师家属的工伤认定申请，天河区人力资源和社会保障局做出的“不予认定为工伤决定书”认定，刘老师死亡的情形不符合《工伤保险条例》第十四条、第十五条可以认定为工伤或者视同工伤的情形，不予认定为工伤。天河区人力资源和社会保障局在“不予认定为工伤决定书”中表示，刘老师在家吃完早饭后去上班没有其他证据佐证，刘老师当天所乘的公交车线路并不停靠广东金融学院及附近站点，其乘坐该路公交车并不是其上班的合理路线。此外，本案也未有直接证据显示，刘老师乘坐公交车时有处理与工作有关的事宜。因此，刘老师在公交车上猝死不属于在工作时间和工作岗位突发疾病死亡的情形，不予认

---

① 魏丽娜．大学教授公交车上猝死，家属申请工伤被否［EB/OL］．［2018－05－22］．gzrbshare. gzcankao. net/news/wx/detail？newsid＝194136.

定为工伤。

刘老师的家属不服，将天河区人力资源和社会保障局诉至法庭，请求判令天河区人力资源和社会保障局依法撤销“不予认定为工伤决定书”，依法重新做出工伤认定决定。庭审中，代理律师表示，刘老师离开学校后及事发前，为了单位的利益，将工作在回家、路上随时处理，占用个人休息的时间继续工作，符合“工作时间和工作岗位”的情形。家属方提交了事发前公交车上的录像及相关调查等证据，证明刘老师在乘坐公交车的路上利用手机处理同工作有关的事务。此外，刘老师的死亡原因是“猝死”，系由于长期累积的劳累，使其在事发前一日已经出现发病症状，并持续不适，直到第二天严重发病死亡，整个发病的过程具有连续性。现有证据证明，刘老师在事发前一刻仍然在处理学校的工作。刘老师的病发时间为事发前一晚，且持续至事发当日，属于“工作时间和工作岗位突发疾病死亡”之视同工伤的情形。原被告双方各执一词，使刘老师的工伤认定遭遇较大的阻力。

二、大学教师工作的特点

大学教师群体通常是指在大学中主要从事教学和科研工作的教职人员，也包括以教学和科研工作为主，兼任部分行政职能的专任教师，不包括专门从事行政管理等工作的非教学岗位。公众对于大学教师工作状态的普遍认知是弹性工作制，没有“朝九晚五”固定的工作时间，每年有寒假、暑假两个假期，而且大学的工作环境相对开放、自由。在没有严格的组织纪律的约束下，大学教师相对于社会上大多数职业似乎比较轻松。但是实际情况是，一些大学教师意外猝死的事例屡见报端，引起了社会各界对这一群体过度劳动的关注。在大学教师“过劳死”案例的背后，是这一群体中更为普遍的过度劳动问题。

三、造成大学教师工作压力较大的主要原因

2018 年，麦可思人力资源信息管理咨询公司发布的《大学教师生存状况调查》研究显示，大学教师周平均工作时间为 48 小时，按照每周 5 个工作日计算，日平均工作时长为 9.6 小时。其中，22% 的被采访大学教师周工作时间在 60 小时以上。另外，88% 的被采访大学教师感到工作带来了中重度压力；感到有轻度压力的比例为 11%；

感到没有什么压力的大学教师仅占被采访大学教师的 1%[①]。在压力来源方面，“科研或论文发表要求”成为最主要的影响因素，占被采访大学教师的 70%。第二、第三位压力来源分别是“学校的制度和官僚主义”和“工作量”，分别占被调查大学教师的 60% 和 57%。“人际关系”占被调查大学教师的 21%；“跟上 IT 技术步伐”占被调查大学教师的 13%；“工作稳定性”占被调查大学教师的 9%。“人际关系”“跟上 IT 步伐”“工作稳定性”等因素对大学教师产生的压力相对较小。造成大学教师工作压力较大的原因主要有以下几个方面。

（一）具有锦标赛色彩的职业晋升制度

锦标赛制度（Rank - order Tournament）一般适用于在绝对产出不易确定且具体监督难以有效实施的信息不对称的情境，锦标赛制度通常不对个人界定明确的绩效要求，但是却将个人业绩与其业绩的相对排名结合起来的管理方式。这一制度由于符合高校内部劳动力市场的特点，因此被广泛采用。例如，难以对科研成果做出明确的绩效要求，大学教师的教学和科研准备与实施进程难以被有效监督，因而采取锦标赛制度。

大学内部劳动力市场具有明确的职级体系设计。对于内部的晋升原则、申请资格等大多有明确的规定，如教学工作量、教学评价等级、科研项目、科研成果的数量与质量积分等。然而，随着大学教师入职门槛的逐步提高，加之高级职称比例已经接近政府规定的上限，学术等级呈逐级缩短趋势，级别越高，获得相应级别的人数越少。面对固定、数量有限的岗位级别，通常达到高校规定资格条件的人也需要参与竞争性的选拔，进而晋升机制具备锦标赛制度的特点。此外，在高校聘任制改革的背景下，签订聘用合同的教师通常工作三年为一个聘期。聘期结束后，对大学教师的工作绩效进行评价、排序和评比，其后期职业晋升过程同样具有较强的竞争性。此外，除了高校已有的常规学术管理系统外，政府管理部门还另外设立了一套学术头衔系统，如长江学者、千人计划、国家杰出青年基金等。这些具有高度的国家认可性质的系统掌控了更多的竞争性资源，使大学教师群体面临的锦标赛竞争更加激烈。例如，某 985 大学工科海归副研究员表示：“科研本质上就是个知识创新的竞争，因为竞争有个马太效应，所以大家都很勤奋。博士毕业大概 28 岁，毕业后 5 到 8 年内，学术生涯的竞争

---

① 麦可思研究院：近九成大学教师承受中重度工作压力．东方财富网［2018 - 09 - 06］. finance. eastmoney. com/news/1355，20180906941408933. html. 此分析所用数据的调查时间从 2018 年 8 月 16 日开始，到 2018 年 8 月 23 日结束。收回大学教师有效答卷共 1340 份。调查方式是挂网调查，无抽样及其检验，调查结果仅代表被调查的大学教师的生存状况。数据收集、问卷设计、数据分析与解读由麦可思完成，数据仅供参考。

基本上就决出了胜负。如果没有胜出，就会被淘汰了。现在高校给年轻人的成长期很短，年轻人如果没有什么头衔或者帽子（例如“青年千人”）就会很痛苦，因为我们学科搞科研需要大量的设备经费，得不到资源支持的话，就没办法做研究。”①

（二）缺乏竞争力的薪酬水平

国内外大学普遍将博士学位甚至博士后工作经历作为大学教师任职的基本要求，这一群体在职业准备期和职业发展期需要较长时间的人力资本积累，期间需要个体付出大量的经济成本或心理成本。基于人力资本投资理论，大学教师有动机增加职业发展期的工作投入，并且通过多渠道、多途径的方式获取经济收入来平衡职业发展前期的成本。另外，大学教师的薪酬水平难以准确地反映教师个人的工作绩效水平。一般情况下，各岗位等级教师的基本工资由政府统一规定，金额基本固定，基本工资在教师工资中所占的比例不高，缺乏激励机制。除了基本工资之外，各高校会根据自身收入水平，设置依据工作岗位等级评定的岗位津贴或者依科研等相关产出成果决定的专项奖励。2018 年，麦可思人力资源信息管理咨询公司发布的《大学教师生存状况》研究显示，83% 的大学教师对工资不满意。不满意的主要原因如下：第一，认为“工作量大，压力大”的占被调查大学教师的比例为 68%；第二，认为“与期望薪资有差距”的占被调查大学教师的比例为 63%，认为所在地区消费水平高、不足以承担买房或者还贷需求的受访教师所占的比例为 55%；第三，认为“近三年无加薪”的占被调查大学教师的比例为 33%。

（三）高校管理行政化严重

《国家中长期教育改革与发展规划纲要（2010—2020）》指出：“探索建立符合学校特点的管理制度和配套政策，逐步取消存在的行政级别和行政化管理模式。”这一发展纲要回应的就是大学教师工作中面临的、过多的行政化干扰。这种行政化干扰主要表现在两个方面：（1）政府有关管理部门对高校的行政化干扰。政府有关管理部门掌握着公共资源的分配权力，高校出于理性选择会积极回应政府有关管理部门的制度创新，这些行政化的任务分配落实在大学教师身上，需要他们不断地花费时间应对各种计划、考核和评价项目。（2）高校内部的行政化干扰。高校内部管理事务等级通常优先于科学研究，导致同大学教师个人利益直接相关的科研时间无法保证。虽然科研对于大学教师的绩效考核占据重要的地位，但是在时间的优先权上是最弱势的方面。

① 李琳琳．时不我待：中国大学教师学术工作的时间观研究［J］．北京大学教育评论，2017，15（1）：107－119.

一般来说，教学时间的组织化程度最高，通常以“课程表”的形式派发工作任务，具有最高的优先权；高校的管理工作通常缺乏系统性的安排，具有一定的临时性，但是由于管理活动与组织目标之间的关联性较大，受到行政力量的推动，因此在大学教师工作内容的时间序列里同样具有较高的优先权。教师的科研活动大多在自我时间或者集体互动时间里进行，在优先性排序中处在被挤占或者被节省的地位。对于时间的优先性，某 985 大学文科副教授表示，自己的课题和研究不能成为不参加行政会议的正当理由，学校或者学院的事情才是领导认可的正当理由。某大学副教授这样描述他工作的情形，“经常有各个行政部门的会议，一会儿发个电子邮件，一会儿填个表格，一会儿再交材料。我们学校有两个校区，还经常会让我跑到另一个校区去开会，开会还只通知开始的时间，什么时候结束要看领导的发挥。某些领导一讲话，就大段大段地讲废话。时间都浪费在这些琐碎的事情上了，你就看刚开学的这两个星期，我就没能坐下来做研究过”。[①] 统计数据表明，针对全国 50 多所高水平大学的部分优秀学科教师的问卷调查显示，大学教师认为目前高校“无关学术杂务繁多”的达到 70%；针对入选“长江学者计划”的高校教师的调查显示，他们大多认为，目前国内学术环境问题主要集中在“太多时间浪费在杂务上”“各种项目申请、评审过多，耗费大量精力”。[②]

（四）打破工作与生活界限的弹性工作制

大学教师工作任务不断多样化，工作角色被持续地重塑。高校行政管理部门通常不仅要求教师承担管理学校或者院系的行政职务，而且还要求教师完成教学实践、课程开发和科研任务。在日常工作中，高校校级、院级、系级行政管理、教学工作、学生学习等工作通常要占用教师的很多时间。在这种情况下，教师的工作和家庭生活界限难以明确地划分，教师通常没有固定的工作时间，这使大学教师的工作时间和休息时间界限模糊，大学教师的休息时间通常不能以节假日为标志进行划分，许多教师在法定节假日、深夜等休息时间依然工作，其工作的强度通常比较大。某大学教授表示，工作已经渗透到一天的全部时间。大学教师的工作没有一个明确的界限，没有所谓的“下班”和“放假”，大学教师的工作分散在每天的 24 小时之中，他们随时想着写文章、申课题、备课。在日常生活时间里都要承受来自工作的压力，睡觉前翻来覆去想的也是研究的事情。”某大学副教授表示，大学教师的寒暑假并不等同于休息的假期：“我觉得有时候写文章就像箭在弦上一样，不得不发，但是平时的工作时间都被各种

---

① 谭金可．论过度劳动的法律治理［J］．法商研究，2017，34（3）：27－37．

② 阎光才．让高校学人“静下心来做学问”［N］．光明日报，2013－7－10（16）．

杂事占满了，确实没有时间去整理，科研还得靠假期。别人都羡慕老师有寒假、暑假，其实大学老师的假期比工作日更忙，收集数据、开学术会议、写论文、做课题。我前几天还发朋友圈说：‘假期是块儿唐僧肉，大家都想咬一口。’”[①] 此外，由于历史原因，高校无法为每一位大学教师都提供一个办公空间，以至于大学教师通常缺乏固定的工作场所，这使大学教师的工作地点也缺乏明确的边界，大学教师的工作可能发生在学校、家庭、公共交通工具、图书馆等多元化的空间中。

四、大学教师的“过劳”“过劳死”的界定及相关问题

大学教师因为过度劳动而猝死常常以个案的形式呈现，具有一定的偶然性，并与教师个人的身体状况密切相关。本案例中，刘老师的猝死也提示我们，关注这一群体的“过劳死”问题刻不容缓。

一般来说，如果人长期处于高强度、超时、精神高度紧张的工作状态，缺乏必要的身体恢复时间和保健时间，就会造成一些教师猝然死亡。但是，目前我国现行的法律、法规对于“过劳死”缺乏明确的医学和法学界定标准。

（一）“过劳”的界定

“过劳”通常是过度劳动的简称。综合“精神状态说”“病理表现说”“危害后果说”“就业状态说”和“行为说”等不同学科的视角，华东政法大学副教授谭金可对“过劳”做出的界定如下：“在从属性劳动关系中，劳动者在用人单位监督和指挥下从事劳动，因超出合理的劳动时间、劳动强度或者不良的工作安排或工作环境等因素导致的工作压力而引起生理与心理疾病、受伤乃至死亡的后果。”[②] 这一定义表明，对于“过劳”的认识主要有以下几个方面：（1）过度劳动的深层次原因。劳动者在被用人单位雇用的情况下，被用人单位安排从事各项工作。（2）过度劳动的行为特征或劳动状态。劳动者的劳动强度、劳动时间或工作环境等使劳动者的劳动超过正常的体力或者脑力消耗。例如，大学教师日工作时间超过 10 小时，甚至更长的时间。又如，建筑工人在高温环境下工作，导致工人单位时间流失的水分过多，造成建筑工人猝死等。（3）过度劳动的精神状态。过度劳动在大学教师群体还表现为精神上的负荷，如身心健康状态降低、精神闲暇的时间减少等表现。

---

① 谭金可．论过度劳动的法律治理［J］．法商研究，2017，34（3）：27－37.

② 谭金可．论过度劳动的法律治理［J］．法商研究，2017，34（3）：27－37.

（二）“过劳死”的界定

“过劳死”这一概念源自日本。这个词语的诞生源于 20 世纪七八十年代日本发生的猝死现象，并受到医学研究的广泛关注。在日本经济迅速发展时期，激烈的市场竞争使劳动者由于竞争压力增大而产生身心极度疲劳甚至死亡的情况。基于此，日本政府在工伤中引入了“劳灾”的认定工作，并在事后予以补偿。致力于研究“过劳死”的日本学者上畑铁之丞认为，“过劳死”是“由于长期处于一个非生理层面上或者不健全的工作环境流程中，这种不健全的状况扰乱了劳动者正常的工作与生活规律，因而导致劳动者身体疲劳。长时间的超时工作会使已经存在的高血压、动脉硬化更加恶质化，最后导致完全崩溃。医学上也通常认为，“过劳死”是职业性因素引发的心脑血管疾病。在日本的立法实践中，逐渐将“因心理负担带来的精神障碍等”及“过劳自杀”都纳入了广义的“过劳死”概念①。

目前，我国工伤认定中并没有引入“过劳死”这一概念，认为这一概念不具备法律意义上的严谨性，且尚未形成约定俗成的公众认知。医学上通常认为“过劳死”是职业劳动引起的心脑血管疾病。目前，公众对于引起“过劳死”的直接原因并没有一致的概念，通常不限于职业性心血管疾病、中风、心脏病或急性循环系统疾病，也将癌症等其他非急性循环系统疾病纳入了讨论的范围。

1. 从劳动法学的角度来看。从劳动法学的角度来看，对于“过劳死”的界定中必不可少的因素如下：其一，“过劳死”中劳动者的死亡与工作有因果关系；其二，工作的情况必须有“过度”的状态；其三，过度劳动引起基础型疾病发作而死亡。上述因素叠加，使劳动者由于过度劳动而引起宿疾恶化，终至死亡。

2. 从劳动保护的角度来看。从劳动保护的角度来看，“过劳”和“过劳死”需要突出其社会病理现象，需要从劳动保护的角度谋求立法上的预防、控制和救济。在初步讨论“过劳”和“过劳死”的概念后，可以发现，“过劳死”是“过劳”具有严重伤害的结果，亦是“过劳”事实所造成的“过劳”损害。因此，在讨论“过劳死”的立法预防、控制和救济时，不能离开对于“过劳”这一上位问题的讨论。

3. 从社会层面的角度来看。从社会层面的角度来看，过度劳动的形成机制是复杂的，主要包括社会因素、工作因素和个人因素。

（1）社会因素。社会因素对劳动者工作动机有根源性的影响，属于前期因素，并不能直接指向过度劳动行为。对于“过劳”的形成机制，日本学者认为，劳动者长期

---

① 孟续铎．劳动者过度劳动的成因研究［M］．北京：中国劳动和社会保障出版社，2014：44.

超时工作和工作场所环境氛围紧张这两个原因是导致“过劳”产生的最直接原因，并导致过度劳动程度不断地加深。

（2）工作因素。工作因素能否发挥作用及发挥作用的程度在于劳动者对于工作压力是否适应。由于工作导致的不健康的生活方式和身体的生理变化进而病发的演变过程，都是建立在劳动所产生的过重负担上。可见，在引起“过劳”和“过劳死”的各种因素中，工作因素具有决定性的作用。

（3）个人因素。当个人生理规律遭到严重破坏时，就容易产生“过劳死”。个人因素在“工作因素”这一决定因素的叠加下具有加重或者减轻负担的作用。

（三）我国劳动市场普遍存在“过劳”的问题

我国经济发展正处于经济增长速度的换挡期、产业结构调整的阵痛期、前期刺激政策的消化期，这样的经济发展形势加剧了劳动者的工作压力和工作负荷①。此外，伴随着全球经济一体化进程的加快和科学技术的飞速发展，传统的劳动方式发生了很大改变。信息和通信技术的日新月异使远程办公、弹性工作制成为可能，也进一步推动了劳动者超时工作的步伐。有数据显示，我国劳动者超时、超强度劳动已经逐步呈现出常态化的趋势。北京师范大学赖德胜等发布的《2014 年中国劳动力市场发展报告——迈向高收入国家进程中的工作时间》指出，我国劳动者普遍存在过度劳动的问题，约有 90% 的行业周工作时间超过 40 小时，50% 以上的行业每周加班 4 小时以上；劳动者的休假时间远低于世界平均水平。其中，少休或者不休病假的情形集中体现在教师、科技工作者和行政工作者等群体上；由于过度劳动导致的“过劳死”和职业病现象比较突出②。

五、我国工伤保险制度的发展及对“过劳死”界定的缺陷

（一）我国工伤保险制度的发展

随着我国经济体制改革的推进，私营企业、乡镇集体企业、外商投资企业、中外合资企业大量涌现。这些企业大多属于卫生条件不合格、安全管理较差、劳动保护缺

---

① 王华俊. 专家解读：“三期叠加”影响突出［EB/OL］.［2014-10-31］. www. ce. cn/cysc/ztpd/09zjzs/ys14Q3/yw/201410/31/t20141031_3813369. shtml.

② 赖德胜，孟大虎，李长安，王琦等 . 2014 中国劳动力市场发展报告——迈向高收入国家进程中的工作时间［M］. 北京：北京师范大学出版集团，2014.

乏的企业，发生工伤事故的概率比较高。一旦发生工伤事故，职工及其家属的合法权益得不到保护。面对这一严峻形势，2001 年 10 月，全国人大常委会通过并颁布的《职业病防治法》从 2002 年 5 月 1 日起实施。2002 年 6 月，全国人大常委会通过的《安全生产法》于 2002 年 11 月 1 日起实施。2003 年 4 月 16 日，国务院第五次常委会发布《工伤保险条例》，从 2004 年 1 月 1 日起实施。《工伤保险条例》进一步完善了《工伤保险试行办法》，是工伤保险制度改革的新进展。《工伤保险条例》的颁布，对于建立和完善统一的工伤保险制度，实现劳动者的工伤保险权益具有极为重要的意义。2003 年 9 月 18 日，劳动和社会保障部公布的《非法用工单位伤亡人员一次性赔偿办法》规定，非法用工单位伤亡人员是指在无营业执照或者未经依法登记、备案的单位以及被依法吊销营业执照或者撤销备案的单位受到事故伤害或者患职业病的职工，或者用人单位使用童工造成的伤残、死亡童工。职工或童工受到事故伤害或患职业病，在劳动能力鉴定之前，进行治疗期间的生活费、医疗费、护理费、住院期间的伙食补助费及所需的交通费等，按照《工伤保险条例》规定的标准和范围，全部由伤残职工所在单位支付。一次性伤残补助金数额在受到伤害或职业病职工经过劳动能力鉴定后，由造成工伤的单位参照《工伤保险条例》赔付。这些规定，有效地规范了非法用工单位的行为，保护了非法用工单位伤亡人员的合法权益。2004 年 6 月 1 日，劳动和社会保障部发布的《关于农民工参加工伤保险有关问题的通知》规定，用人单位注册地与生产经营地不在同一统筹地区的，原则上在注册地参加工伤保险。未在注册地参加工伤保险的，在生产经营地参加工伤保险。农民工受到事故伤害或患职业病后，在参保地进行工伤认定、劳动能力鉴定，并按参保地的规定依法享受工伤保险待遇。用人单位在注册地和经营地均未参加工伤保险的，农民工受到事故伤害或者患职业病的，在生产经营地进行工伤认定、劳动能力鉴定，并按生产经营地的规定依法由用人单位支付工伤保险待遇。2004 年 12 月，民政部发布的《关于国家机关工作人员、人民警察伤亡抚恤有关问题的通知》规定，国家机关工作人员、人民警察因战因公负伤致残，按照现行规定的审批权限及评残办法予以评残。其伤残性质的认定、伤残等级标准、伤残抚恤金标准、补办评残手续和伤残抚恤关系转移等，参照《军人抚恤优待条例》和《伤残抚恤管理暂行办法》的有关规定办理。国家机关工作人员、人民警察牺牲、批准为烈士的情形，参照《革命烈士褒扬条例》执行。这一文件的发布，使我国机关、事业单位内人员工伤的评定、抚恤等有了法律依据。2005 年 3 月，国务院办公厅发布的《国家安全生产监督管理总局主要职责内设机构和人员编制规定》明确，安全管理部门对作业场所职业卫生有监督检查的职能。2006 年 11 月 2 日，劳动和社会保障部、卫生部发布的《劳动能力鉴定——职工工伤与职业病致残等级分级》自

2007 年 5 月 1 日开始实施，将工伤职工评残标准由过去的 470 条增加到 572 条，使职工工伤致残等级的评价、鉴定更加细致，这使劳动能力鉴定有了新的依据。2010 年 12 月 3 日，人力资源和社会保障部公布修订的《非法用工单位伤亡人员一次性赔偿办法》修改了伤亡职工死亡待遇标准。受到事故伤害或者患职业病造成死亡的，按上年度全国城镇居民人均可支配收入的 20 倍支付一次性赔偿金，并按照上年度全国城镇居民人均可支配收入的 10 倍一次性支付丧葬补助等其他赔偿金。2010 年 10 月 28 日第十一届全国人民代表大会常务委员会第十七次会议通过的《社会保险法》对工伤保险制度的覆盖范围、缴费义务人、用人单位缴费率、用人单位缴纳工伤保险费的基数及数额等做出了具体规定。该法同时规定，因工伤发生的下列费用，按照国家规定从工伤保险基金中支付：（1）治疗工伤的医疗费用和康复费用；（2）住院伙食补助费；（3）到统筹地区以外就医的交通食宿费；（4）安装配置伤残辅助器具所需费用；（5）生活不能自理的，经劳动能力鉴定委员会确认的生活护理费；（6）一次性伤残补助金和一至四级伤残职工按月领取的伤残津贴；（7）终止或者解除劳动合同时，应当享受的一次性医疗补助金；（8）因工死亡的，其遗属领取的丧葬补助金、供养亲属抚恤金和因工死亡补助金；（9）劳动能力鉴定费。2010 年 12 月 20 日，国务院发布的《关于修改〈工伤保险条例〉的决定》规定，公务员和参照公务员管理的事业单位、社会团体的工作人员因遭受事故伤害或者患职业病的，由所在单位支付费用，具体办法由国务院社会保险行政部门会同财政部门规定。这一规定，整合了行政事业单位与企业职工的工伤保险制度。行政事业单位职工在遭遇工伤事故时，也可以获得平等的保护。2011 年 12 月 31 日，第十一届全国人大常委会第 24 次会议通过了修订的《职业病防治法》，给予劳动者更细致的法律保护。2012 年 6 月 29 日，国家安全生产总局、卫生部、人力资源保障部、中华全国总工会联合发布的《防暑降温措施管理办法》规定，劳动者因高温作业或者高温天气作业引起中暑，经诊断为职业病的，享受工伤保险待遇。2014 年 2 月 20 日，人力资源和社会保障部联合国家卫生计划委员会发布的《职工工伤劳动能力鉴定管理办法》对劳动能力鉴定委员会的职责、鉴定程序、监督管理等做出了明确的规定。2016 年 2 月 16 日，人力资源和社会保障部、民政部、国家卫生和计划生育委员会联合发布的《工伤保险辅助器具配置管理办法》规定，人力资源和社会保障部行政部门负责工伤保险辅助器具的监督管理工作。社会保险经办机构负责对申请承担工伤保险辅助器具配置服务的，辅助器具配置机构和医疗机构进行协议管理，并按照规定核付配置费用①。

---

① 刘钧．社会保障理论与实务（第 4 版）［M］．北京：清华大学出版社．2019：245 – 247.

（二）我国工伤保险对认定或者不得认定为工伤的规定

我国政府发布的修订的《工伤保险条例》将工伤认定分为三种情形：“应当认定为工伤”“视同工伤”和“不得认定为工伤或不得视同工伤”。

1. 应当认定为工伤的情形。修订的《工伤保险条例》第 14 条规定，职工有下列情形之一的，应当认定为工伤：（1）在工作时间和工作场所内，因工作原因受到事故伤害的；（2）工作时间前后在工作场所内，从事与工作有关的预备性或者收尾性工作受到事故伤害的；（3）在工作时间和工作场所内，因履行工作职责受到暴力等意外伤害的；（4）患职业病的；（5）因工外出期间，由于工作原因受到伤害或者发生事故下落不明的；（6）在上下班途中，受到非本人主要责任的交通事故或者城市轨道交通、客运轮渡、火车事故伤害的；（7）法律、行政法规规定应当认定为工伤的其他情形。

2. 视同工伤的情形。修订的《工伤保险条例》第 15 条规定，职工有下列情形之一的，视同工伤：（1）在工作时间和工作岗位，突发疾病死亡或者在 48 小时之内经抢救无效死亡的；（2）在抢险救灾等维护国家利益、公共利益活动中受到伤害的；（3）职工原在军队服役，因战、因公负伤致残，已取得革命伤残军人证，到用人单位后旧伤复发的。职工有前款第（1）项、第（2）项规定的情形的，按照本条例的有关规定享受工伤保险待遇；职工有前款第（3）项规定的情形的，按照本条例的有关规定享受除一次性伤残补助金以外的工伤保险待遇。

3. 不得认定为工伤或者不得视同工伤的情形。修订的《工伤保险条例》第十六条规定，职工符合本条例第 14 条、第 15 条的规定，但是有下列情形之一的，不得认定为工伤或者视同工伤：（1）故意犯罪的；（2）醉酒或者吸毒的；（3）自残或者自杀的。

（三）我国工伤保险对“过劳死”界定的缺陷

1. 我国政府发布的修订的《工伤保险条例》未考虑到大学老师工作时间、工作地点的特殊性。2010 年 12 月 30 日，国务院发布《关于修改〈工伤保险条例〉的决定》之前，大学教师的“工伤”，适用于《革命烈士褒扬条例》。国务院于 2010 年发布《关于修改〈工伤保险条例〉的决定》后，大学教师的工伤保险才同企业职工的工伤保险到制度合并实施。但是，我国政府于 2010 年发布的修订的《工伤保险条例》并未考虑大学教师工作的特殊性。大学教师工作的形式具有特殊性，其工作场所、工作时间不固定，但是工作角色繁多，且工作任务强度比较大。大学教师在锦标赛学术晋升体制的引导下，面对周期性进行的教学任务、行政任务和科研任务及其考评，其实际工作常常处于紧张、疲劳的状态。由于工作原因导致的“过劳死”是造成大学教师猝死的主要原因，但是他们却难以获得工伤保险的保障。本案例中，刘老师的猝死同过度劳动具有密切的相关性，但是其去世后获得工伤认定之路却难上加难。

我国政府发布的修订的《工伤保险条例》对于应当“认定为工伤”“视同工伤”的情形明确要求，必须是具备工作时间、工作地点和工作原因三个基本要件。但是，大学教师通常没有固定的办公地点，有些大学老师即使在大学校园有一张办公桌，也会因为办公室老师太多，难以静下心来工作，最后大多选择不在学校备课、研究。本案例中，刘老师在公交车上猝死不符合工作时间、工作地点这两个要件，但是，刘老师却是因工作原因突发急病死亡的，他手机里尚未发出的信息证明，刘老师在生命的最后时刻依然在处理着学校的事务。但刘老师死亡的地点由于不是工作地点，而不能认定为工伤。显然，我国现行的《工伤保险条例》由于对工作时间、工作地点界定得过于狭窄，造成大学教师这一群体的工伤风险处于较高的风险暴露之中，修订现行的《工伤保险条例》势在必行。

2. “认定工伤”“视同工伤”中的有些规定不合理。(1) 认定工伤中不合理的规定。我国政府于2010年发布的修订的《工伤保险条例》第14条第6款规定，在上下班途中，受到非本人主要责任的交通事故或者城市轨道交通、客运轮渡、火车事故伤害的，认定为工伤。按照这一规定，上下班途中遭遇非本人主要责任的交通事故，就认定为工伤。大学教师在上下班途中被狗咬伤，显然也应当认定为工伤。但是，在我国工伤认定的实践中，上下班途中被狗咬伤，就不能认定为工伤。(2) 视同工伤中不合理的规定。我国政府于2010年发布的修订的《工伤保险条例》第15条第1款规定，在工作时间和工作岗位，突发疾病死亡或者在48小时之内经抢救无效死亡的，视同工伤。其中，“突发疾病死亡或在48小时内经抢救无效死亡”这一认定标准主要强调医生对患者抢救的时间。这一规定也意味着，即使符合工作时间、工作地点、工作原因的认定标准，但是由于抢救时间过长，超过48小时这一认定标准，也不能认定为工伤。大学教师由于工作压力过大，积劳成疾，突发疾病到医院抢救49小时就不能认定为工伤，这样的做法可能会激励用人单位同医院合谋，故意延长抢救时间，违背了工伤保险制度保障劳动者权益的出发点。

3. “不得认定为工伤或视同工伤”中的有些规定不恰当。我国政府于2010年发布的修订的《工伤保险条例》第16条规定，故意犯罪的、醉酒或者吸毒的、自残或者自杀的，不得认定为工伤或者视同工伤。这一规定，将大学教师可能面临的“因心理负担带来的精神障碍等”以及“过劳自杀”的情形，排除在了《工伤保险条例》的保障范围之外。

4. 工伤保险对“过劳死”立法缺失。由于我国现行工伤保险法律、法规对“过劳死”的规定缺失，使司法部门在审判案件时具有较大的自由裁量权，导致不同案件的审判结果存在比较大的差异，“过劳死”人员家属获得赔偿与未获得赔偿的差距比较大，影响了工伤保险制度实施的公平性。

六、解决大学教师“过劳死”的对策建议

“过劳”和极端的“过劳死”的情形是大学教师长期暴露在高强度工作压力下的结果，“过劳死”同“过劳”具有直接的联系。政府作为“过劳”治理的主体，应当构建预防、补偿、康复三位一体的管理制度。其中，工伤保险制度应当建立、完善针对“过劳死”的经济补偿机制。对此，应当做好以下几个方面的工作。

1. 修改工伤保险法律、法规中不利于大学教师工伤认定的相关规定，给予大学教师或者具有类似于大学教师工作特点的群体中发生的“过劳死”予以关注，对这一群体及其家属的权益给予充分的保障，以体现工伤保险制度设计的公平性。

2. 修改工伤保险法律、法规中“工作时间”“工作地点”“工作原因”三个基本要件的规定，调整为“工作原因”一个基本要件，以弥补工伤保险制度设计的缺陷。

3. 改变“工伤认定”“视同工伤”中不合理的规定。对此，可以做出以下修改：(1) 将我国政府于 2010 年修订的《工伤保险条例》中第 14 条第 6 款修改为“在上下班途中，受到非本人主要责任的事故伤害的，认定为工伤”，这样不仅交通事故造成的伤害可以获得保障，而且其他事故伤害也可以获得保障，也可以体现工伤保险制度提供保障的全面性。(2) 将我国政府于 2010 年修订的《工伤保险条例》中第 15 条第 1 款改为“因工作紧张，突发疾病死亡或者经抢救无效死亡的，视同工伤”，这样可以给予“过劳死”的劳动者应有的保障，以堵塞制度设计的缺陷和漏洞。

4. 修改工伤保险法律、法规中“不得认定为工伤或视同工伤”的一些不合理规定。将我国政府于 2010 年修订的《工伤保险条例》中第 16 条规定的“故意犯罪的、醉酒或者吸毒的、自残或者自杀的”，不得认定为工伤或者视同工伤，改为“故意犯罪的、醉酒或者吸毒的、自残”，去掉“自杀的”，对于因过度劳动而自杀的劳动者给予保障，以体现工伤保险的保障性。

5. 依法明确界定过度劳动的情形和范围，以完善工伤保险立法。例如，以劳动者猝死前周平均工作时间为依据，判断劳动者是否属于“过劳死”。对于大学教师所从事的工作难以以工作时间为依据量化的问题，政府有关管理部门可以采取调查的方式，分解大学教师的主要工作环节，量化为工作时间。政府有关管理部门也应当告诉

教师，及时记录自己的工作内容并进行上报，以对大学教师在家工作的时间予以存档，这些数据可以作为判断大学教师猝死主要原因的依据。完善大学教师的工伤保险立法具有较大的难度，但是这一工作意义重大，且任重道远。

参考文献

[1] 魏丽娜．大学教授公交车上猝死，家属申请工伤被否 [N/OL]．[2018-05-22]．www.gzrbshare.gzcankao.net/news/wx/detail?newsid=194136.

[2] 麦可思研究院：近九成大学教师承受中重度工作压力 [R/OL]．东方财富网，[2018-09-06]．www.finance.eastmoney.com/news/1355,20180906941408933.html.

[3] 李琳琳．时不我待：中国大学教师学术工作的时间观研究 [J]．北京大学教育评论，2017，15（1）：107-119，190.

[4] 谭金可．论过度劳动的法律治理 [J]．法商研究，2017，34（3）：27-37.

[5] 阎光才．让高校学人“静下心来做学问”[N]．光明日报，2013-7-10（16）.

[6] で畑鉄之丞．过労死の問題 [J]．労働科学，2004，59（6）.

[7] 孟续铎．劳动者过度劳动的成因研究 [M]．北京：中国劳动和社会保障出版社，2014：44.

[8] 森岡孝二．过労死、过重労働の根絶へ—过労死防止基本法の必要性 [J]．経済，2012：(05).

[9] 华俊．专家解读：“三期叠加”影响突出 [EB/OL]．[2014-10-31]．www.ce.cn/cysc/ztpd/09zjzs/ys14Q3/yw/201410/31/t20141031_3813369.shtml.

[10] 赖德胜，孟大虎，李长安，王琦等．2014 中国劳动力市场发展报告——迈向高收入国家进程中的工作时间 [M]．北京：北京师范大学出版集团，2014.

[11] 刘钧．社会保障理论与实务（第 4 版）[M]．北京：清华大学出版社．2019：245-247.

案例适用说明

一、案例的适用范围和教学目标

1. 本案例的适用范围。本案例适用于保险学、风险管理专业硕士、劳动与社会保障、公共管理等专业开设的《社会保障理论研究》课程。

2. 本案例的教学目标。本案例旨在使学生了解、关注“过劳”和“过劳死”的相关概念和立法界定；了解大学教师群体的工作特点和这一群体“过劳”“过劳死”的形成机制；了解我国工伤保险制度发展的现状和立法缺陷；了解解决我国工伤保险立法缺陷的对策建议。

二、启发思考题

1. “过劳”和“过劳死”的定义是什么？
2. 大学教师的工作特点有哪些？
3. 大学教师“过劳”“过劳死”的主要原因有哪些？
4. 我国工伤认定的立法存在哪些缺陷？
5. 如何完善我国工伤保险立法的相关规定？

三、建议课堂计划

建议讲述 4 课时，并组织学生讨论。

1. 课前计划。课前发放从网络上搜集的案例资料，让学生了解案件发生的经过。

2. 课堂计划。主持人保持中立的态度，组织学生开展讨论，评价学生的讨论，可以采取提问、模拟会议、辩论赛等形式讨论问题。

3. 课后计划。讨论结束后，让学生课后写作，并提交案例分析报告。针对案例分析报告存在的问题，予以讲评。

案例 15

“开胸验肺案”挑战我国工伤认定的管理

侯佳昕　刘钧[①]

尘肺病是危害劳动者身体健康的法定职业病之一，加强职业病的预防和管理有助于保护劳动者的身体健康，有助于社会的和谐稳定。本案例介绍了2009年河南省发生的农民工张海超“开胸验肺案”的起因、发展、结果和后续影响，分析了尘肺病的发病原因及其危害，不仅介绍了我国职业病管理的法律、法规和部门规章，还介绍了我国职业病预防、职业病认定中存在的问题，并提出了完善职业病管理的对策建议。本案例写作的目的在于引导学生将学习的工伤保险管理的基础理论应用于解决实际的问题，提高学生分析问题、解决问题的能力[②]。

---

① 侯佳昕，女，中央财经大学在读研究生，研究方向：劳动与社会保障。刘钧，女，经济学博士，中央财经大学教授，研究方向：劳动与社会保障。

② 案例根据《开胸验肺事件》一文改编，百度百科，baike. baidu. com/item/% E5% BC% 80% E8% 83% B8% E9% AA% 8C% E8% 82% BA% E4% BA% 8B% E4% BB% B6/8951444?fr = aladdin.

案例正文

一、案例介绍

（一）“开胸验肺”事件的起因

张海超，男，河南省新密市工人。张海超原本有一个温暖的家庭，夫妻恩爱，女儿十分乖巧。但是，张海超的生活从 2007 年开始发生了较大的转变。2007 年 8 月，张海超感到身体不适，经常有咳嗽、胸闷等症状。张海超去医院看病，医院一直以感冒为主对张海超予以治疗。2007 年 10 月，张海超到郑州市第六人民医院拍胸片、检查。胸透结果显示，张海超的双肺有阴影，但不能确诊病情。张海超这才意识到自己病情的严重性。此后，他到河南省人民医院、郑州大学第一附属医院、河南胸科医院等河南省各大医院就诊，几家医院均诊断张海超患上尘肺病[①]，并建议他到政府授权的职业病诊断医院进一步确诊。

“尘肺病”对于张海超及其家庭来说不亚于晴天霹雳，常年在郑州振东耐磨材料有限公司打工的他对这个病虽有所耳闻，知道这是一种比较难治的职业病，但是没有想到自己竟然也得了这种病。

从 2004 年 8 月到 2007 年 10 月，张海超一直在郑州振东耐磨材料有限公司打工。郑州振东耐磨材料有限公司是一家以生产耐火砖为主的公司，张海超先后从事过杂工、破碎、开压力机等工作，其中杂工、破碎等工作会造成劳动者患上尘肺病。被医院诊断为“尘肺病”后，张海超怀疑自己是在这家公司打工期间患上的职业病。

（二）“开胸验肺”事件的发展

2009 年 1 月，张海超到了北京。在近一个月的时间里，张海超先后在北京协和医院、中国煤炭总医院、北京朝阳医院、北京大学第三附属医院等医院就诊，这些医院给出的诊断结论均为“疑似尘肺病”或“不排除尘肺”。然而，张海超就诊的上述省会各大医院和北京多家医院都不是职业病的法定诊断机构，这些医院在出具的诊断结

① 尘肺病是指由于劳动者在职业活动中长期吸入生产性粉尘（或灰尘），并在肺内潴留而引起的以肺组织弥漫性纤维化（或石化、硬化）为主的全身性疾病。职业病是我们工伤保险行政管理部门规定的法定职业病的一种，是没有医疗终结的致残性职业病。

论中只能用“疑似尘肺”和“不排除尘肺”等表述。由于这些医院大多给张海超做了肺切片检查，排除了张海超患有肺结核和癌变的可能性。

根据我国政府发布的《职业病防治法》的规定，职业病的诊断要由当地依法承担职业病诊断的医疗卫生机构进行。这也就是说，如果要诊断患有职业病，张海超需要到郑州振东耐磨材料有限公司所在地的郑州职业病防治所做出诊断结论后，才能确定张海超患有尘肺病。

从北京回来后，张海超去了具有职业病诊断资格的郑州市职业病防治所就诊，但是由于郑州振东耐磨材料有限公司拒绝出具诊断职业病所需要的各类材料，张海超就没有资格申请职业病诊断。

经历多次上访，甚至同郑州振东耐磨材料有限公司发生冲突后，由新密市领导和信访局协调，张海超才在 2009 年 5 月到郑州市职业病防治所进行了诊断。但是，让他难以接受的是，诊断结果是“无尘肺 0 期（医学观察）合并肺结核”，建议进行肺结核诊治。这个诊断结论实际上是说，张海超有尘肺症状，但是达不到职业病一期的程度。这也就是说，这个诊断既没有肯定也没有否定张海超患有职业病。根据我国工伤保险的相关法律、法规和部门规章的规定，这个诊断使张海超既不能作为尘肺病患者得到及时的治疗，也得不到郑州振东耐磨材料有限公司的赔付。于是，张海超把多家医院的诊断结果拿给郑州市职业病防治所的相关诊断部门看，但均无法得到属于“尘肺病”的诊断。

2009 年 6 月的一天，张海超再次来到郑州大学第一附属医院，要求做手术开胸检查。在张海超的强烈要求下，医院最终为他做了开胸手术。手术后的肺检结果显示：“尘肺合并感染”。当张海超将这一诊断结果告诉郑州市职业病防治所时，对方以“开刀的医院不具有做出职业病诊断结论的资质”为由，拒绝诊断张海超患有尘肺病。

（三）“开胸验肺”事件的结果

“开胸验肺”事件经过媒体的广泛报道后，引发了社会各界的普遍关注，事件的进展也慢慢发生了变化。2009 年 7 月 24 日，卫生部派出督导组赶赴河南省郑州市。2009 年 7 月 26 日，在卫生部专家组的督导下，郑州市职业病防治所再次组织省、市专家组对张海超的职业病进行会诊。郑州市职业病防治所推翻了原来的诊断结论，明确诊断张海超为“尘肺病三期”。张海超同时被河南省新密市劳动和社会保障局认定为工伤，张海超开始申请伤残等级鉴定。

2009 年 7 月 28 日，河南省省委书记、省人大常委会主任徐光春对《专家确诊张海超患尘肺病》一文做出如下批示：“如此草菅人命，如此损害河南形象的事，法不容，理不容，情不容。”① 中共郑州市委做出决定，对郑州市职业病防治所给予通报批评，停止郑州市职业病防治所所长李磊的工作，接受调查。郑州市卫生局党委做出决定，免去李国玉郑州市职业病防治所副所长职务；报请省卫生厅撤销郑州市职业病防治所樊梅芳、王晓光、牛心华 3 人的尘肺病诊断资格，并根据张海超事件处理领导小组的调查结果，分别给予党纪政纪处分。与此同时，中共新密市委做出如下决定：对新密市卫生局给予通报批评，免去耿爱萍新密市卫生局副局长、防疫站站长职务，责成有关部门对郑州振东耐磨材料有限公司进行立案查处。

2009 年 7 月 30 日，中华全国总工会负责人表示，工会将继续关注张海超“开胸验肺”事件的进展，充分发挥郑州市总工会和新密市总工会作为张海超事件处理小组成员的积极作用，全力帮助张海超依法维权，直至张海超依法讨回公道为止。2009 年 8 月，郑州振东耐磨材料有限公司对全体职工进行了体检，共检查了 1000 多名员工。检查结果显示，侯新现、姜敏、秦树阳、李振国、袁转运等 9 人肺部异常。

2009 年 9 月 16 日，张海超向媒体证实，已经获得郑州振东耐磨材料有限公司支付的医疗费、护理费、住院期间伙食费、停工留薪期工资、一次性伤残补助金、一次性伤残津贴及各项工伤保险待遇共计 615000 元。

2013 年，张海超因尘肺病患上气胸。2013 年 6 月 28 日，无锡市人民医院成功地为张海超做了换肺手术。2018 年 7 月 10 日，获得新肺后的张海超在接受新京报记者的采访时说，因为需要终身服药，5 年间他已经负债 60 万元。

（四）“开胸验肺”事件引发的思考

河南省新密市农民工张海超用“开胸验肺”做出了“与其等死，不如赌一把”的震惊之举。此事经过媒体广泛报道、披露后，引起了民众的强烈反响和社会各界的广泛关注。随着中央政府、卫生部、河南省卫生厅、郑州市委市政府等政府管理部门的介入调查，相继对“开胸验肺”事件中的相关责任单位和人员进行责任追究。但深究此事件的发展，拨开其表面的迷雾，可以解开农民工职业病防治问题的层层谜团。

二、我国尘肺病发展的现状

目前，我国每年大约有 2 万例的肺病患者被诊断为“尘肺病”，现有的医疗技术

---

① 徐光春关注“开胸验肺”：草菅人命决不能再发生 [N/OL]. 中国广播网，[2009 - 07 - 09]. www. hn. cnr. cn/xwzx/zbhn/200907/t20090729_505414653. html.

水平尚无可以根治这种疾病的药物。随着病情的发展，尘肺病患者会出现以呼吸系统症状为主的咳嗽、咳痰、胸痛、呼吸困难、咯血，甚至还会伴有不同程度的消化功能减弱、胃纳差、便秘、消瘦等全身症状。尘肺病还会导致严重的并发症，即便患者脱离粉尘接触，病情仍然会持续地发展，同时尘肺病人容易患上肺结核、肺部感染、气胸等多重并发症，不仅会加重尘肺病病情，而且也是尘肺病患者死亡的主要原因。目前，我国尘肺病发展的特点主要有以下几个方面。

（一）尘肺病发病数量比较多，在职业病患者中占比比较大

根据有关数据显示，截至2014年年底，全国累计报告职业病为86.36万例，其中尘肺病为77.72万例，2014～2016年每年报告的尘肺病病例占职业病比例分别为90.20%、89.38%、88.01%[①]。截至2018年年底，全国共报告各类职业病新发病例23497例，其中职业性尘肺病及其他呼吸系统疾病为19524例，职业性尘肺病为19468例，尘肺病患者位列我国职业病之首，占比近八成[②]。尘肺病是我国发病人数最多的职业病。从以上数据可以看出，尽管2018年我国尘肺病患者占比比2014～2016年有所下降，但是尘肺病病例占职业病病例的比例依然维持在80%左右。尘肺病具有潜伏期长、隐匿性强、职业病认定程序复杂等方面的原因，导致一些职业病患者由于各种原因并未被认定为尘肺病。这也就是说，我国实际存在的尘肺病患者应该更多。

（二）尘肺病的行业分布比较广，煤炭行业分布占比最高

从行业分布来看，生产性粉尘在许多行业均有存在。例如，煤炭、化工、冶金、电力、建材、轻工等行业，均有粉尘作业。如果在这些行业就业的劳动者缺乏有效的防护措施的话，就有可能患上尘肺病。目前，我国尘肺病患者具有行业分布广的特点。其中，分布比例最高的行业是煤炭行业。煤矿工人在工作中既暴露于煤尘之中，也暴露于矽尘之中，双重作用使劳动者的肺部疾病变得比较复杂，煤矿工人所患的尘肺病又称为煤工尘肺。在尘肺病人中，煤工尘肺和矽肺病人所占的比例最高，近年来比例大多为95%[③]。

（三）尘肺病群体中农民工居多，维权之路艰难

2018年，中华社会救助基金会发布的《中国尘肺病农民工生存状况调查报告（2016）》显示，全国患有尘肺病的农民工估计超过600万人。其中，农民工群体中男

①③　”金灵．我国尘肺病患者维权困境及完善对策研究［J］．山东青年，2018（5）．

②　国家卫健委发布2018年全国职业病报告［R/OL］．职业病网，［2019－05－23］．news.zybw.com/xw/rdxw/14342.html．

性占比为 98.8%，平均年龄为 49.54 岁，主要分布在我国中西部地区[①]。由于农民工长期在高粉尘企业、行业工作，平均接触粉尘的时间长达 14.36 年，企业以民营小企业及小作坊居多，这些企业的劳动卫生安全防护意识和能力比较差，劳动合同签订率比较低，仅为 9.5%，84.8% 的用人单位没有为员工办理参加工伤保险的手续[②]。这使农民工被确诊为“尘肺病”后无法维权，无法享受相应的工伤保险待遇。许多尘肺病患者家庭“因病致贫”“因病返贫”，其维权的道路十分艰难。有些患有尘肺病的农民工因不堪生活的重负和疾病的折磨，甚至选择了自杀。

三、我国尘肺病防治相关立法发展的现状

尘肺病是法定职业病的一种。针对农民工“尘肺病”频发的问题，我国政府采取措施，修改法律、法规和部门规章，堵塞“尘肺病”防治、保障、康复等管理上的漏洞，以完善相关的法律、法规和部门规章。

1994 年 7 月 5 日，第八届全国人大常委会第八次会议通过的《中华人民共和国劳动法》规定：“国家发展社会保险事业，建立社会保险制度，设立社会保险基金，使劳动者在年老、患病、工伤、失业、生育等情况下获得帮助和补偿”[③]。1996 年，国家技术监督局批准的《职工工伤与职业病致残程度鉴定》（GB/T16180—1996）从 1996 年 10 月 1 日开始实施，该标准规定了职工工伤与职业病致残程度鉴定的原则和标准，适用于因工负伤和因职业病致残程度的鉴定。1996 年 8 月 12 日，劳动部颁布的《企业职工工伤保险试行办法》（以下简称《试行办法》），1996 年 10 月 1 日开始实施。《试行办法》第一次将工伤保险作为独立的制度制定并加以实施。同时，对旧工伤保险制度进行了一次全面的改革，强调工伤保险改革的思路是建立将工伤补偿、工伤预防和工伤康复结合起来的制度，明确了工伤保险的主要框架和保障标准，是一部能够反映现实需要的重要法规，是工伤保险制度改革成果的重要体现。

随着我国经济体制改革的推进，私营企业、乡镇集体企业、外商投资企业、中外合资企业大量涌现。这些企业大多属于卫生条件不合格、安全管理较差、劳动保护缺乏的企业，发生工伤事故的概率比较高。一旦发生工伤事故，职工及其家属的合法权益得不到保护。面对这一严峻的形势，第九届全国人民代表大会常务委员会第 24 次会

①② 《中国尘肺农民工生存状况调查报告（2016）》发布［N/OL］. 公益时报，［2016 - 12 - 13］. www. gongyishibao. com/html/gongyizixun/10897. html.

③ 依据来源于《中华人民共和国劳动法》（1994 年 7 月 5 日），社会保障现行法规汇编（1949—2000）［G］. 北京，中国劳动社会保障出版社，2000：57.

议于2001年10月27日通过的《职业病防治法》对预防、控制和消除职业病危害、防治职业病、保护劳动者身体健康及相关权益等发挥了积极的作用。2003年4月16日，国务院第五次常务会议讨论通过并公布的《工伤保险条例》从2004年1月1日起施行。《工伤保险条例》进一步规范了《试行办法》，是工伤保险制度改革的新进展。《工伤保险条例》的颁布，对于建立和完善统一的工伤保险制度，实现劳动者的工伤保险权利具有极为重要的意义。2003年9月23日，劳动和社会保障部颁布的《非法用工单位伤亡人员一次性赔偿办法》规定，非法用工单位伤亡人员是指在无营业执照或者未经依法登记、备案的单位以及被依法吊销营业执照或者撤销备案的单位受到事故伤害或者患职业病的职工，或者用人单位使用童工造成的伤残、死亡童工。职工或童工受到事故伤害或患职业病，在劳动能力鉴定之前，进行治疗期间的生活费、医疗费、护理费、住院期间的伙食补助费及所需的交通费等，按照《工伤保险条例》规定的标准和范围，全部由伤残职工或童工所在单位支付。一次性赔偿金数额在受到伤害或职业病职工或童工死亡或者经劳动能力鉴定后确定。一级伤残为赔偿基数①的16倍，二级伤残为赔偿基数的14倍，三级伤残为赔偿基数的12倍，四级伤残为赔偿基数的10倍，五级伤残为赔偿基数的8倍，六级伤残为赔偿基数的6倍，七级伤残为赔偿基数的4倍，八级伤残为赔偿基数的3倍，九级伤残为赔偿基数的2倍，十级伤残为赔偿基数的1倍。受到事故伤害或患职业病造成死亡的，按赔偿基数的20倍支付一次性赔偿金。这些规定，有效地规范了非法用工单位的行为，保护了非法用工单位伤亡人员的合法权益。2004年6月1日，劳动和社会保障部发布的《关于农民工参加工伤保险有关问题的通知》规定，用人单位注册地与生产经营地不在同一统筹地区的，原则上在注册地参加工伤保险。未在注册地参加工伤保险的，在生产经营地参加工伤保险。农民工受到事故伤害或患职业病后，在参保地进行工伤认定、劳动能力鉴定，并按参保地的规定依法享受工伤保险待遇。用人单位在注册地和经营地均未参加工伤保险的，农民工受到事故伤害或者患职业病的，在生产经营地进行工伤认定、劳动能力鉴定，并按生产经营地的规定依法由用人单位支付工伤保险待遇。2006年11月2日，劳动和社会保障部、卫生部发布的《劳动能力鉴定——职工工伤与职业病致残等级分级》自2007年5月1日开始实施，将工伤职工评残标准由过去的470条增加到572条，使职工工伤致残等级的评价、鉴定更加细致，这使劳动能力鉴定有了新的依据。2010年12月31日，人力资源和社会保障部发布修订的《非法用工单位伤亡人员一次性赔偿办法》，修改了伤亡职工死亡待遇标准。受到事故伤害或者患职业病造成

① 赔偿基数是指用人单位所在的工伤保险统筹地区上年度职工年平均工资。

死亡的，按上年度全国城镇居民人均可支配收入的 20 倍支付一次性赔偿金，并按照上年度全国城镇居民人均可支配收入的 10 倍一次性支付丧葬补助等其他赔偿金。2010 年 10 月 28 日，第十一届全国人民代表大会常务委员会第十七次会议通过的《社会保险法》对工伤保险制度的覆盖范围、缴费义务人、用人单位缴费费率因素、用人单位缴纳工伤保险费的基数及数额和用人单位支付的因工伤发生费用项目等方面做出了具体规定。该法同时规定，因工伤发生的下列费用，按照国家规定从工伤保险基金中支付：（1）治疗工伤的医疗费用和康复费用；（2）住院伙食补助费；（3）到统筹地区以外就医的交通食宿费；（4）安装配置伤残辅助器具所需费用；（5）生活不能自理的，经劳动能力鉴定委员会确认的生活护理费；（6）一次性伤残补助金和一至四级伤残职工按月领取的伤残津贴；（7）终止或者解除劳动合同时，应当享受的一次性医疗补助金；（8）因工死亡的，其遗属领取的丧葬补助金、供养亲属抚恤金和因工死亡补助金；（9）劳动能力鉴定费。2010 年 12 月 20 日，国务院发布的《国务院关于修订〈工伤保险条例〉的决定》对工伤认定的范围、劳动能力鉴定等做出了明确的规定，进一步提高了工伤保险待遇的给付标准。2010 年 12 月 20 日，国务院发布的《关于修改〈工伤保险条例〉的决定》进一步提高了工伤人员的待遇水平和保障标准。2011 年 12 月 31 日，第十一届全国人大常委会第 24 次会议通过了修订的《职业病防治法》，强调了安全生产监督管理部门在职业病防治中监督作用。2013 年 2 月 19 日，卫生部发布的《职业病诊断与鉴定管理办法》规定，省、自治区、直辖市人民政府卫生行政部门应当结合本行政区域职业病防治工作制定职业病诊断机构设置规划，报省级人民政府批准后实施。2014 年 2 月 20 日，人力资源和社会保障部联合国家卫生和计划生育委员会发布的《工伤职工劳动能力鉴定管理办法》对劳动能力鉴定委员会的职责、鉴定程序、监督管理等做出了明确的规定。2016 年 2 月 16 日，人力资源和社会保障部、民政部、国家卫生和计划生育委员会联合发布的《工伤保险辅助器具配置管理办法》规定，人力资源和社会保障部行政部门负责工伤保险辅助器具的监督管理工作。社会保险经办机构负责对申请承担工伤保险辅助器具配置服务的辅助器具装配机构和医疗机构进行协议管理，并按照规定核付配置费用。2016 年 7 月 2 日，第十二届全国人民代表大会第 21 次会议通过了《关于修改〈中华人民共和国节约能源法〉等六部法律的决定》，这六部法律中包括《职业病防治法》。第二次修订的《职业病防治法》对职业卫生“三同时①”监管工作的方式和内容做出了相应的调整。2016 年 12 月 9 日，

① “三同时”是指建设项目的职业病防护设施所需费用应当纳入建设项目工程预算，并与主体工程同时设计，同时施工，同时投入生产和使用。

《中共中央国务院关于推进安全生产领域改革发展的意见》明确从源头抓好职业健康工作，制定职业病防治中长期规划。2017 年 1 月，国务院发布《国家职业病防治规划 2016—2020》，将尘肺病问题作为职业病防治的重点加以强调。2017 年 9 月，国家安全监管总局发布《职业病危害治理“十三五”规划》，提出紧紧围绕煤矿、非煤矿山、化工、水泥等危害程度严重行业领域开展治理，是当前职业病危害治理最为紧迫的任务，还提出制订并颁布实施《高危粉尘作业与高毒作业职业病危害防治条例》。2017 年 11 月 4 日，第十二届全国人民代表大会常务委员会第 30 次会议通过了《关于修改〈中华人民共和国会计法〉等十一部法律的决定》，这十一部法律中包括《职业病防治法》。第三次修订的《职业病防治法》进一步完善职业健康检查和职业病诊断工作，最大限度地满足劳动者健康保障的需要。2017 年 12 月，国家安全监管总局、国资委联合发布《关于进一步加强中央企业安全生产工作的通知》，要求有效地遏制职业性尘肺病等职业病的发生。2018 年 12 月 29 日，第十三届全国人民代表大会常务委员会第 7 次会议通过了《关于修改〈中华人民共和国劳动法〉等七部法律的决定》，这七部法律中包括《职业病防治法》。第四次修订的《职业病防治法》强调了卫生部在职业病防治中的监督作用，适应了政府机构改革、职能转变和“放管服”改革的需要。

四、我国尘肺病诊断、鉴定中存在的问题

（一）患者难以取得尘肺病认定的相关材料

在尘肺病诊断、鉴定和认定的过程中，申请者需要提供的材料比较多。例如，劳动合同（或者相关证明材料）、职业史、职业病危害接触史、职业健康检查结果等相关材料，这些材料大多掌握在用人单位手中，将证明材料提供给患者，无疑是要求其自证其罪，对此，用人单位通常会不积极配合。相对于劳动者来说，要想获得尘肺病认定，其前提条件是要证明自己同用人单位存在劳动关系。在劳动者未同用人单位签订书面合同的情况下，劳动者通常很难证明自己同用人单位建立了劳动关系。造成以上问题的原因主要有以下几个方面：（1）尘肺病的潜伏期通常比较长。尘肺病具有缓发性，其潜伏期通常比较长，劳动者很难将自己所患疾病同尘肺病联系起来，造成劳动者所患疾病难以被确诊为尘肺病。（2）劳动者的流动性比较高。患尘肺病比较多的群体——农民工的流动性通常比较高，其发病时可能已经不在引起尘肺病的用人单位工作，造成劳动者依法维权时难以证明自己同用人单位具有劳动关系。（3）劳动者无

法确切地知道自己所患疾病是由哪家企业引起的。一些中小企业的生产经营很不正规，劳动者在上岗前和离岗后通常未进行健康体检，造成劳动者个人无法确定自己所患疾病是由哪家企业引起的，以致尘肺病患者难以维权。（4）一些用人单位故意不同劳动者签订劳动合同。为了逃避责任，一些用人单位故意不同劳动者签订劳动合同，造成劳动者患病后难以证明自己同用人单位具有劳动关系。例如，一些用人单位采取强制、欺骗、利诱等手段故意同患有尘肺病的劳动者解除或者终止劳动关系。（5）一些用人单位采取转卖公司、恶意破产等手段逃避责任。为了撇清自己与尘肺病人的关系，一些用人单位采取转卖公司、恶意破产等手段逃避自己应当承担的责任。

（二）尘肺病诊断、认定比较困难

我国政府于 2017 年 11 月 4 日发布的修订的《职业病防治法》规定，职业病诊断，应当综合分析下列因素：（1）病人的职业史；（2）职业病危害接触史和工作场所职业病危害因素情况；临床表现以及辅助检查结果等。没有证据否定职业病危害因素与病人临床表现之间的必然联系的，应当诊断为职业病。但是，在尘肺病诊断、认定的过程中主要存在以下几个方面的问题。

1. 尘肺病诊断鉴定的机构比较少。目前，我国能够进行职业病认定的医疗卫生机构必须经省级人民政府卫生行政部门批准。以湖北省为例，湖北省卫生和计划生育委员会[①]于 2013 年发布的《湖北省职业病诊断鉴定机构名单》显示，湖北省共有 16 家职业病诊断机构。其中，14 家是职业病或疾病防治中心[②]。较少的职业病诊断鉴定机构提高了尘肺病患者申请职业病诊断的成本。

2. 职业病诊断鉴定机构对医院开具的诊断证明不予认可。目前，我国职业病诊断鉴定机构是由所在地设区的市级和省级卫生行政部门授权的，其管理和经费开支依赖于政府管理部门，具有比较强的行政色彩，这使职业病的诊断鉴定结论在有些情况下有失公平。出于各种利益的考虑，有时职业病认定机构会同用人单位联合起来，隐瞒、假造职业病诊断鉴定结论。有些地方政府为了维稳和政绩，同用人单位合谋，扣押、销毁患者的诊断证书。尘肺病患者则处于弱势、孤立无援的地位，难以同用人单位和政府的联盟相抗衡。

---

① 2018 年 3 月 27 日，国家卫生健康委员会正式挂牌成立，卫生和计划生育委员会从此更名为国家卫生健康委员会。

② 获得《湖北省职业病诊断机构批准证书》单位及湖北省职业病诊断鉴定机构名单［EB/OL］. 湖北省卫计委网站，［2013－04－09］. www. hbwsjs. gov. cn/info/wcm/54519. htm.

3. 异地医疗机构的诊断结果难以被属地职业病诊断鉴定机构采纳。根据我国现行法律、法规和部门规章的规定，劳动者可以在用人单位所在地、本人户籍所在地或者经常居住地具有职业病诊断鉴定授权的医疗卫生机构申请职业病诊断鉴定，这些规定为职业病患者及时获得赔付提供了便利。但是，在实践中这些规定并没有得到用人单位和用人单位所在地职业病鉴定部门的认可。相关的工伤保险行政管理部门通常会要求患者在用人单位所在地进行职业病诊断，这一规定将劳动者置于职业病诊断鉴定的弱势地位，以至于劳动者难以被诊断鉴定为职业病。本案例中，郑州市职业病防治所不仅对北京市、郑州市多家医院出具的诊断结论视而不见，而且为张海超出具了同事实不符的鉴定结论，严重损害了张海超的合法权益。河南农民工“开胸验肺”事件不仅暴露出我国职业病诊断鉴定中存在的侵权问题，而且提示有关职业病诊断鉴定管理部门的工作亟待完善。

（三）申请工伤认定需要花费的时间比较长

职业病从申请认定到索赔的程序比较繁杂，需要花费的时间也比较长。劳动者通常需要经过职业病诊断鉴定、工伤认定、行政复议、一审及二审行政诉讼、再次申请工伤认定等程序。职业病诊断鉴定机构做出鉴定结论通常需要 3 个月的时间。如果申请鉴定人对鉴定结论不服，可以申请行政复议。从申请行政复议到有管辖权的机关再次做出鉴定结论最长需要经过 150 天。如果患者申请行政诉讼，需要经过两审行政诉讼，大约需要 2 年零 3 个月的时间。法院判决后，会再次回到工伤认定部门重新认定，走完整个程序，大约需要 3 年多的时间。劳动者被认定为职业病后，还需要进行劳动能力鉴定，需要经过申请、鉴定、不服向上级机关申请再次鉴定的过程，又需要经过 3 个多月。除了工伤认定、劳动能力鉴定外，前期劳动关系证明、职业病诊断及鉴定，还有后期请求赔偿，每一步都需要耗费大量的时间和精力，一些尘肺病患者因此倒在了漫长的维权路上。

（四）获得工伤待遇及补偿比较难，赔偿的金额比较低

1. 尘肺病患者获得工伤待遇比较难。我国工伤保险法律、法规规定，尘肺病患者可以通过工伤保险获得相应的工伤待遇及补偿。但是，在实际生活中很多劳动者并未同企业签订书面的劳动合同，用人单位也未给劳动者办理参加工伤保险的手续。有些劳动者即使同用人单位签订了书面的劳动合同，用人单位也未给劳动者办理参加工伤保险的手续。2018 年，中华社会救助基金会大爱清尘基金发布的《中国尘肺农民工生存状况调查报告（2016）》显示，截至 2016 年年底，我国用人单位同农民工群体的劳

动合同签订率仅为 9.5%，84.8% 的用人单位没有为农民工办理参加工伤保险的手续①。尘肺病患者被鉴定为职业病后，由于用人单位未为劳动者办理参加工伤保险的手续，劳动者难以获得工伤保险基金的补偿。尽管我国工伤保险法规规定，用人单位未为劳动者办理参加工伤保险的手续，由于工伤对劳动者造成的损害由用人单位按《工伤保险条例》的规定给予工伤待遇及补偿。但是，劳动者要获得相应的待遇及补偿，通常只能通过劳动争议仲裁或者诉讼解决，其诉讼之路依然是漫长的。

2. 工伤保险补偿的金额比较低。尘肺病患者获得相应的赔付后，其获得的补偿会难以支付尘肺病患者的治疗费用，也难以满足尘肺病患者及其家属的基本生活需要，尘肺病患者常常处于“因病致贫”“因病返贫”的困境。本案例中，张海超通过艰难的维权虽然获得了相应的工伤待遇，但是其维持换肺后的医疗费用支出也是昂贵的，是张海超难以承担的。

（五）政府有关管理部门对尘肺病等职业病的监察力度不强

政府有关管理部门对接触有毒有害物质或者容易发生职业病工种的监察力度不足，其主要表现在以下几个方面。

1. 一些地方政府对尘肺病等职业病的危害认识不足。一些地方政府对职业病带来的危害认识不足，导致发达国家的一些落后产能转移到我国。例如，一些地方政府为了追求经济效益，在招商引资的过程中不严格把关，导致许多项目未经卫生部门进行职业病危害评估就匆忙开工投产，致使劳动者大量接触有毒有害物质或者从事职业病危害工种，损害劳动者身体健康。

2. 职业病的监察执法人员不足。目前，我国劳动监察的执法人员严重不足，造成一些违法违规的用人单位处于政府的监督之外。

3. 劳动保障监察的执法手段落后，难以对职业病危害进行有效的监测和评估。目前，我国劳动保障监察部门的执法手段比较落后，对用人单位从事的职业病风险比较高的工种和职业危害难以进行有效的监测和评估。

4. 信息传播渠道不畅通。劳动者对于自己从事职业的危害信息并不知悉，对于职业病的预防、预防的方法认识不足。用人单位对于劳动者接触物质或者容易产生职业病的信息并不如实告知，造成劳动者暴露在职业病风险比较高的工作环境中。

5. 缺乏系统性预防职业病的监管体系。目前，我国政府管理部门对职业病预防缺乏系统性的预防监管体系，造成职业病患病人数以每年 2 万人的速度增加，加强职业

① 王会贤．中国尘肺农民工生存状况调查报告（2016）［N］．公益时报，2016－12－13（10）．

病预防监管体系的建设势在必行。

五、解决我国尘肺病诊断鉴定问题的对策建议

（一）完善尘肺病等职业病鉴定立法，简化患者取得职业病鉴定的相关程序

针对我国尘肺病等职业病患者在维权过程中遇到的诸如诊断材料取得难、诊断时间长、求偿程序烦琐以及赔偿金较低等方面的问题，政府有关管理部门应当根据我国经济社会的发展，不断地完善尘肺病等职业病鉴定的立法。对此，政府有关管理部门应当做好以下几个方面的工作。

1. 建立具有特殊职业、特殊工种的用人单位强制报送特殊职业从业人员职业档案制度。政府有关管理部门应当强化对用人单位的管理，建立具有特殊职业、特殊工种的用人单位强制报送特殊职业从业人员职业档案的制度，并报送监管部门备案，这样可以解决劳动者难以证明自己同用人单位具有劳动关系的难题，有效地缩短劳动者依法维权的流程。

2. 赋予劳动者可以随时调取职业档案的权利。赋予劳动者可以随时调取职业档案的权利，可以强化劳动者对用人单位的监督，依法保护特殊职业、特殊工种从业人员的身体健康和生命安全，依法保护劳动者的合法权益。

3. 强化用人单位负责人及直接责任人员的民事赔偿责任。对此，政府有关管理部门应当加大对用人单位不履行《劳动法》《劳动合同法》《职业病防治法》《工伤保险条例》等相关法律、法规规定义务的行政处罚力度。对于防治职业病不力的用人单位、监管单位的直接责任人实行问责制。对于劳务派遣中用人单位职业病防治的主体责任应当加强监管，防止一些用人单位利用劳务派遣合同逃避责任，以确保劳动者的身体健康和生命安全。

（二）简化尘肺病认定程序

针对尘肺病认定中存在的问题，可以做好以下几个方面的工作。

1. 降低职业病诊断鉴定机构的准入门槛。针对职业病诊断鉴定机构少等方面的问题，政府有关管理部门应当降低职业病诊断认定机构准入的门槛，给予更多的医疗卫生机构职业病诊断鉴定的权力，以依法维护职业病患者的权益。

2. 建立三甲医院同职业病诊断鉴定认定机构对诊断结果的互认机制。针对职业病诊断鉴定机构不承认医院出具的诊断结论的问题，政府有关管理部门应当建立职业病

诊断鉴定机构同三甲医院的互认机制，防止有关职业病诊断鉴定机构隐瞒或者假造诊断结论，降低患者认定为职业病的成本和难度。本案例中，郑州职业病防治所对郑州一些医院对张海超做出的诊断结论不予认可不仅反映了职业病诊断鉴定机构对三甲医院诊断结果缺乏互认机制带来的问题，还反映了尘肺病患者维权的艰辛。

3. 建立职业病跨统筹地区认定的机制。由于职业病具有缓发性、隐蔽性，患者往往是在异地就医的过程中被诊断为职业病的。对于异地医院做出的诊断结论，有关职业病诊断鉴定机构也应予以认可，这样可以降低患者的诊断鉴定成本，依法维护职业病患者的合法权益。

（三）简化尘肺病认定的程序，缩短尘肺病认定的时间

首先，应当简化尘肺病认定的程序，减少不必要的程序和材料，依法规定职业病诊断鉴定机构在一定的时间内做出职业病认定的结论。

其次，将职业病认定直接纳入工伤认定的程序。目前，我国现行法规规定，职业病患者的工伤保险待遇按照工伤事故待遇支付。但是，在实际管理中，患者被认定为职业病后，还需要履行工伤认定的相关程序。对此，应当协调相关医疗机构、职业病诊断鉴定机构将相关医疗证明、职业病诊断证明等证明材料及结论一并上交工伤保险行政管理部门做出工伤认定结论，简化工伤认定程序可以使尘肺病患者获得及时的救治。

最后，确保职业病诊断、鉴定工作的公平、公正和独立。目前，我国职业病诊断仍然实行“专业机构垄断制”，这些机构的工作缺乏独立性和中立性，需要将职业病诊断、鉴定工作与行政管理工作分开，并对非属地职业病认定机构做出的诊断、鉴定结论予以平等的认可，以确保职业病诊断、鉴定工作的公平、公正和独立。

（四）简化针对尘肺病等职业病患者补偿的程序，提高补偿的金额

1. 简化职业病患者获得工伤保险待遇的程序，让职业病患者可以更有尊严地获得医疗卫生服务的救治，避免“开胸验肺”这类极端事件的再次发生。在这方面，政府有关管理部门应当加强“互联网 + 政务服务”，使数据“多跑腿”，减少职业病患者在不同地区和部门之间来回跑腿、反复证明的烦恼和负担。

2. 完善针对职业病患者的赔偿机制。对于职工因无法获得企业提供的工伤待遇而游离于工伤保险保障之外的尘肺病患者给予适当的救助。特别是尘肺病高发的采石、采矿、建筑等行业，这些行业的从业人员通常是低学历、低技能、中高龄的农民工，他们的维权意识和能力低于其他行业，通常很难争取到自身的合法权益。受到尘肺病

伤害而未获得工伤待遇赔付的群体，不应当成为被社会遗忘的弱势群体，政府应当给予兜底保障。只有对这类群体进行必要的补偿和救济，才能维护社会的公平、正义。

3. 提高工伤保险补偿的金额。针对职业病患者“因病致贫”“因病返贫”的问题，政府有关管理部门应当考虑提高针对职业病患者的补偿额度，防止一次性补偿过少造成职业病患者日后无法维持基本生活的问题。

（五）强化尘肺病预防的监管

1. 政府有关管理部门应该加强对职业病危害的认识。政府有关管理部门对于职业病造成的危害应当有清醒的认识。对于职业病发生风险比较高的行业应当加强职业病预防的教育，以防止危害劳动者身体健康的职业病发生。同时，政府有关管理部门应当加强法律、法规和部门规章的引导，做好职业病预防宣传教育工作，提高中小企业劳动者的安全卫生防护意识，要求企业对劳动者进行入职前的职业病防治知识普及，了解从事工作可能引发的职业病风险。

2. 增加监察职业病的工作人员。针对政府管理部门出现的职业病监察人员不足的问题，政府有关管理部门应当增加编制，增加职业病监察的工作人员，以防止危害劳动者身体健康的职业病的发生。

3. 提高监察职业病的手段和方法。针对用人单位从事的职业病风险比较高的工种和行业，政府有关管理部门应当运用科学的技术，提高监察职业病的手段和方法，对生产环境不安全带来的职业危害进行有效的监测和评估。

4. 畅通职业病危害的信息渠道，赋予劳动者法定的知情权。政府有关管理部门应当督促用人单位加强对劳动者进行安全生产的教育和培训，加强对劳动者相关法律知识的教育，使其懂得在因工受伤的情况下，可以运用合理、合法的渠道依法维护自己的合法权益。

5. 建立系统的职业病监察体系。政府有关管理部门应当转换思路，吸收行为科学的管理理念，建立职业病监察体系。对此，应当做好以下几个方面的工作：（1）政府有关管理部门应当对容易发生职业病的行业加大抽查的力度，以预防危害职工身体健康的职业病发生。（2）政府有关管理部门应当将职业病预防、发生情况纳入用人单位的信用评估体系。政府有关管理部门应当建立企业信用的奖励和惩戒机制，对涉嫌违规的企业除了加大监管频次和惩罚的力度，而且还要将其违法违规的情况纳入用人单位的信用评估体系，使其不敢越雷池一步。（3）建立有毒有害工种和行业的定期体检制度。政府有关管理部门应当督促用人单位定期对从事特殊工种的群体进行排查，对职业病轻微的劳动者给予及时的救治。（4）监察具有特殊职业、特殊工种的用人单位依法参加工伤保险的情况。对于故意不参加工伤保险的高风险行业予以严厉的打击，依法维护劳动者的合法权益。（5）建立多部门合作的监管制度。职业病监察除了人力资源和社会保障部门、国家卫生健康保障部门的参与外，还需要联合国家发展改革委员会、工信部、生态环境部、自然资源部等部门对相关企业进行合力监管，以降低职业病的发生。

参考文献

[1] 徐光春关注“开胸验肺”：草菅人命决不能再发生 [N/OL]. 中国广播网. [2009-07-09]. hn. cnr. cn/xwzx/zbhn/200907/t20090729_505414653. html.

[2] 金灵. 我国尘肺病患者维权困境及完善对策研究 [J]. 山东青年，2018 (5).

[3] 国家卫健委发布2018年全国职业病报告 [R/OL]. 职业病网，[2019-05-23]. news. zybw. com/xw/rdxw/14342. html.

[4] 《中国尘肺农民工生存状况调查报告（2016）》发布 [N/OL]. 公益时报，[2016-12-13]. www. gongyishibao. com/html/gongyizixun/10897. html.

[5] 《中华人民共和国劳动法》（1994年7月5日），社会保障现行法规汇编（1949—2000）[M]. 北京：中国劳动社会保障出版社，2000：37.

[6] 获得《湖北省职业病诊断机构批准证书》单位及湖北省职业病诊断鉴定机构名单 [EB/OL]. 湖北省卫计委网站，[2013-04-09]. www. hbwsjs. gov. cn/info/wcm/54519. htm.

[7] 王会贤. 中国尘肺农民工生存状况调查报告（2016）[N]. 公益时报，2016-12-13 (010).

案例适用说明

一、案例的适用范围和教学目标

1. 案例的适用范围。本案例适用于保险学、劳动与社会保障、风险管理、公共管理等专业开设的《社会保障理论研究》课程。

2. 案例的教学目标。本案例旨在使学生了解、掌握我国尘肺病诊断鉴定的程序、工伤认定的程序，了解我国尘肺病诊断鉴定中存在的问题，思考解决我国尘肺病诊断鉴定中存在问题的对策。

二、启发思考题

1. 现阶段我国尘肺病发病的特点有哪些？
2. 我国职业病诊断鉴定难的主要原因有哪些？
3. 我国职业病诊断鉴定中存在哪些问题？
4. 如何解决我国职业病诊断鉴定中存在的问题？

三、建议课堂计划

建议使用 4 课时进行讨论。

1. 课前计划。课前发放案例材料，让学生了解案件发生的始末。

2. 课堂计划。主持人保持中立的态度，组织学生开展讨论，评价学生的观点，可以采取模拟会议、辩论会等形式组织学生讨论。

3. 课后计划。讨论结束后，要求学生提交案例分析报告。针对案例分析报告中存在的问题，予以讲评。

案例 16

生育保险与城镇职工基本医疗保险合并实施案例分析

刘钧[①]

随着社会保险管理体制建设的逐步完善，我国政府开始将生育保险制度与城镇职工基本医疗保险制度合并实施，以简化经办机构、精简人员、降低制度的运营管理成本。本案例分析了我国生育保险制度与城镇职工基本医疗保险制度合并实施的背景及其意义，分析了生育保险制度与城镇职工基本医疗保险制度合并实施后存在的问题，并提出了解决问题的对策建议。本案例的写作目的是帮助学生了解中国生育保险制度实施的相关政策规定，以帮助学生加深对城镇职工基本医疗保险制度、生育保险制度运营机制的理解，加深对生育保险制度与城镇职工基本医疗保险制度合并实施的了解，加深对我国现行社会保险制度改革、发展和完善的理解。

① 刘钧，女，经济学博士，中央财经大学保险学院教授，研究方向：劳动与社会保障。

案例正文

一、案例介绍

李某，女，35 岁，浙江省杭州市某企业职工，李某及其所在的单位依法参加了当地的生育保险社会统筹。2018 年 8 月，李某怀孕五个月，正等待着孩子的到来。但是，李某听说，生育保险制度要同城镇职工基本医疗保险制度合并实施。她担心，生育保险制度会不会取消，自己生小孩还能不能享受生育保险的相关待遇？生育保险制度同城镇职工基本医疗保险制度合并实施后，自己的生育保险待遇应该如何兑现？

李某的担心比较具有代表性。她担心的问题也是城镇企业单位、机关事业单位中许多面临生育的女职工担心的问题。对此，本案例将集中讲述生育保险制度与城镇职工基本医疗保险制度合并实施的原因、意义和相关政策，以解决李某和许多女职工担心的生育保险待遇问题。

二、基本医疗保险与生育保险合并实施的提出

纵观世界各国实施的社会保险制度及其构成，大多将妇女生育的保障纳入基本医疗保险制度的范畴加以管理。我国政府将生育保障作为独立的生育保险制度单独实施，体现了政府对女职工合法权益的保护，体现了男女平等就业的社会政策[①]。但是，随着我国社会保险管理体制改革的逐步深入，政府有关管理部门开始将生育保险制度同城镇职工基本医疗保险制度合并实施管理，以提高社会保险制度的管理绩效，降低制度的管理成本。

（一）中国生育保险制度的建立

我国生育保险制度是 20 世纪 50 年代初期建立的。1951 年 2 月 26 日，政务院颁布的《中华人民共和国劳动保险条例》将生育保障作为一项措施进行规范。1953 年 1 月 26 日，劳动部发布的《劳动保险条例实施细则修正草案》详细地规定了有关生育保障的相关问题。1955 年 4 月 26 日，国务院颁发的《关于女工作人员生产假期规定的通

① 刘钧．社会保障理论与实务（第 4 版）［M］．北京：清华大学出版社，2019：255.

知》对机关事业单位女职工生育保障做出了补充说明。这一时期，我国女职工生育保障问题并未以独立的制度加以确立。

新中国生育保障措施的实施，降低了婴儿、生产妇女、怀孕妇女的死亡率。婴儿死亡率是某地某年内未满一岁的婴儿死亡人数与同年活产婴儿数的比例。有资料表明，1949 年新中国成立以前，婴儿死亡率高达 200‰，1975 年这一指标下降到 47‰，1981 年下降为 34.7‰，2005 年下降为 21.5‰。婴儿死亡率的降低不仅反映了婴儿健康水平的提高，而且也反映了妇女产前、产后的健康状况。孕产妇死亡率是某地某年内每出生 1000 名活产婴儿孕产妇死亡人数。孕产妇死亡通常指妇女在妊娠期、分娩期及分娩后 42 天内的死亡。据有关资料统计，新中国成立前，我国孕产妇死亡率为 15‰；新中国成立后，党和政府重视发展妇幼保健事业，积极推广科学，采用新法接生，孕产妇死亡率迅速下降为 0.619‰。2004 年，我国孕产妇死亡率降到 0.483‰。孕产妇死亡率的下降，反映了怀孕妇女健康状况的提高。

（二）中国生育保险制度的改革

1986 年 5 月 30 日，卫生部、劳动人事部、全国总工会、全国妇联联合印发的《女职工保健工作暂行规定（试行草案）》对妇女月经期保健、婚前保健、孕前保健、孕期保健、产后保健、哺乳期保健、更年期保健等做出了规定，标志着我国生育保险制度改革的启动。1988 年 7 月 26 日，江苏省南通市人民政府颁布《南通市全民、大集体企业女职工生育基金统筹暂行办法》，率先揭开了女职工生育保险社会统筹改革的序幕。此后，许多地方政府纷纷颁布地方性法规，进行生育保险制度的社会化改革试点。1993 年 4 月 20 日，国务院颁布的《国有企业富余职工安置规定》规定，孕期或者哺乳期的女职工，经本人申请，企业可以给予不超过 2 年的假期。放假期间，发给生活费。女职工生活费按原工资标准的 60% 由企业发给。假期内含产假的，产假期间按照国家规定发给工资。截至 1994 年，全国已有 18 个省的 300 多个市县进行了女职工生育保险制度的社会化改革试点。

在生育保险制度社会化改革试点的基础上，劳动部于 1994 年 12 月 14 日颁布了《企业职工生育保险试行办法》（以下简称《试行办法》），并规定从 1995 年 1 月 1 日起实施。《试行办法》规范了生育保险的相关规定，标志着我国生育保险制度的发展进入了一个新阶段，也为全国生育保险的社会统筹改革提供了政策依据。《试行办法》规定，用人单位不再承担女职工生育期间的具体责任，只需按规定向社会保险经办机构缴纳不超过工资总额 1% 的生育保险费，社会保险经办机构对生育社会保险的资金进行统一管理，女职工生育期间的生育津贴与生育费用由社会保险经办机构按需从统筹的基金划拨给女职工所在的单位，女职工生育期间仍在本单位领取生育保险费。1995 年 11 月 10 日，劳动部印发的《关于贯彻实施〈中国妇女发展纲要〉的通知》规定，适应企业改革的要求，积极建立社会生育保险基金，将生育保险由企业管理逐步转变为社会统筹管理，均衡企业负担，分散风险。生育保险改革既保障了妇女合法权益的需要，也是整个社会保险改革的重要组成部分。1996 年 1 月，劳动部发布的《落实〈关于贯彻实施中国妇女发展纲要的通知〉的意见》，对各地生育保险社会统筹的进度提出了具体的要求。1996 年 12 月 11 日，劳动部和国家科委联合发布的《关于在国家社会发展综合实验区全面建立生育保险制度的通知》，对指导国家实验区开展生育保险社会统筹工作提供了指导思想。1997 年 10 月 8 日，劳动部发布了《关于印发〈生育保险覆盖计划〉的通知》，对各地生育保险实行社会统筹进度列出了具体的时间表，并要求各地加大改革力度，扩大生育保险的覆盖范围。1998 年 8 月 28 日，国务院颁布的《国务院关于建立城镇职工基本医疗保险制度的决定》，使我国基本医疗保险制度有了历史性的转变。为了做好政策的衔接，由劳动保障部、国家计划生育委员会、财政部、卫生部于 1999 年 9 月 28 日联合发布的《关于妥善解决城镇职工计划生育手术费问题的通知》规定，在建立企业职工生育保险的地区，参保单位职工的计划生育手术费用由生育保险基金支付，没有建立生育保险的地区，在建立职工基本医疗保险制度时，可以将符合基本医疗保险有关规定的参保单位职工的计划生育手术费纳入基本医疗保险统筹基金支付。对没有参加生育保险和基本医疗保险的单位，职工计划生育手术费仍由原渠道解决。2001 年 5 月 22 日，国务院颁布的《中国妇女发展纲要（2001—2010）》指出，普遍建立生育保险制度，由此生育保险制度在全国各地普遍建立起来了。2001 年 12 月 29 日，第九届全国人民代表大会常务委员会第 25 次会议通过的《人口与计划生育法》规定，国家稳定现行生育政策，鼓励公民晚婚晚育，提倡一对夫妻生育一个子女；符合法律、法规规定条件的，可以要求安排生育第二个子女。不符合规定生育子女的公民，应当依法缴纳社会抚养费①。2005 年，劳动和社会保障部确定 12 个城市作为生育保险与医疗保险协同推进的重点联系城市，以点带面，逐步推广。目前，大多数地区已经将生育保险纳入基本医疗保险管理，取得了较好的效果。2010 年 10 月 28 日，中华人民共和国第十一届全国人民代表大会常务委员会第十七次会议通过的《社会保险法》对生育保险制度的覆盖范围和缴费义务人、生育保险待遇享受条件、待遇项目和支出渠道以及女职工生育医疗费用和生育津贴等做出了比较详细的规定。2012 年 4 月 18 日，国务院第 200 次常务会议通过的《女职工劳动保护特别规定》，女职工

① 人口与计划生育法，百度文库，wenku. baidu. com/view/b6d11a932af90242a995e59b. html.

生育享受98天产假，其中产前15天，对女职工获得的劳动保护做出了更明确的规定。2015年12月27日，第十三届全国人大常委会第十八次会议通过的《关于修订〈人口与计划生育法〉的决定》规定，国家提倡一对夫妻生育两个子女。符合法律、法规规定条件的，可以要求安排再生育子女。国家对实行计划生育的夫妻，按照规定给予奖励①。

（三）生育保险制度与城镇职工基本医疗保险制度合并实施的提出

2016年7月16日，人力资源和社会保障部发布的《关于印发人力资源和社会保障事业发展“十三五”规划纲要的通知》指出，完善生育保险政策，实行生育保险与基本医疗保险参保人员登记、缴费、管理、经办、信息系统统一②。2017年1月19日，国务院办公厅发布的《关于印发生育保险和职工基本医疗保险合并实施试点方案的通知》指出，遵循保留险种、保障待遇、统一管理、降低成本的总体思路，推进两项保险合并实施。根据实际情况和有关工作基础，在河北省邯郸市、山西省晋中市、辽宁省沈阳市、江苏省泰州市、安徽省合肥市、山东省威海市、河南省郑州市、湖南省岳阳市、广东省珠海市、重庆市、四川省内江市、云南省昆明市开展两项保险制度合并实施的试点工作。未纳入试点的地区不得自行开展合并实施的试点工作。这一文件的发布，标志着生育保险与城镇职工基本医疗保险制度合并实施工作的启动。2018年3月，第十三届全国人民代表大会第一次会议批准的《国务院机构改革方案》规定，组建中华人民共和国国家医疗保障局，作为国务院的直属机构。2018年5月31日，国家医疗保障局挂牌成立，从此结束了我国城镇职工基本医疗保险由人力资源和社会保障部管理、城乡居民基本医疗保险由卫生部管理、医疗救助由民政部管理的分散管理的局面。随着国家医疗保障局的成立，原来由这些部门管理的基本医疗保险、医疗救助工作划归了国家医疗保障局管理。同样地，城镇女职工对生育保障的需求同城镇职工对基本医疗保障的需求一样，离不开医疗卫生机构提供的服务，将生育保险制度同城镇职工基本医疗保险制度合并实施，有助于规范化管理医疗卫生机构，有助于提高制度管理的效率，这样我国生育保险也纳入了国家医疗保障局进行管理。

2018年12月29日，第十三届全国人民代表大会常务委员会通过的修订的《社会保险法》规定，职工未就业的配偶按照国家生育保险的有关规定享受生育医疗费用待遇，所需资金从生育保险基金中支付。这一规定，进一步扩大了生育保险的覆盖范围，将男职工没有工作的配偶也纳入了生育保险的保障范围。2019年3月25日，国务院

---

① 刘钧．社会保障理论与实务（第4版）［M］．北京：清华大学出版社，2019：261－263.

② 人力资源和社会保障部关于印发人力资源和社会保障事业发展“十三五”规划纲要的通知［EB/OL］．人力资源和社会保障部网站，［2017－07－26］，www.mohrss.gov.cn/SYrlzyhshbzb/zwgk/ghcw/ghjh/201607/t20160713_243491.html.

办公厅发布的《关于全面推进生育保险和职工基本医疗保险合并实施的意见》规定，生育保险和职工基本医疗保险合并实施的主要政策有以下几个方面：（1）统一参保登记；（2）统一基金征缴和管理；（3）统一医疗服务管理；（4）统一经办和信息服务；（5）确保职工生育期间生育保险待遇不变；（6）确保制度可持续①。

三、生育保险与城镇职工基本医疗保险合并实施的意义

生育保险是关系民众切身利益的社会保险制度，了解生育保险与城镇职工基本医疗保险合并实施的意义，有助于打消民众的顾虑，深刻地了解我国生育保险与城镇职工基本医疗保险合并实施的意义。

1. 扩大了生育保险的覆盖范围。在生育保险与城镇职工基本医疗保险合并实施前，劳动保障监察的重点是基本医疗保险制度的实施，以至于生育保险的覆盖范围比较低。截至 2018 年年底，我国参加职工基本医疗保险的在职职工人数为 23308 万人，参加生育保险的人数为 20434 万人，二者相差 2874 万人②。国务院发布的《关于全面推进生育保险和职工基本医疗保险合并实施的意见》规定，参加职工基本医疗保险的在职职工同步参加生育保险。这一措施的出台，扩大了生育保险的覆盖范围，许多未纳入生育保险保障范围的职工纳入了生育保险的保障范围。可见，随着生育保险制度和城镇职工基本医疗保险制度的合并实施，生育保险的覆盖范围会进一步扩大，生育保险提供保障的人数会进一步增加，有助于促进在职职工实现应保尽保。

2. 提高了生育保险制度的运营效率。生育保险制度单独实施时，单独核算、单独管理，再建立一套稽核审查制度，其经办、管理的成本比较高。国务院于 2019 年发布的《关于全面推进生育保险和职工基本医疗保险合并实施的意见》规定，生育保险基金并入城镇职工基本医疗保险基金，统一征缴，统筹层次一致。按照用人单位参加生育保险和城镇职工基本医疗保险的缴费比例之和确定新的单位缴费率。这一措施的出台，提高了生育保险的统筹层次，简化了生育保险、城镇职工基本医疗保险资金的征缴，降低了用人单位的行政管理成本，提高了制度的运营效率，降低了制度管理的运营成本。

3. 促进了生育、医疗服务行为的规范化，强化医疗保障管理部门对医疗卫生机构、保障对象的监控和审核。生育保险单独实施时，女职工流产、怀孕、分娩期间所

① 关于全面推进生育保险和职工基本医疗保险合并实施的意见 [EB/OL]. 百度文库，wenku. baidu. com/view/f3bb2fb5b5daa58da0116c175f0e7cd185251863. html.

② 2018 年全国基本医疗保障事业发展统计公报 [EB/OL]. 国家医疗保障局网站，[2019 - 06 - 30]. www. nhsa. gov. cn/art/2019/6/30/art_7_1477. html.

患疾病难以分清哪部分属于生育费用，哪部分属于医疗费用，给待遇支付增加了管理的难度。生育保险与城镇职工基本医疗保险的合并实施，有效地解决了二者界限不清的问题。国务院发布的《关于全面推进生育保险和职工基本医疗保险合并实施的意见》规定，两项保险合并实施后实行统一定点医疗服务管理，执行基本医疗保险、工伤保险、生育保险药品目录以及基本医疗保险诊疗项目和医疗服务设施范围。生育医疗费用原则上实行医疗保险经办机构与定点医疗机构直接结算。这一措施的出台，统一了生育保险、基本医疗保险的定点医院提供的医疗卫生服务，统一了基本医疗保险、生育保险、工伤保险的诊疗目录、药品目录和医疗服务设施的服务范围，解决了生育保险与基本医疗保险业务交叉的问题，有效地保护了参保人的权益，防范了用人单位、个人“逆选择”的风险，提高了国家医疗保障局管理的规范化水平，强化了对医疗卫生机构、保障对象的监管，预防了违法、违规使用基本医疗保险、生育保险资金的行为。

4. 有助于信息的交流和共享。国务院于 2019 年发布的《关于全面推进生育保险和职工基本医疗保险合并实施的意见》规定，经办管理统一由基本医疗保险经办机构负责，实行信息系统一体化运行。这一措施的出台，规范了生育保险的管理，有助于实现信息系统的一体化运营，有助于合理地配置医疗卫生资源，有助于降低生育保险、基本医疗保险的管理成本。

5. 简化生育保险的管理。国务院发布的《关于全面推进生育保险和职工基本医疗保险合并实施的意见》规定，参保人员生育医疗费用、生育津贴等各项生育保险待遇按现行法律法规执行，所需资金从职工基本医疗保险基金中支付。这一措施的出台，简化了生育保险的管理。本案例中，李女担心生育保险与城镇职工基本医疗保险合并实施后的待遇问题是没有必要的，生育保险法规规定的各项生育保险待遇保持不变。

6. 增强了生育保险的互济互助的功能。国务院发布的《关于全面推进生育保险和职工基本医疗保险合并实施的意见》规定，各地要增强生育保险基金、基本医疗保险基金的统筹、共济能力，增强风险防范意识和制度保障能力，合理引导预期，完善生育保险监测指标，根据生育保险支出需求建立费率动态调整机制。这一措施的出台，增强了生育保险的互济互助功能。

四、生育保险与城镇职工基本医疗保险合并实施中存在的问题

生育保险制度与城镇职工基本医疗保险制度合并实施虽然具有积极的作用，但是城镇职工基本医疗保险、生育保险管理中存在的问题在二者合并后依然存在，其主要有以下几个方面。

1. 法律、法规有待于进一步完善。国务院于2019年3月25日发布的《关于全面推进生育保险和职工基本医疗保险合并实施的意见》要求，全面推进生育保险和职工基本医疗保险合并实施。但是，这一规定同我国政府于2018年发布的修订的《社会保险法》相矛盾。同时，《关于全面推进生育保险和职工基本医疗保险合并实施的意见》同《企业职工生育保险试行办法》《女职工劳动保护规定》等有关规定不匹配。为了更好地维护女性权益应尽快统一相关规定，为“两险”实施的可持续发展扫清障碍①。

2. 资金收支平衡的压力增加。造成生育保险资金收支平衡存在压力的原因主要有以下几个方面：（1）“二胎生育”会增加生育保险资金的支付。2001年12月19日，第九届全国人民代表大会常务委员会第二十五次会议通过的《人口与计划生育法》规定，国家稳定现行生育政策，鼓励公民晚婚晚育，提倡一对夫妻生育一个子女；符合法律、法规规定条件的，可以要求安排生育第二个子女。2015年12月27日，第十二届全国人民代表大会常务委员会第十八次会议通过的《关于修改〈中华人民共和国人口与计划生育法〉的决定》规定，国家提倡一对夫妻生育两个子女。符合法律、法规规定条件的，可以要求安排再生育子女。具体办法由省、自治区、直辖市人民代表大会或者其常务委员会规定。从《人口与计划生育法》的修订来看，我国政府已经从2015年开始全面放开“二胎生育”政策。随着育龄妇女生育子女数量的增加，生育保险资金的支出也会不断地增加。（2）保障范围的扩大会增加生育保险资金的支付。我国政府于2018年修订的《社会保险法》规定，男职工未就业的配偶按照国家规定享受生育医疗费用待遇，所需资金从生育保险基金中支付②。随着这一规定的实施，生育保险资金的支出会进一步增加。（3）生育津贴给付延长。为了鼓励生育，一些省份采取了延长生育津贴给付时间的规定，有些省份延长到128天，有些省份延长到158天或178天。随着生育津贴给付的延长，生育保险资金的支付会增加。（4）生育保险制度与城镇职工基本医疗保险制度合并实施后，原来由城镇职工基本医疗保险支付的生育保障资金将由生育保险承担，也会增加生育保险支付的压力。

3. 控制生育费用支出比较困难。妇女生育是人类再生产的必经过程，也是人类社会得以繁衍的基础。妇女的生育活动通常需要医疗卫生机构提供的服务。但是，在我国医疗卫生服务费用不断上涨的情况下，控制生育费用的支出比较难。

4. 管理难度大。生育保险制度的运营涉及提供医疗卫生服务的医院，这就增加了生育保险管理的难度。我国医疗卫生服务的管理比较复杂，政府监管的力度有限，这

---

① 王磊丽．生育保险和医疗保险合并实施的SWOT分析［J］．四川劳动保障．2019（4）：16.

② 2018年修订的《社会保险法》发布以前，男职工未就业的配偶不享受生育医疗待遇。

反而进一步增加了生育保险、基本医疗保险管理的难度。

5. 管理成本比较高。由于生育保险、基本医疗保险的管理需要涉及第三方机构——医疗卫生机构。生育保险、基本医疗保险管理的单位是政府行政部门，许多管理人员并不熟悉医疗卫生机构的经营和运作，这使生育保险、基本医疗保险管理的成本比较高，监管医疗卫生机构是否诚信履行职责的成本比较高。

五、解决生育保险与基本医疗保险合并实施中问题的对策建议

1. 完善相关生育保险与基本医疗保险的法律、法规。对此，政府管理部门应当做好以下几个方面的工作：(1) 修改《社会保险法》中不适合生育保险与城镇职工基本医疗保险合并实施的相关规定，以促进相关法律、法规的衔接。(2) 修改《企业职工生育保险试行办法》《女职工劳动规定》中同《关于全面推进生育保险与职工基本医疗保险合并实施的意见》中不相适应的规定，以促进生育保险制度的完善。(3) 修改生育保险同城镇职工基本医疗保险法规不适应的管理制度，以促进生育保险同城镇职工基本医疗保险合并实施的顺利执行。

2. 多渠道筹集生育保险资金，以缓解资金支付的压力。目前，我国生育保险的缴费主体仅有用人单位，个人不缴纳生育保险费，其资金来源渠道比较单一。在目前经济环境下，生育保险资金的紧缺不宜通过提高生育保险缴费率的办法加以解决，应当多渠道筹集资金。对此，本案例中，政府应当加大财政转移支付的力度，以缓解全面放开二胎、三胎生育、延长生育津贴给付期限、保障男职工未就业的配偶等问题带来的资金支付增加的压力，实现制度运营的可持续性。

3. 改革、创新医疗保障管理部门同医疗卫生机构的结算方式，控制医疗费用支出的不合理增长。对此，国家医疗保障管理部门应当同医疗卫生提供的部门加强沟通、交流和合作，以降低生育保险、医疗保险资金的支付，控制医疗费用支出的不合理增长。国家医疗保障管理部门可以同医疗卫生机构谈判、协商，采取后付制或者按病种付费等复合结算费用的方式，以控制生育保险资金的不合理支付。

4. 加强对医疗卫生机构的监管。对此，有关管理部门应当从重点监管公立医疗卫生机构逐步转向全行业监管，应当从注重事前审批监管转向注重事中、事后的全流程监管，应当从单项监管转向综合、协同监管，应当从主要运用行政手段监管转向统筹运用行政、法律、经济和信息等多种手段监管，提高管理部门的监管能力和水平，为全方位、全周期地提高人民的健康水平提供有力的支撑，以实现健康中国的发展战略。对此，国务院办公厅发布的《关于改革完善医疗卫生行业综合监管制度的指导意见》规定，到2020年，建立职

责明确、分工协作、科学有效的综合监管制度，健全机构自治、行业自律、政府监管、社会监督相结合的多元化综合监管体系，形成专业高效、统一规范、文明公正的卫生健康执法监督队伍，实现医疗卫生行业综合监管法治化、规范化、常态化①。

5. 综合采取降低管理成本的措施。针对生育保险、城镇职工基本医疗保险中同类的管理环节、管理流程、医疗卫生服务监管等工作，可以采取简化管理流程、管理环节的措施，以降低合并实施后的管理成本。

参考文献

[1] 人口与计划生育法，百度文库，wenku. baidu. com/view/b6d11a932af90242a995e59b. html.

[2] 刘钧．社会保障理论与实务（第4版）[M]．北京：清华大学出版社，2019：261-263.

[3] 人力资源和社会保障部关于印发人力资源和社会保障事业发展“十三五”规划纲要的通知 [EB/OL]．人力资源和社会保障部网站，[2017-07-26]．www. mohrss. gov. cn/SYrlzyhshbzb/zwgk/ghcw/ghjh/201607/t20160713_243491. html.

[4] 关于全面推进生育保险和职工基本医疗保险合并实施的意见 [EB/OL]．百度文库，wenku. baidu. com/view/f3bb2fb5b5daa58da0116c175f0e7cd185251863. html.

[5] 2018年全国基本医疗保障事业发展统计公报 [EB/OL]．国家医疗保障局网站，[2019-06-30]．www. nhsa. gov. cn/art/2019/6/30/art_7_1477. html.

[6] 国务院办公厅．关于改革完善医疗卫生行业综合监管制度的指导意见 [EB/OL]．中华人民共和国政府网站，www. gov. cn/zhengce/content/2018-08/03/content_5311548. htm.

[7] 王磊丽．生育保险和医疗保险合并实施的SWOT分析 [J]．四川劳动保障．2019（4）：16.

案例适用说明

一、案例的适用范围和教学目标

1. 本案例的适用范围。本案例适用于保险学、风险管理专业硕士、劳动与社会保

① 国务院办公厅．关于改革完善医疗卫生行业综合监管制度的指导意见 [EB/OL]．中华人民共和国政府网站，www. gov. cn/zhengce/content/2018-08/03/content_5311548. htm.

障、公共管理等开设《社会保障理论研究》课程教学使用。

2. 本案例的教学目标。本案例旨在使学生了解、掌握城镇职工基本医疗保险制度、生育保险制度管理的实践，了解生育保险制度与城镇职工基本医疗保险制度合并实施的必要性、意义，了解制度合并实施后存在的问题和解决问题的对策建议，以加深对基本医疗保险制度、生育保险制度存在问题的理解。

二、启发思考题

1. 我国现行基本医疗保险由几部分组成？
2. 我国城镇职工基本医疗保险提供哪些保障？
3. 我国生育保险提供哪些保障？
4. 为什么生育保险仅仅同城镇职工基本医疗保险合并实施？
5. 为什么生育保险未同城乡居民基本医疗保险合并实施？
6. 生育保险同城镇职工基本医疗保险合并实施的意义有哪些？
7. 生育保险同城镇职工基本医疗保险合并实施后存在哪些问题？
8. 如何解决生育保险同城镇职工基本医疗保险合并实施后存在的问题？

三、建议课堂计划

建议讲述 4 课时，并进行讨论。

1. 课前计划。课前发放从网络上搜集的有关生育保险制度与职工基本医疗保险制度合并实施的案例资料。

2. 课堂计划。在案例讨论的过程中，主持人要保持中立的态度，组织学生开展讨论，评价学生的观点，可以采取提问、模拟会议、辩论会等形式探讨问题，激发学生积极地思考解决问题的对策。

3. 课后计划。讨论结束后，让学生提交案例分析报告，以提高学生分析问题和解决问题的能力。

案例 17

灾害无情　人间有爱

——“5·12”汶川地震自然灾害救助的启动与重建

彭清溪　刘钧[①]

2008年5月12日，四川省汶川县发生了8.0级地震，“5·12”汶川地震是中华人民共和国成立以来破坏性最强、波及范围最广、灾害损失重大、救灾难度最大的一次地震。

在汶川地震的灾后救助中，中央政府迅速响应，救援行动及时、有效。汶川地震的灾害管理为全国乃至全世界的灾害应对树立了典范，提供了宝贵的经验。但是，由于受政策时代背景、社会发展形势、经济和科技水平等诸多因素影响，汶川地震的灾后救助仍然存在一些不足。本案例旨在通过对汶川地震灾后救助予以客观的分析，在总结经验成果的同时，分析了我国自然灾害救助中可以进一步优化的问题，分析造成问题的主要原因，有针对性地提出解决问题的对策建议[②]。

---

① 彭清溪，女，中央财经大学保险学院在读研究生，研究方向：劳动与社会保障。刘钧，女，中央财经大学保险学院教授，研究方向：劳动与社会保障。

② 资料根据媒体公开发表的新闻整理而成。

案例正文

一、案例介绍

（一）汶川地震的发生

北京时间2008年5月12日14时28分04秒，汶川发生震级达8.0级的地震，震中位于四川省阿坝藏族羌族自治州汶川县映秀镇与漩口镇交界处，损害波及大半个中国及亚洲多个国家和地区，严重破坏地区的房屋损害超过10万平方千米。其中，极重灾区共有10个县（市），较重灾区共有41个县（市），一般灾区共有186个县（市）。截至2008年9月18日12时，“5·12”汶川地震共造成69227人死亡，374643人受伤，17923人失踪，是中华人民共和国成立以来破坏力最大的一次地震，也是唐山大地震后伤亡最严重的一次地震[①]。

（二）应急响应的启动

汶川地震发生之后，各新闻传播机构和网络平台随即开始进行全方位、长时段的实时报道，使全社会在第一时间了解到了震后灾情和救助工作的进展。面向社会的全方位的地震灾情报道让中央政府在第一时间知晓了灾情[②]，国家减灾委、民政部半小时内启动自然灾害救助Ⅱ级应急响应。时任中共中央总书记、国家主席胡锦涛做出重要指示，要求尽快抢救伤员，确保灾区人民群众生命安全；国家减灾委、民政部在当日22时15分将应急响应等级提升为Ⅰ级[③]；为加强对抗震救灾工作的领导，国务院成立了抗震救灾总指挥部，温家宝任总指挥，李克强、回良玉任副总指挥，全面负责抗震救灾工作。温家宝总理于5月12日20时抵达都江堰，现场指挥抗震救灾工作。同时，解放军总参谋部启动应急预案，要求成都军区空军和武警部队迅速组织灾区驻军全力投入抗震救灾，保证灾区人民生命安全，最大限度地减少损失。总政治部发出政治工作指示；总后勤部、总装备部也做好支援抗震救灾的一切应急准备；卫生部组织

① 徐邦耘．汶川地震案例分析［R/OL］．［2014-12-28］．wenku. baidu. com/view/43561ef651e79b896802268a. html.

② 童文莹．从一元走向多元：我国灾害救助动员模式的转变——以唐山大地震和汶川大地震为例［J］．城市与减灾，2016（04）：11-14.

③ 周洪建．汶川地震与西南地区特大旱灾案例对比分析［J］．中国减灾，2018（12）：42-45.

十余支卫生应急队启程赶赴灾区；交通运输部启动应急预案，要求迅速抢修毁损公路，确保物资畅通；公安部要求各地全警动员、全力以赴投入抗震抢险救灾中；中国外交部紧急启动应对地震灾情涉外工作应急机制，并向有关国家驻华使馆通报外交部24小时值班电话，以及时处理相关涉外工作。由此，自然灾害救助工作全面启动。

随后的几日内，各地区政府、军区派出的救援人员和医疗团队陆续抵达，救援物资开始持续地输送到灾区。

（三）灾后的救助

2008年5月13日17时35分左右，解放军某部官兵和成都武警官兵设法利用冲锋舟从水路进入汶川地震的震中地区——汶川县映秀镇进行紧急救援。5月14日，武警部队驻四川某师200人由理县强行军90公里后到达汶川县城，成为第一支到达汶川县城的抢险救灾队伍。同时，第一批空中部队抵达汶川县城，并空投救灾物资17吨，投放的8个地点分别为汶川县（县城）、映秀镇（属汶川县）、茂县、都江堰市、青川县、平武县、什邡市和彭州市。

5月20日下午，温家宝主持召开国务院抗震救灾总指挥部第11次会议，研究受灾群众生活安排、防范次生灾害等工作。截至20日24时，累计解救、转移被困人员360159人，其中从废墟中挖掘出来的生还者共计6375人。5月22日，胡锦涛主席主持召开中共中央政治局常务委员会会议，专门研究继续全力做好抗震救灾工作。

（四）灾后的恢复重建

2008年5月27日，国务院提出"一省帮一重灾县，几省帮一重灾市（州）"的救援方案，举全国之力帮助灾区重建，由此建立了全国对灾区各地的对口支援机制。6月8日，温家宝总理签署、颁布的《汶川地震灾后恢复重建条例》于发布之日起实施，将汶川地震的灾后恢复重建工作纳入法制化的轨道。这是我国历史上从起草到颁布实施历时最短的一部行政法规，创造了立法史上的纪录①。

根据《汶川地震灾后恢复重建条例》的规定，地震灾后恢复重建应当坚持以人为本、科学规划、统筹兼顾、分步实施、自力更生、国家支持、社会帮扶的方针。灾后恢复重建应当遵循以下原则：（1）受灾地区自力更生、生产自救与国家支持、对口支援相结合；（2）政府主导与社会参与相结合；（3）就地恢复重建与异地新建相结合；（4）确保质量与注重效率相结合；（5）立足当前与兼顾长远相结合；（6）经济社会

---

① 王东明，曹坤，刘剑博．汶川地震以来我国自然灾害救助工作的发展［J］．中国应急救援，2018（3）：9－14.

发展与生态环境资源保护相结合。

为了更好地指挥协调灾后重建工作，各级政府还成立了一系列临时指挥部以协助完成地震灾后恢复重建工作。

1. 灾后的过渡性安置工作。对灾民的过渡性安置采取就地安置与异地安置、集中安置与分散安置、政府安置与投亲靠友、自行安置相结合的方式。政府对投亲靠友和采取其他方式自行安置的受灾群众给予适当的补助。各级人民政府根据实际条件，因地制宜，为灾区群众安排临时住所，包括帐篷、篷布房等，同时鼓励灾区农村居民自行筹建符合安全要求的临时住所，并予以补助。在过渡性安置地点配套建设水、电、道路等基础设施，并按比例配备学校、医疗点、集中供水点、公共卫生间、垃圾收集点、日常用品供应点、少数民族特需品供应点以及必要的文化宣传设施等配套公共服务设施，确保受灾群众的基本生活需要。临时住所、过渡性安置资金和物资的分配与使用，应当公开透明，定期公布，接受有关部门和社会的监督。

过渡性安置用地按照临时用地安排，可以先行使用，事后再依法办理有关用地手续；到期未转为永久性用地的，应当复垦①后交还原土地使用者。过渡性安置地点所在地的县级人民政府组织有关部门加强次生灾害、饮用水水质、食品卫生、疫情的监测和流行病学调查以及环境卫生整治的管理；公安机关加强治安管理，维护正常的社会秩序；受灾群众在过渡性安置地点所在地的县、乡（镇）人民政府组织下，建立治安、消防联队，开展治安、消防巡查等自防自救的工作。

地震灾区的各级人民政府组织受灾群众和企业开展生产自救，积极恢复生产，并做好受灾群众的心理援助工作；各级人民政府及政府农业行政主管部门及时组织修复毁损的农业生产设施，开展抢种抢收，提供农业生产技术指导，保障农业投入品和农业机械设备的供应；有关部门优先组织供电、供水、供气等企业恢复生产，并对大型骨干企业恢复生产提供支持，为全面恢复工业、服务业生产经营提供有利的条件。

汶川地震灾后救助相对成功，100 万名紧急转移的受灾群众的基本生活得到妥善安排，881 万名灾区困难群众得到救助。中小学校在新学期开始前全面复课开学，采取有效的措施确保了大灾之后无大疫，灾区人民吃、穿、住、行、医疗基本得到保障。

2. 组织恢复重建。完成过渡性安置后，灾区恢复重建工作迫在眉睫。国务院有关部门随后组织开展了地震灾害调查评估工作，为编制地震灾后恢复重建规划提供了依据。2012 年 7 月 3 日，国务院发布的《关于做好汶川地震灾后恢复重建工作的指导意

① 复垦是指因建设时临时占用了农田、农地做仓库、料场、预制场、道路等，建设工程完工后，将这些土地恢复原状。

见》规定，力争用3年左右时间完成灾后恢复重建的主要任务，使灾区群众的基本生活生产条件达到和超过灾前水平。2008年9月19日，国务院发布了《汶川地震灾后恢复重建总体规划》（以下简称《总体规划》）对重建基础、总体要求、空间布局、城乡住房的恢复重建、城镇建设、农村建设、公共服务的恢复重建做出了总体规划。《总体规划》要求，根据城乡布局和人口规模，整合资源，调整布局，推进标准化建设，促进基本公共服务均等化。优先安排学校、医院等公共服务设施的恢复重建、基础设施恢复，把恢复功能放在首位，根据地质地理条件和城乡分布合理调整布局，与当地经济社会发展规划、城乡规划、土地利用规划相衔接，远近结合，优化结构，合理地确定建设标准，增强安全保障能力、产业重建、防灾减灾体系的恢复重建、生态环境的恢复重建、精神家园的恢复重建。

2008年9月11日，民政部公布的统计数据显示，截至2008年9月11日12时，汶川地震已确认69226人遇难，374643人受伤，17923人失踪。2008年11月17日，国家发改委发布的《汶川地震灾后恢复重建基础设施专项规划》估算总投资达1670亿元。

二、"5·12"汶川地震救助启动与重建的宝贵经验

（一）"5·12"汶川地震救助的经验

1. "5·12"汶川地震的应急响应迅速、及时。地震发生后的第一时间，国家主席胡锦涛就对救灾工作迅速做出指示："灾情就是命令，时间就是生命"。震后半小时，国家救灾委员会就启动了重大自然灾害"Ⅱ级应急响应预案"；震后90分钟，温家宝总理就飞往地震灾区指导监督救援工作；震后8小时，国家救灾委员会就将"Ⅱ级应急响应预案"升至"Ⅰ级应急响应预案"。地震当天就成立了国家抗震救灾指挥部，温家宝总理担任总指挥。国家地震灾害紧急救援队共184人。其中，中国地震局12人，北京军区150人，武警总医院22人。在主震后10个小时内，国家地震灾害紧急救援队到达灾区。北京和汶川之间的距离为1500公里，这可能是全球自然灾害救援史上响应最快的一次[①]。与此同时，解放军总部、卫生部、交通运输部、公安部、中国外交部等有关管理部门均在短时间内启动了应急响应。中央政府于当晚启动救灾的政治动员，召开了中央政治局常委会，对抗震救灾进行了动员部署，成立了抗震救灾

① Y. Chen D. C. Booth，柴浩翔译．《2008年汶川地震：灾难剖析》．第五章：应急响应和救援［J］．世界地震译丛，2019（1）：70－99.

指挥部，并设立由有关部门、军队、武警部队和四川省省委、省政府主要负责人参加的救援组、预报监测组、医疗卫生组、生活安置组、基础设施组、生产恢复组、治安组、宣传组8个抗震救灾工作组。我国政府应急响应的迅速、及时，保证了自然灾害救助工作的顺利进行。

2. 社会各界积极参与救助活动。新媒体的发展和政府信息公开制度的实行，促进了汶川地震信息的公开透明，各新闻传播机构和网络平台的实时报道使全社会可以很快地了解震后的灾情。与此同时，社会志愿者和志愿者团体纷纷赶往灾区。在地震发生后仅2小时，江苏黄埔再生资源利用有限公司就组成了救灾抢险队，该抢险队拥有推土机、挖土机、吊车等60辆重型机械设备和120名操作手，在董事长陈光标的带领下千里驰援救灾一线，成为全国首支到达地震灾区的民间工程救援队。随后，很多民间救灾赈灾团体和个人纷纷加入抗灾第一线，开展救援活动，社会各界捐赠热情也空前高涨。此外，国外多个官方和自治团体也进行了援助和捐款捐物活动。

3. 救援行动迅速、救援精神可歌可泣。救援以“以人为本”为原则。各救援队伍秉持着温家宝总理的指示：“只要有一线希望，就永不放弃。”根据相关管理部门发布的地震分布数据，精准、迅速地前往灾区救援。国家地震灾害紧急救援队在一夜之间就赶到了四川受灾最严重的地区。在长达18天的紧急救援中，成功营救了49名幸存者，并转移了1080名遇难者遗体。与此同时，其他各省级地震救援队伍也纷纷赶赴现场救援，共营救出371名幸存者。在同一天，中国成都军区的50000名解放军和武警官兵协助汶川灾区展开救灾工作，目标是尽快抢救伤员，确保人民的生命安全和生活保障。在实施救援的过程中，政府表现出对每一个生命的高度尊重——人道主义关怀和尊重，不仅给予生还者，而且给予遇难者。为了向汶川地震中遇难的各民族同胞表示沉痛的哀悼，中华人民共和国国务院将2008年5月19日至21日确定为全国哀悼日。与此同时，国内和海外机构降半旗致哀，停止公共娱乐活动，外交部、中国驻外使领馆公布吊唁书。2008年5月19日下午2点28分，举国哀悼默哀3分钟。

4. 灾情跟踪评估快速、准确，防止次生灾害的发生。国家减灾委员会、民政部、国家减灾中心作为灾害管理部门，在地震发生后的短短8小时内开展灾情遥感监测、灾害范围评估，对地震发生的次数、分布、规模、形成机制、危害对象、稳定性、危险性等因素进行了科学高效的分析评估，为救灾决策和应急抗震救灾措施的迅速、准确制定提供了重要的依据。经过灾情评估，国家减灾委员会将应急响应提升为Ⅰ级，又迅速指示其他相关管理部门（解放军总部、卫生部、交通运输部、公安部、中国外交部等）启动相应的应急响应预案。科学的灾情跟踪、监测、评估为汶川地震后救援工作的开展提供了重要依据。

5. 地震灾害信息的发布公开透明。为了在重大灾难面前营造社会稳定的局面，各级政府通常习惯于统一口径，而不是将灾害的全部真相告诉公众。汶川地震发生时，这种情况改变了。地震发生后不到 10 分钟，中国地震局与新华社联系，向社会发布消息。中央电视台、人民日报等权威媒体优先对灾情进行了多方位、多层次的报道，有效地扭转了公众过去在自然灾害和相关救灾工作中的被动地位。同时尊重了公民的知情权，汶川地震虽然给成千上万的人民生活造成了极大的破坏，但却没有造成社会恐慌。信息公开透明不仅体现在国内，还体现在对国际社会的“迅速和完全开放”的应对方式上。汶川地震灾害时期，中国欢迎来自国际社会的记者和救援队伍，受到了西方媒体的赞扬。汶川地震发生后，中国允许外国媒体进入灾难现场，包括来自 20 多个国家的 150 多名外国记者。不仅有来自日本、俄罗斯和韩国的专业救援队进入汶川搜救幸存者，而且来自英国、意大利、法国、古巴等国家和中国红十字会共派出了 9 支医疗队进入汶川医治伤员，其中包括 223 名外国医务人员，极大地提高了救援效率。

6. 灾后重建迅速，成效明显。汶川地震后，我国政府秉承着“国家动员与统一领导”灾后恢复、重建的政策，设计了“三年重建，两年完成”的总体规划。在国家救援体系和社会各界的帮助下，灾区恢复重建工作迅速展开，效果也十分明显，主要体现在三个方面：一是城乡住房条件得到显著改善。一些地区的居住环境甚至超过震前水平，如整体搬迁的北川新县城成为“灾后恢复重建的标志性工程”。二是公共服务水平大幅度地提升。例如，学校、医院等设施的抗震设防标准由原来的 7 度提高到 8 度。三是相关产业得以恢复。借助恢复重建，一些灾后重建地区还发展了特色旅游业①。这些积极成果的取得，充分体现出了中国特色社会主义制度的优越性。

（二）“5·12”汶川地震救助中存在的问题

在看到我国灾后救助积极成果的同时，也不能忽略其中存在的问题，“5·12”汶川地震救助中存在的问题主要有以下几个方面。

1. 地震的灾前预警不力。有研究表明，在地震波到达时，如果提前 3 秒收到预警，伤亡人数可以降低 14%；提前 10 秒收到预警，伤亡人数可以降低 39%。如果汶川地震发生前有效地发出预警，死亡人数可能会减少 2 万人至 3 万人②。地震发生后，政府快速响应，并投入了大量人力物力救援灾区，也采用了较为先进的技术，远程医疗、无人机、生命探测仪均投入到了抗震救灾中，但这只是“就灾论灾”，属于震后

① 王正攀，龚维斌．恢复重建政策模式变迁及其演化逻辑［J］．中国应急管理，2019（5）：40－42．

② 他跑赢了“地震波”！提前 10 秒预警宜宾地震，刷屏了整个四川［N/OL］．闪电新闻，［2019－06－18］．baijiahao. baidu. com/s?id＝1636642672304569839&wfr＝spider&for＝pc．

防止救灾造成损失扩大。面对地震灾害的频发，强化地震灾害发生的预警、预告迫在眉睫。

2. 救灾减灾能力建设有待于进一步加强。时间是应急救援救灾中最关键的因素，基层应急管理能力是整个社会应急管理能力的基础。灾区的本地人离受灾点最近，最有可能在第一时间到达受灾地区，同时他们也最清楚受灾地区的灾情，这部分人参与救援工作，可以大大提高救援的效率和效果。汶川地震中，自救、互救人员达到了被困人员总数的80%，这一方面体现了社区减灾能力建设的重要性，同时也说明汶川地震自救互救能力还需亟待加强。公众防灾观念不强、减灾知识缺乏、自救能力不足、社区减灾机制不健全等问题，影响了救灾减灾的效果。此外，由于多数地方没有成立社区救援队，重灾区人员紧急疏散后，造成震后初期缺少救援向导，影响了外来救援力量开展搜救工作，社区减灾能力建设有待于进一步加强。

3. 救援救灾物资储备不足，救援救灾物资难以满足救灾需求。汶川地震发生之期，主要资源的需求总量迅速增加，很快到达峰值，但此时中央和地方救灾物资储备不能满足应对灾害的需要，救灾物资储备库数量少、规模小、覆盖面不足，造成救援救灾物资难以满足救灾需求。同时，由于储备的救灾物资品种单一，数量不足，难以满足灾民的需求。第一，在品种方面，当时11个中央级救灾物资储备库储备的物资比较单一，省级和省级以下的救灾物资储备库一般只储备棉衣、棉被。汶川地震中，灾民急需的手电筒、蜡烛、净水器、雨衣、雨具、小型发电机、移动厕所、活动板房等满足基本生活的物资，实际却没有或者很少储备。第二，在数量方面，中央救灾物资储备库储备的帐篷只有15万顶，而这次地震灾区的需求达到百万顶以上①。第三，在技术方面，抗震救灾需要遥感、卫星通信、生命探索仪等专业救援装备，但是受到我国科技发展程度的限制，应急通信装备十分有限，救援人员使用的海事卫星电话在救援时出现严重堵塞的问题，救援队中缺乏适用于山区的、有效的视频和音频通信设备，没有能够快速地构建覆盖极震区② 3万~5万平方公里区域的通信系统。同时，救援队里具有灾情获取和通信传输的专家也比较少，难以充分了解灾区的灾情，难以富有效率地布局救援资源。

4. 多方联动应急预案较多，各项措施之间难以有效地配合。汶川地震发生后，国家减灾委、民政部启动自然灾害救助应急响应预案，紧急调拨物资进行支援；中国地震局启动一级响应预案，派遣救援队伍直奔现场；总参谋部启动应急响应预案，按照

① 民政部国家减灾中心、联合国开发计划署．汶川地震救灾救援工作报告［R］．2009.

② 极震区是指地面上受破坏最严重的地区。

应急响应预案做好抢险救灾准备；财政部启动财政应急响应预案，为应对巨灾提供财力支援；四川省阿坝州人民政府启动破坏性地震应急响应预案；中国红十字会启动一级救灾响应预案，向国内外发出紧急救助呼吁，派出紧急救援队开展医疗救援和心理救援，接待并安排境外医疗救援队和红十字会国际联合会援助 ERU（Emergency Response Uni）应急队参与救援；中国人民财产保险公司、中国人寿保险公司等启动汶川地震理赔应急预案。如此密集的多方联动应急预案体系在汶川地震的应对中不可避免地出现了漏洞。例如，电力供应迟滞、交通阻断影响应急救灾的进度、通信技术、信息系统受气象、地理环境的影响不能正常运行，难以辅助中央决策；资金管理的不透明，导致民众对财政资金的走向产生置疑[①]。因此，汶川地震救助暴露出应急响应预案建设密而有疏，基于具体类型、特殊情境的应急预案仍然存在难以有效衔接的问题。又如，汶川地震发生后，虽然动员了大量的社会力量进入灾区，但是社会力量（NGO组织[②]、志愿者）集中分布在媒体曝光比较多的地区。军队和专业救援队的分布也不均衡，某些地区的救援力量过剩，某些地区的救援力量严重不足，救援力量分布存在不均衡的问题。以上诸多问题的存在，导致自然灾害救助中政府只能较好地满足灾民的普遍性需求[③]，难以满足灾民的差异化需求[④]。例如，中国科学技术发展战略研究院开展的对地震灾区 4000 户家庭的快速需求调查显示，22% 的受灾家庭认为亲友提供的帮助对他们最重要，2.7% 的家庭认为志愿者和 NGO 组织提供的帮助对他们最重要。汶川地震后，灾民的差异性需求未得到有效的满足，民间组织发挥的作用有限。

5. 灾后重建缺乏精准性。汶川地震的灾后重建总体来说迅速、高效，但是也存在许多不可忽视的问题，其主要表现在以下几个方面：（1）政府的直接统一规划、统一建设难以符合灾区的实际情况，造成资源配置的浪费。在制定重建方案时，一味地追求速度，没有针对不同地区的特点精准地重建，而是直接统一规划、统一建设，一些工程和政策并不完全符合当地灾民的实际需要，造成人力、物力资源的浪费。（2）缺乏“灾后恢复”意识，社会重构及心理恢复工作滞后。灾后恢复重建工包括恢复和重建，二者并不能完全画等号。灾后重建是短期过程，更多侧重生产生活等物质基础的

① 温志强，郝雅立. 转危为机：应急管理体系的完善与发展困境——汶川地震十周年回顾［J］. 理论学刊，2018，278（4）：62 - 69.

② NGO 组织是英文“non - government organization”一词的缩写，是指在特定的立法体系中非政府部门的协会、社团、基金会、慈善信托、非营利公司或其他法人，是不以营利为目的的非政府组织。

③ 普遍性需求是指受灾民众的基本生活需求。按照我国现行灾害救助政策的要求，主要是指“有饭吃、有水喝、有衣穿、有房住、有医就、有学上”等六个方面的基本生活保障。

④ 差异性需求是指根据灾民的具体情况而各有不同的救灾需求。例如，心理较脆弱的灾民需要心理支持；经济实力弱的家庭需要更多的资金援助；家里孩子较多的家庭，需要有人帮忙照看孩子等。

重建，而灾后恢复指的是对于社会机制层面的社会心理、社会文化、社会秩序等方面的重构、恢复，是一个长期过程，需要在社会秩序稳定后，基于当地实情稳步推进。然而，汶川地震后的重建主要着眼于物质生产、居住条件的恢复，对于社会机制和社会心理的恢复缺乏足够的关注。

（三）“5·12”汶川地震救助中存在问题的主要原因

汶川地震的巨灾性质加剧了自然灾害救助的难度。巨灾的界定通常综合参照绝对的数量标准和相对的能力标准。绝对的数量标准主要包括死亡（含失踪）人数、直接经济损失、成灾面积等可以量化的指标。马宗晋等把死亡 10000 人以上、直接经济损失（按照 1990 年物价水平折算）100 亿元人民币以上的自然灾害视为巨灾[①]。史培军认为，死亡 10000 人以上、直接经济损失 1000 亿元人民币以上、成灾面积 10 万平方公里以上的三个标准中，只要符合其中两个标准就可以划定为巨灾[②]。相对的能力标准主要包括两个方面：第一，是否需要通过国家动员来提供资源帮助。汶川地震后，中央政府成立抗震救灾总指挥部进行了全国范围的救灾动员，又通过“对口支援”的方式进行灾后重建。第二，是否需要动用外部力量来组织救灾。汶川地震后，我国政府动用了军队力量来进行救灾。综合以上标准，汶川地震属于巨灾[③]。在减灾防灾和灾后救助中，我国自然灾害救助中存在的问题也凸显出来，其主要有以下几个方面。

1. 缺乏科学的地震灾前预警体系。汶川地震发生时，我国的地震灾前预警尚未形成完整、系统化的灾害防御体系，主要表现在：其一，缺乏及时、有效的地震灾前预警体系，灾前预兆没有得到有关管理部门的足够重视；其二，灾前防警宣传不力，尚未建立系统的防灾抗灾科普规划；其三，基层地震灾害预警人员队伍建设滞后，阻碍了各类自然灾害的科学预警、监测工作的发展。

2. 政府各级管理部门之间的应急协调机制有待于进一步完善。汶川地震发生后，由于中央政府、各级地方政府尚未建立综合协调机构，只能通过建立临时成立指挥部来行使综合协调和总体指挥的功能。由于指挥部是在巨灾发生后临时成立的，并缺少有效的预案支撑，其功能的发挥受到一定程度的影响。总指挥部管辖下的各个工作组的职责、各部门之间的分工协作缺乏常规化和制度化的机制。汶川地震初期，指挥体

① 马宗晋．中国重大自然灾害及减灾对策（总论）[M]．科学出版社，1994，170－175．

② 史培军，汪明，王静爱，徐伟，唐迪，陈文方，帅嘉冰．从中国汶川地震和南方雨雪冰冻灾害看巨灾划分的标准和巨灾保险[A]．国家综合防灾减灾与可持续发展论坛[C]．北京，2010．

③ 姚庆海．巨灾损失补偿机制研究——兼论政府和市场在巨灾风险管理中的作用[M]．北京：中国财政经济出版社，2007：105－111．

系不统一，指挥机制不健全，各部门间的协调不畅影响了救援救助的工作效率，或造成救援力量没有在各灾区得到最优配置。

3. 救援救灾物资储备制度有待于进一步完善。汶川地震发生时，我国已经建立了救灾物资储备制度，救灾物资储备网络已经基本形成，储备了一定品种和数量的救灾物资。但是，救援救灾物资储备结构、物资储备品种、储备数量等方面存在不足，影响了救援救灾工作的效率。同时，救援救灾物资储备的主管部门不统一，例如衣被、帐篷等生活物资由民政部门储备；药品、车辆、粮食分别由物资、交通和粮食部门储备；具备生产能力的企业网络则由商务部门管理。由于救援救灾物资储备分属于多个部门管理，造成救灾物资配置难以形成统一计划，直接影响了物资储备的“浪涌能力”①。

4. 受灾群体的抗风险能力比较弱，导致灾民的差异性需求量比较大。受灾群体的抗风险能力主要体现在社会脆弱性上。总体来说，主要包含三个层次的含义：其一，灾害发生的潜在因素所构成的脆弱性，包括灾前特定的社会结构、社会地位或其他体制性力量等因素。其二，特定的社会群体、组织或国家暴露在灾害冲击之下易受到伤害或损失程度的大小。其三，灾害调适与应对能力所反映的脆弱性，应对能力越强，脆弱性越小，应对能力的大小由个人和集体的抗风险能力及公共政策决定。汶川地震的受灾群体的抗风险能力比较弱，这是造成灾民差异性需求较多、救助难度大的主要原因。

5. 尚未探索建立 NGO 组织、保险公司发挥作用的有效机制。政府在需要大面积救灾时只能优先满足普遍性需求，无法顾及灾民的差异性需求，只能依靠社会力量的多元化救助来满足灾民差异性的需求。例如，NGO 组织、志愿者和保险公司都应该成为政府灾后救助的有力补充，然而由于缺乏有效的管理机制，其作用在汶川地震的灾后救助中未能很好地发挥作用。汶川地震后，参与救助的 NGO 组织多达数百家、志愿者多达数百万，但实际上只有少数的 NGO 组织可以提供与政府不同的服务，满足受灾民众的差异性需求。同时，由于大多数 NGO 组织缺乏明确的行动目的，初期救援力量聚集在媒体报道较多的地方，应急救助后又接连撤出，在灾后恢复中未有效地发挥作用。

巨灾保险能够贯穿于事前的防范、事中监督管理和事后补偿，是保险公司管理巨额损失的有效工具，是灾害防治工作的重要组成部分。巨灾保险将政府救助与灾区民众自救紧密地结合起来，可以提高社会公众抵御灾害的能力，也是除了 NGO 组织之

---

① “浪涌能力”是指救助主体应对巨灾后灾民需求峰值的能力。

外，管理巨灾损失的有效方式之一，为灾民提供第二重保障。但是，目前我国应对巨灾的资金投入仍以政府支出为主，“汶川地震”应急抢险投入为 700 亿元，灾后重建投入为 2203 亿元[①]。汶川地震造成的直接经济损失为 8451 亿元，保险赔付为 18.6 亿元，占比仅为 0.2%。相比于许多发达国家占直接经济损失 30% 以上[②]的巨灾保险赔款来说，中国保险业的赔付金额远未发挥对巨灾损失的保障功能和对灾害风险防治的作用。

6. 自然灾害救助的立法尚不健全。我国应急法制建设存在“立法滞后、预案先行”的问题，由此造成有关自然灾害救助的立法较为迟滞。2007 年 8 月，由《防震减灾法》发展而来的《突发事件应对法》作为中华人民共和国第一部应对各类突发紧急事件的综合性“基本法”的颁布，确立了系统地应对突发公共事件的法律制度构架[③]。然而，时隔不到一年，《突发事件应对法》接受了汶川地震的检验，暴露出了一些问题，如针对性不强、可操作性差、不成体系等，对于巨灾引起的次生灾害、连锁反应缺少预防性的规定，灾后规划、利益平衡、民众参与、资金分配、巨灾救助与补偿等方面尚未建立法律依据等，其主要表现在以下几个方面。

（1）政府有关管理部门的职能和责任未能通过法律、法规明确地划分。自然灾害立法体系尚未健全，政府有关管理部门的职能和责任就未能通过法律、法规予以明确地划分各级各部门的应急预案缺乏有效的衔接，容易产生矛盾和冲突。

（2）政府在灾害预警、救灾物资储备、资金投入方面缺乏细致的立法，造成救援救灾物资供给方面缺乏有效的协调。

（3）未能有效地规范社会资金介入的立法。由于缺乏引入社会资金介入防灾减灾方面的法律、法规，社会资金投资防灾减灾的积极性不高。

三、进一步加强我国自然灾害救助的建议

（一）建立、完善灾前预警体制

建立灾前预警体制，有助于降低自然灾害事故造成的损失，对此，应当做好以下几个方面的工作。

① 冯俏斌．我国自然灾害资金保障体系的制度框架设计［J］．中国经济，2011（1）：67－75.

② 一些国家和地区甚至可达 70% 以上。

③ 温志强，郝雅立．《突发事件应对法》实践十年：成绩、问题与未来展望［J］．江西财经大学学报，2017（5），124－131.

1. 构建自然灾害立体监测体系，提高自然灾害预警、预测的能力。对此，应当建立灾害监测—研究—预警预报网络体系，实行固定监测和流动监测相结合、传统监测与现代监测相结合、专业监测与群众监测相结合，对灾害实施全方位、多角度、立体式监测。另一方面应当调整自然灾害研究管理体制，整合全国科技资源。在深入研究自然灾害形成机理及活动规律的基础上，提高对重大自然灾害的诊断、分析能力和预测水平，建立一套应对自然灾害的监测—分析—预测体系。

2. 加强对公众进行自然灾害预警的教育。政府有关管理部门应当加强对公众进行防御自然灾害的宣传教育，以提高公众主动防范风险的意识和自我防御的能力。例如，可以采取播放宣传教育视频、免费发放宣传资料、组织群众进行避灾演习等多种形式，广泛地开展防灾避灾抗灾知识的宣传、普及，以增强公众的自救意识和自救能力。

3. 成立灾前预警的专项资金。灾前预警的专项资金主要用于自然灾害的基础性防御工作，缓解防灾减灾科研经费紧缺的问题。

（二）完善灾害救助的应急协调机制

对此，应当做好以下几个方面的工作。

1. 建立应对紧急事故的应急管理部，由中华人民共和国主席直接领导，以协调各应急管理部门的工作。

2. 以应急管理部为中心，逐步完善应急管理体制。以往的应急行动多依靠联席会议或者临时指挥部来应对重大紧急事故，通过跨部门协调来应对已经发生的危机事故。

3. 明确各职能部门的职责、分工，以明确各部门的职责。这样的职责分工可以在不同部门和负责人之间进行合理地分配，物资储备调用也可以在多个部门之间进行统筹调配，以避免条块分割下的信息传递、人员沟通的成本。

4. 建立常态化的工作机制。政府有关管理部门应当改变以往“临时应对、临时成立、临时调配”的低效管理，逐步推进各层级应急管理实体职能部门体系的建立，进一步完善规章制度，完善应急协调体制，使自然灾害的应急管理成为常态化的工作机制。

（三）完善救援救灾物资的储备制度

对此，应当做好以下几个方面的工作。

1. 增加救援救灾物资储备的品种，实行“全危险”储备政策。巨灾的灾害链比一般灾害要复杂得多，“汶川地震”就是以地震为首发灾害，以滑坡、崩塌、堰塞湖为衍生灾害和次生灾害的“灾害链”，由此，引发了生命救援、生活救助、地质灾害防治、疫情防控、心理干预、灾后重建等多方面的灾后需求，增加救援救灾物资储备的品种，可以提高救援救灾的效率。

2. 建立“全危险”物资储备机制。不同于巨灾应急救援，物资储备属于常态管理，需要持续的公共财政投入。这会使救灾物资储备面临许多其他的“竞争性需求”，“全危险”物资储备机制可以有效地应对多种潜在损失风险，储备物资被用到的可能性更大。“全危险”物资储备包括政府储备、生产能力储备、社区和家庭储备三种。“全危险”政府储备是指打破现有物资储备的部门分割，以提高救灾物资储备的统筹使用能力。“全危险”生产能力储备是指对于食品、药品等保存期较短的物资，可以通过政府采购、企业预留生产能力和协议生产等方式来满足灾民的需求。“全危险”社区和家庭储备是指社区和家庭储备的“应急包”等物资，能在一定程度上增强物资储备的“浪涌能力”。

3. 建立救灾储备物资的共享机制。对此，有关管理部门可以通过区域互助合作实现救灾储备物资的“资源共享”，也可以让同一区域内不同地方政府之间在灾前签订合作协议，有助于在资金投入较少的情况下，通过资源共享增强救灾资源储备的弹性。

（四）提高社区的抗风险能力

灾害发生后，外界的支持对于受灾社区来说只能起到有限的补充作用，但是不能代替社区自身的作用，因此，应当着眼于提高社区的抗风险能力，重视社区的应急管理机制的建设，尤其是巨灾的社区应急管理机制的建设。

1. 灾害应急管理工作应当向基层倾斜，发展社区互助网络，完善社区灾害救助应急体制，使社区能够在灾害发生后的第一时间就有组织、有目的地开展应急救援工作。

2. 应当加大减灾示范社区的表彰力度，通过示范社区的示范效应，带动社区整体减灾能力的提高。在政府的支持下，通过培训、演练等帮助社区居民提高灾害防御意识和避灾减灾能力。

3. 大力推进社区灾害救援队的建设，使之成为贴近基层的准专业救援力量，并成为外来救援力量的向导。

（五）建立优化社会力量参与的有效机制，更好地满足灾民的差异性需求

政府管理部门应当针对NGO组织发育不足、缺乏组织与协调、分布不均衡和引发混乱等问题，出台相应的行政管理制度，建立优化社会力量参与救援的有效机制。同时，NGO组织、志愿者和受灾民众的社会支持网络建设应当以抗风险能力分布为导向，引导社会力量参与救援救灾。

1. 重视灾前的抗风险能力评估，依据社区抗风险能力的分布来发展和培育满足灾民差异性需求能力的 NGO 组织。

2. 鼓励 NGO 组织参与巨灾救助，建立 NGO 组织参与巨灾救助的准入制度，引导 NGO 组织有方向地发展满足差异性需求的救助能力，使 NGO 组织能够成为政府灾害救助的有效补充。

3. 保险行业应当制定相应的灾害保险规章，政府应当支持、鼓励公众参加灾害保险，发挥保险行业在普及灾害知识、防范灾害风险、灾害应急救助和调查核实灾情中的作用。政府应当更加积极主动协调自身与保险公司、被保险者之间的关系，提供一定的启动资金，引导保险公司进入巨灾保险市场，从而成为满足灾民差异性需求、保障灾民生活的重要力量。

（六）完善自然灾害救助的立法体系

政府有关管理部门应当尽快制定、出台灾害救助的法律、法规，为相关机制的建立和财政资金的投入提供立法基础。依据法律、法规来确定政府管理部门、NGO 组织、保险公司和社会各界在灾害预警、预告和救助中的责任与义务，鼓励社会组织、私营部门和社区组织在法律、法规允许的范围内，自动采取防灾、减灾和救灾活动，赋予灾害管理的相关部门和人员在灾害应急响应时应急处置的权力，明确应急物资征用的补偿机制。

参考文献

[1] 徐邦耘．汶川地震案例分析 [EB/OL]．[2014－12－28]．wenku. baidu. com/view/43561ef651e79b896802268a. html.

[2] 童文莹．从一元走向多元：我国灾害救助动员模式的转变——以唐山大地震和汶川大地震为例 [J]．城市与减灾，2016 (7)：11－14.

[3] 周洪建．汶川地震与西南地区特大旱灾案例对比分析 [J]．中国减灾，2018 (12)：42－45.

[4] 王东明，曹坤，刘剑博．汶川地震以来我国自然灾害救助工作的发展 [J]．中国应急救援，2018 (3)：9－14.

[5] Y. Chen D. C. Booth，柴浩翔译．《2008 年汶川地震：灾难剖析》第五章：应急响应和救援 [J]．世界地震译丛，2019 (1)：70－99.

[6] 王正攀，龚维斌．恢复重建政策模式变迁及其演化逻辑 [J]．中国应急管理，

2019（5）：40－42.

[7] 他跑赢了“地震波”！提前 10 秒预警宜宾地震，刷屏了整个四川 [EB/OL]. 闪电新闻，2019－06－18/[2020－03－20]. baijiahao. baidu. com/s?id = 1636642672304569839&wfr = spider&for = pc.

[8] 民政部国家减灾中心、联合国开发计划署．汶川地震救灾救援工作报告 [R]. 2009.

[9] 温志强，郝雅立．转危为机：应急管理体系的完善与发展困境——汶川地震十周年回顾 [J]. 理论学刊，2018（4）：62－69.

[10] 马宗晋．中国重大自然灾害及减灾对策（总论）[M]. 北京：科学出版社，1994：170－175.

[11] 史培军，汪明，王静爱，徐伟，唐迪，陈文方，帅嘉冰．从中国汶川地震和南方雨雪冰冻灾害看巨灾划分的标准和巨灾保险 [A]. 国家综合防灾减灾与可持续发展论坛 [C]. 北京，2010.

[12] 姚庆海．巨灾损失补偿机制研究——兼论政府和市场在巨灾风险管理中的作用 [M]. 北京：中国财政经济出版社，2007：105－111.

[13] 郭明霞，张江波．重大自然灾害的灾前预警体系构建研究——5・12 汶川大地震的深刻启示 [J]. 社科纵横，2009（7）：47－49.

[14] 冯俏彬．我国自然灾害资金保障体系的制度框架设计 [J]. 中国经济，2011（1）：67－75.

[15] 温志强，郝雅立．《突发事件应对法》实践十年：成绩、问题与未来展望——中国《突发事件应对法》实践十年（2007—2017）[J]. 江西财经大学学报，2017（5），124－131.

案例适用说明

一、案例的适用范围和教学目标

1. 本案例的适用范围。本案例适用于保险学专业、风险管理专业硕士、劳动与社会保障专业、公共管理学专业开设的《社会保障理论研究》课程。

2. 本案例的教学目标。本案例旨在使学生了解我国自然灾害救助提供保障的范围、保障的形式、保障的程序，了解自然灾害救助发展中存在的问题，分析解决自然灾害救助存在问题的对策。培养学生将学习的自然灾害救助理论，应用于解决地震灾害造成的不利影响，以提高学生解决实际问题的能力。

二、启发思考题

1. 什么是自然灾害救助制度？
2. 自然灾害救助制度的特点有哪些？
3. 我国自然灾害救助的应急响应是如何启动的？
4. 我国自然灾害的救助工作和恢复重建是如何开展的？
5. 在自然灾害救助中，体现了我国社会主义制度的哪些优越性？
6. 我国地震灾害救助中存在的问题有哪些？
7. 造成我国地震灾害救助中问题的原因有哪些？
8. 如何进一步优化我国自然灾害救助制度？

三、建议课堂计划

建议讲述 4 课时，并组织学生讨论。

1. 课前计划。课前发放从网络上搜集的一些案例资料，让学生了解案例资料上的内容。

2. 课堂计划。主持人要保持中立的态度，组织学生开展讨论，评价学生的讨论，激发学生深入思考，可以采取模拟会议、辩论会等形式讨论问题。

3. 课后计划。讨论结束后，让学生课后写作案例，并提交案例分析报告；课堂讲评学生案例分析报告中存在的问题，并提出改进的办法，以提高学生分析问题和解决问题的能力。

案例 18

司法救助：农民工权益保障的利器

——农民工“讨薪难”案例分析

刘婷婷　刘钧[①]

农民工是社会弱势群体的缩影，一旦其合法权益遭受侵犯，这一群体大多面临声援无门、求助无路、维权无期的窘境。为了解决这些问题，我国政府出台了具有中国特色的司法救助制度，为维护社会弱势群体、涉法涉诉困难群体的合法权益提供一把必要的“保护伞”。通过司法救助，能够为受到侵害但无法获得有效赔偿的当事人提供适当的经济救助，帮助他们摆脱生活困境、保障他们的基本生活，同时也可以防止因当事人反复申诉、上诉或赔偿难以执行等负面因素导致的矛盾升级，避免损害司法权威、影响社会稳定的事件发生。近年来，我国司法救助制度的推行已经初见成效，制度的效用和重要性也已经得到实践的证明。但是，我国司法救助制度尚处于初步发展阶段。发展还不成熟、不平衡，仍然面临着宣传力度不够、立法支持不足、制度规定和执行差距大、办案时间长、救助资金不足等诸多问题和挑战，完善司法救助制度、解决司法救助制度运行过程中出现的问题，还需要对症下药、有针对性地解决问题、逐步攻克难关，以有效地保护弱势群体的权益。本案例从农民工进城务工的现实状况出发，分析农民工劳动权益保障缺失的问题，并探讨通过司法救助制度来有效地保障社会弱势群体的合法权益[②]。

---

① 刘婷婷，女，经济学硕士，泰康人寿保险有限责任公司职员，研究方向：社会保障和人身保险。刘钧，女，经济学博士，中央财经大学保险学院教师，研究方向：劳动与社会保障。

② 案例根据《延庆法院为9名民工发放司法救助款》一文改编，全国法院切实解决执行难信息网，2019－06－16，jszx. court. gov. cn/main/ExecuteNewsletter/221309. jhtml.

案例正文

一、案例介绍

2017 年 3 月至 9 月，李某等 9 名农民工受雇于宋某、宋二某兄弟二人，在北京市延庆区某镇建设民房，双方曾经就工作的内容、工资报酬、工作时间等达成协议。务工期间，宋某向李某等农民工支付了部分劳务费；工程竣工后，尚有大部分务工费没有结清。李某等 9 名农民工先后多次催要，但宋某兄弟二人拒绝支付。于是，李某等 9 名农民工于 2018 年 12 月将宋某兄弟二人诉至北京延庆区人民法院，要求宋某兄弟二人支付拖欠的务工费。案件经立案、审理后，双方达成调解协议，宋某兄弟二人向李某等 9 名农民工支付劳务费 10 万余元。但是，宋某兄弟二人并未在调解协议规定的期限内向李某等 9 人支付劳务费。2019 年 3 月，李某等 9 名农民工向北京市延庆区人民法院申请强制执行。

案件进入执行程序后，延庆区人民法院的执行法官立即启动对宋某兄弟二人的财产进行查控的程序，依法冻结两名被执行人的银行账户，但由于两名被执行人账户上的余额有限，且没有其他财产可供执行，因此无法向李某等 9 人发放执行案款。

经过法院后续了解、调查，两名被执行人的老家均系外省，宋某早已离开延庆，下落不明。宋二某尚在北京市延庆区某村工地上施工、建房。在法警的协助下，法官将宋二某传唤到庭，宋二某明确表示，不履行调解协议规定的义务，法院对其进行司法拘留。至此，案件的执行措施已经穷尽，李某等 9 名农民工的劳务费却仍然未能执行到位。值得庆幸的是，经过审查，李某等 9 名申请执行人均符合司法救助的资格条件。

在李某等 9 名申请人向延庆区人民法院提交司法救助申请后，执行法官立即为其办理了相关司法救助的手续。此时，李某等 9 名申请人已不在北京居住，为了避免申请人领款困难、减少他们的差旅费开支，延庆区人民法院执行法官采取远程传送、传真接收、直接打款等方式，将 100235 元司法救助款成功地发到刘某 9 名申请人手中。2019 年 6 月 11 日，李某等 9 名农民工从老家向此案的执行法官寄来锦旗，向首都人民法院、法官所秉持的公平执法、司法为民的执法态度表达了深深的谢意。

二、我国农民工劳动权益保障的现状和存在的问题

（一）我国农民工劳动权益保障的现状

农民工是指户籍在农村，在城镇从事非农产业或者外出进城就业6个月及以上的劳动者①。农民工是一个特殊的社会群体，他们为了养家糊口、背井离乡地来到陌生的城市，拿着较低的工资，却做着最脏、最累、城里人不愿意干的工作，他们虽是城市里生活的不起眼的“小人物”，却为国家的经济建设做出了独特的贡献。尽管如此，农民工依然不能改变他们由于身份、职业特殊性而成为城市中边缘群体和弱势群体的社会地位，绝大多数农民工缺乏基本养老保险、基本医疗保险、失业保险、工伤保险、生育保险等社会保险的保障，甚至连基本的合法权益都得不到有效的保障。

为了准确地反映农民工的规模、流向、分布等方面的情况，国家统计局自2008年起就建立了农民工监测调查制度。国家统计局发布的《2018年农民工监测调查报告》显示，我国农民工总量持续地增加，但增速回落比较明显。截至2018年年底，我国农民工总数为2.88亿人，增速为0.6%，较2017年同期降低了1.1个百分点。其中，本地户籍的农民工为1.16亿人，外地户籍的农民工为1.73亿人②。

从年龄分布来看，农民工的平均年龄为40.2岁。其中，40岁及其以上的农民工占农民工总数的比例为47.9%，50岁及其以上农民工占农民工总数的比例逐年提高，截至2018年年底达到22.4%。

从性别分布来看，男性农民工占农民工总数的比例为65.2%，女性农民工占农民工总数的比例为34.8%，女性占比较2017年年底有所增加，这主要是因为夫妻双方同时进城务工的结果。

从行业分布来看，在2018年以前，从事第二产业的农民工占农民工总数的比例最大，从事第三产业的农民工占农民工总数的比例在持续地增加。截至2018年年底，从事第三产业的农民工占农民工总数的比例为50.5%，超过了从事第二产业的农民工占农民工总数的比例（49.1%）。尽管从事制造业（27.9%）和建筑业（18.6%）的农民工占农民工总数的比例在逐年下降，但是这两个行业依然是农民工就业较为密集的两大行业。其中，建筑业中从事重体力劳动的农民工占建筑业农民工的比例提高得更

① 杨鑫，吴振华．农民工工资拖欠的法律救济［J］．西部学刊，2019（13）：77－81.

② 国家统计局．2018年农民工监测调查报告［R］．国家统计局网站．［2019－04－29］．www.stats.gov.cn/tjsj/zxfb/201904/t20190429_1662268.html.

为明显。

从平均工资来看，农民工月平均工资逐年稳定增长。截至2018年年底，农民工的月平均工资为3721元。其中，平均工资位列前三位的行业分别是交通运输、仓储和邮政业（4345元）、建筑业（4209元）和制造业（3732元）。由于农民工大多从事体力劳动，缺乏一定的技术含量，也不需要较多的知识储备，其就业的可替代性比较强，农民工获得的工资仍然处于较低的水平。

（二）我国农民工劳动权益保障的缺失

自20世纪90年代起，大规模的农民工进城务工，他们在为自己谋生计、为家人谋求更好生活的同时，也为我国工业化、城镇化的发展做出了重要贡献。但是，处于社会底层、被边缘化的农民工只能从事又苦又累、技术含量低且工资低的工作，没有社会保险、没有劳动合同、没有休息休假，还可能遭遇无故拖欠或者克扣工资的问题，农民工讨薪的场景不断地上演。农民工堵路讨薪、游行讨薪、爬塔吊讨薪、跳楼讨薪、绑架讨薪等社会新闻层出不穷，这些极端的讨薪事件似乎成为农民工维权的最后一根稻草。

还有两种极端的讨薪事件也让人无法漠然：一是农民工由讨薪者演变成犯罪者。农民工起早贪黑、千辛万苦赚来的血汗钱眼看就要打水漂，让这些无助的人失去希望和理智，由于各种各样的原因引发过激行为，讨薪演变成暴力事件，无助的讨薪人变成了故意伤害案件的犯罪者，最终身陷囹圄。二是农民工由讨薪者演变成暴力案件的受害人。原本处于弱势地位的农民工为了讨薪遭受暴力致伤、致残甚至致死，他们不但无法维护自己的合法权益，而且还在漫漫讨薪路和维权路上遭受更多的侵害。

农民工受教育水平通常不高、维权意识和能力弱，加之我国相关法律、法规和劳动规章制度不完善等方面的问题，造成农民工劳动权益保障损害的问题日渐突显。农民工劳动权益保障缺失主要体现在以下五个方面。

1. 就业歧视。农民工可以从事的职业有限，并且大多从事收入低、待遇差的工作。例如，建筑工地的工人、宾馆的服务员、小区的保洁员、保安等，其就业收入大多比较低。同时，由于考虑本地劳动力就业，一些用人单位会提高农民工的就业门槛，支付农民工较低的工资，同工不同酬，造成农民工的收入大多低于本地就业人员。

2. 劳动强度大、劳动时间长、休息休假无保证。农民工超时、超负荷工作已经成为较为普遍的现象。在农民工劳动时间远远超过我国《劳动法》规定的法定工作时间的情况下，用人单位却不向农民工支付相应的加班工资。不仅如此，农民工的休息、休假权利也得不到应有的保障。国家统计局发布的《2016年农民工监测调查报告》显示，农民工年平均工作时间为 10 个月，月平均工作时间为 24.9 天，日平均工作时间为 8.5 小时。其中，日平均工作时间超过 8 小时的农民工占农民工总数的 64.4%，周平均工作时间超过 44 小时的农民工占农民工总数的 78.4%[①]。

3. 劳动环境恶劣、生产生活无保障。农民工所处的劳动环境、条件相对较差，部分用人单位忽视工作环境维护和劳动卫生安全保护。农民工在缺乏必要劳动保障的工作场所工作，容易发生工伤、职业病或其他重大伤亡事故，农民工的身体健康受到严重损害，且缺乏工伤保险的保障。在发生工伤事故的情况下，农民工会因无法正常参与生产劳动而遭到用人单位的辞退。

4. 劳动关系失衡。劳动关系失衡主要表现在以下几个方面：(1) 用人单位通常不同农民工签订书面的劳动合同。国家统计局发布的《2016 年农民工监测调查报告》显示，同用人单位签订劳动合同的农民工占农民工总数的 35%。(2) 劳动合同的内容侵害农民工的合法权益。即使用人单位同农民工签订劳动合同，往往也会因为加入不利于农民工权益保障的内容，使农民工不得不接受用人单位的更多的要求，甚至是无理的要求。例如，用人单位要求农民工每周工作 7 天，且不支付加班工资。(3) 工资兑现难。我国《劳动法》第 50 条规定，工资应当以货币形式按月支付给劳动者本人，不得克扣或者无故拖欠劳动者工资。尽管我国政府对工资支付做出了明确的规定，但是，在劳动用工中，用人单位对是否发工资、何时发工资、发多少元工资拥有绝对的话语权和决定权，农民工往往处于弱势地位。国家统计局发布的《2016 年农民工监测调查报告》显示，被拖欠工资的农民工人数为 236.9 万人，人均拖欠工资为 11433 元，被拖欠的工资总额达到 270.9 亿元。其中，建筑业、制造业以及交通运输、仓储和邮政业拖欠工资比重较大。本案例中，李某等 9 名农民工维权的案件就反映了用人单位故意拖欠劳动者工资的问题。(4) 农民工维权大多以协商的方式解决问题。当权益受损时，农民工更多的是选择与对方协商解决（占比为 36.8%），其次是向政府相关部门反映（占比为 30.1%），选择法律途径解决的农民工占比有显著上升（占比为 27.2%），农民工的维权意识正在逐渐增强。

（三）造成我国农民工劳动权益保障缺失的主要原因

我国农民工劳动权益被侵犯的现象呈现出大量性、普遍性和经常性的特征，究其

---

① 我国《劳动法》第 36 条规定："国家实行劳动者每日工作时间不超过 8 小时，平均每周工作时间不超过 44 小时的工时制度。"第 38 条规定："用人单位应当保证劳动者每周至少休息 1 日。"第 41 条规定："用人单位由于生产经营需要，经与工会和劳动者协商后可以延长工作时间，一般每日不超过 1 小时；因特殊原因需要延长工作时间每日不得超过 3 小时，但是每月不得超过 36 小时。"

原因，主要包括以下几个方面。

1. 农民工自身的原因。农民工自身拥有的文化素质和综合能力相对较低，法制观念、维权意识等也比较淡薄，导致其目光短浅，容易受到误导，且缺乏预见长期风险的能力，缺乏自我保护的意识和能力。在权益受到侵害时，农民工往往难以运用法律武器维护自身的合法权益。

2. 用人单位的原因。在经济利益的驱使下，用人单位往往利用农民工的弱势地位，故意侵犯农民工的劳动保障权益。为了节约生产资料，用人单位常常无视工作场所存在的安全隐患，不为农民工改善工作环境或者提供劳动安全卫生保护；为了降低用工成本、延长工作时间，用人单位常常故意设置不平等、不合理的用工条件；为了垫钱拿工程、填补流动资金的不足，经常恶意拖欠农民工工资。

3. 行业的原因。农民工大量聚集的行业大多存在着管理秩序混乱、利益纠纷频发等方面的问题，这就为用人单位侵害农民工劳动保障权益留下了空间。以侵害农民工权益比较明显的建筑行业为例，垫资揽活、非法转包、违法分包、非法挂靠、非法用工等不规范行为已经成为行业内公开的秘密，发包单位、施工单位和农民工之间存在着多层次的利益关系，而农民工却处于整个利益链条的最末段，任何环节出现资金结算等方面的问题，农民工的利益就会遭受牵连，行业管理秩序混乱也是农民工劳动保障权益受到侵害的主要原因。

4. 劳动市场供求因素的影响。随着社会生产力的进步和城市化进程的加快，大量农村剩余劳动力涌入城市，农民工的数量庞大、规模增加。近年来，农民工进城务工的增速虽然有所减缓，但仍然面临着劳动力供给过剩的问题，用工单位可以比较容易地以较低的工资雇佣到足够多的劳动力，且不用忌惮发生劳动争议、纠纷问题。农民工同用人单位的供求关系长期处于失衡状态，是造成农民工明知用人单位侵犯了自己的合法权益也不依法维权的主要原因。

5. 制度因素的影响。造成农民工劳动保障权益受到侵害的制度原因主要有以下三个方面：（1）保障农民工劳动保障权益的执法力度比较弱。虽然我国现行的《劳动法》《劳动合同法》《安全生产法》等法律、法规中都具有保障劳动者权益的内容，但是在实际管理中依然存在着保护农民工劳动权益执法力度比较弱的问题，这使原本处于弱势的农民工并不能从政府已经出台的法律、法规和部门规章中获得切实、有效的保障。国务院于 2019 年 12 月 30 日发布的《保障农民工工资支付条例》将规范农民工工资支付行为、保障农民工按时足额获得工资提升到了制度建设的层面，并规定《保障农民工工资支付条例》自 2020 年 5 月 1 日起实施。尽管建立了清欠、根治拖欠农民工工资的协调、联动机制，但是该项法规的实施效果有待于进一步观察。政府不仅是劳动市场的执法者，也是劳动市场的监管者，但是由于制度不完善、重视程度不够、执法不严格、处理经验不足等方面的原因，劳动监察部门等相关监管机构在维护农民工合法权益方面普遍存在着监察不力和执法不严的问题。（2）农民工维权的司法程序比较复杂。根据我国政府发布的《劳动法》《劳动争议仲裁法》等相关法律法规的规定，劳动争议案件实行“一裁两审”的制度。这也就是说，劳动争议案件只有经过劳动争议仲裁前置程序后，才能进入法院审判程序，农民工维权的程序复杂，花费的成本比较高，这对于文化素质较低、法律知识不足的农民工来说，无疑是维权道路上又一座难以跨越的“大山”。与此同时，农民工大多跨省、跨地区流动，维权对他们来说意味着大量的时间和金钱成本，且诉讼结果具有较大的不确定性。即使胜诉，农民工也面临着难以执行或者执行不到位的问题，败诉更是他们难以接受的结果。（3）法律、法规对用人单位惩罚的力度比较小。目前，我国现有的法律、法规和部门规章对用人单位侵犯农民工权益的违法行为惩罚的力度比较小，对于故意或者恶意为之的用人单位来说，违法的成本比较低，法律、法规和部门规章无法有效地遏制用人单位的违法行为，以至于侵犯农民工权益的案件频发。例如，社会保险制度建立的初衷是保障全社会成员基本的生存和生活需要，对此，我国政府发布的《国务院关于解决农民工问题的若干意见》提出，要“积极稳妥地解决农民工社会保障问题”，但在实际执行的过程中却举步维艰，绝大多数农民工被迫游离于社会保险的保障之外。

三、司法救助制度在依法维护农民工劳动权益中的作用

农民工是游走在城市、农村之间在工作和生活上缺乏稳定性的社会群体。农民工相对于用人单位乃至整个城市集群来说属于社会弱势群体，诸多因素错综复杂，导致这一群体的劳动权益保障普遍缺失，甚至严重受损。在这种情况下，司法救助制度发挥着至关重要的作用，是保障农民工合法权益的“一把利器”。在农民工维权的过程中，司法救助制度对农民工群体提供的帮助和救助可以有效地维护当事人的合法权益。

司法救助制度是指在刑事犯罪和民事侵权等案件中当事人及其亲属因案件无法侦破、被告人不具有赔偿能力或者赔偿能力不足等原因无法依法获得有效赔偿、生活面临紧急困难，由政府依法给予当事人及其亲属适当经济资助，帮助解决生活困难、摆脱困境的制度。司法救助的基本理论主要有以下几个方面。

（一）司法救助提供保障的原则

1. 辅助性原则。辅助性原则强调司法救助是辅助性、一次性的救济手段，着眼于

解决符合规定条件的当事人陷入生活困境时的问题。如果当事人的生活没有陷入困境，司法救助通常不会提供保障。

2. 公正性原则。司法救助公平地对待每一位需要救助的当事人，对符合规定的救助条件的当事人依法实施救助。例如，我国司法救助明确规定，司法救助工作应当严格遵照救助对象、救助条件等方面的相关规定，依法实施司法救助。

3. 及时性原则。及时性原则是指对符合救助条件的当事人及时提供必需的救助，及时化解矛盾，及时解决当事人面临的实际问题。

4. 属地性原则。属地性原则是指司法救助工作由案件所属管辖地区的行政主管部门对符合司法救助条件的当事人提供救助。

（二）司法救助提供保障的资格条件

司法救助提供保障的资格条件是指司法救助对象必须具备的、不可缺少的条件。例如，我国公民申请司法救助必须具备以下两个条件：一是当事人的合法权益受到了侵害；二是当事人因无法获得有效的赔偿而面临紧急的生活困难。我国政府于 2016 年 7 月 1 日发布的《最高人民法院关于加强和规范人民法院国家司法救助工作的意见》规定，当事人因生活面临急迫困难提出国家司法救助申请，符合下列情形之一的，应当予以救助：（1）刑事案件被害人受到犯罪侵害，造成重伤或者严重残疾，因加害人死亡或者没有赔偿能力，无法通过诉讼获得赔偿，陷入生活困难的；（2）刑事案件被害人受到犯罪侵害危及生命，急需救治，无力承担医疗救治费用的；（3）刑事案件被害人受到犯罪侵害而死亡，因加害人死亡或者没有赔偿能力，依靠被害人收入为主要生活来源的近亲属无法通过诉讼获得赔偿，陷入生活困难的；（4）刑事案件被害人受到犯罪侵害，致使其财产遭受重大损失，因加害人死亡或者没有赔偿能力，无法通过诉讼获得赔偿，陷入生活困难的；（5）举报人、证人、鉴定人因举报、作证、鉴定受到打击报复，致使其人身受到伤害或财产受到重大损失，无法通过诉讼获得赔偿，陷入生活困难的；（6）追索赡养费、抚养费、扶养费等，因被执行人没有履行能力，申请执行人陷入生活困难的；（7）因道路交通事故等民事侵权行为造成人身伤害，无法通过诉讼获得赔偿，受害人陷入生活困难的；（8）人民法院根据实际情况，认为需要救助的其他人员。

司法救助申请人具有以下情形之一的，一般不予救助：（1）对案件发生有重大过错的；（2）无正当理由，拒绝配合查明案件事实的；（3）故意作虚伪陈述或者伪造证据，妨碍诉讼的；（4）在审判、执行中主动放弃民事赔偿请求或者拒绝侵权责任人及其近亲属赔偿的；（5）生活困难非案件原因所导致的；（6）已经通过社会救助措施得到合理补偿的；（7）法人、其他组织提出的救助申请；（8）不应给予救助的其他情形。

本案例中，面临“讨薪难”困境的农民工是刑事犯罪、民事侵权等案件的受害人，但由于案件被告人无赔偿能力或者赔偿能力不足等原因，致使农民工及其近亲属无法获得有效的赔偿，这使他们原本并不富裕的生活无疑雪上加霜。为了解决这一问题，为了保障困难人群和弱势群体的合法权益，我国出台了具有中国特色的司法救助制度。通过司法救助，能够为受到侵害但无法获得有效赔偿的当事人提供适当的经济救助，帮助他们摆脱生活困境，保障基本生活。

（三）司法救助提供保障的依据和金额

司法救助提供保障的依据以案件所管辖地区上年度职工月平均工资为基准确定，综合考虑救助对象实际遭受的损害后果、有无过错以及个人和家庭经济状况等因素，给付通常不超过36个月案件所管辖地区上年度职工平均月工资。但是，对于特大损失、特殊困难的，最高给付金额以人民法院判决的赔偿金额为限。

（四）司法救助的程序

司法救助的步骤通常主要包括以下几个方面。

1. 告知。执法、司法机关的工作人员告知符合司法救助条件的当事人，可以申请司法救助。

2. 申请。案件的当事人或者近亲属以书面的形式向执法、司法机关提交司法救助的申请，并提供足以证明当事人及其家庭确有困难的证明材料。其中，因生活困难或者追索基本生活费用申请司法救助的当事人或者近亲属，应当提供本人及其家属经济状况符合当地有关部门规定的经济困难标准的证明。

3. 审批。办案机关审核申请人提交的申请材料及实际情况后，对于符合司法救助条件的当事人，应当自当事人提交申请7日内予以批准；对于不符合司法救助条件的当事人，应当自当事人提交申请7日内做出不予批准的决定。

4. 发放司法救助金。办案机关在收到财政部门划拨的资金后，应当通知申请人领取司法救助金。申请人填写领取表格后，领取司法救助金。

（五）司法救助资金的来源

司法救助资金通常来源于财政转移支付。各地司法救助资金由地方各级人民政府财政部门列入预算、统筹安排，中央财政通过转移支付的方式对地方财政支付的司法救助资金给予适当的补助。

四、我国司法救助制度的建立、发展和存在的问题

（一）我国司法救助制度的建立和发展

司法救助制度最早起源于刑事被害人救助制度，是我国特色社会主义司法制度和社会救助制度的重要组成部分。1984 年 8 月 30 日，最高人民法院审判委员会第 203 次会议通过的《民事诉讼收费办法》对案件诉讼免缴、缓缴和减缴费用做出了明确的规定。1989 年 6 月 29 日，最高人民法院审判委员会第 411 次会议通过的《人民法院诉讼收费办法》规定，当事人交纳诉讼费确有困难的，可以向人民法院申请缓交、减交或者免交。是否缓、减、免，由人民法院审查决定。1999 年 6 月 19 日，最高人民法院发布的《〈关于人民法院诉讼收费办法〉补充规定》对司法救助的条件做出了规定，首次从立法层次上提出了司法救助的概念。2000 年 7 月 22 日，最高人民法院发布的《关于对经济确有困难的当事人予以司法救助的规定》进一步明确了实施司法救助的资格条件。2003 年 9 月 1 日，《法律援助条例》开始实施，依法确定了我国公民接受法律援助的范围和程序，有效地保障了经济困难群体的合法权益，有利于司法救助更好地发挥作用。2013 年 11 月 15 日，党的第十八届中央委员会第三次全体会议通过的《中共中央关于全面深化改革若干重大问题的决定》明确提出，完善人权司法保障制度，健全国家司法救助制度，进一步加强和改进司法救助工作。2015 年 12 月 7 日，中央政法委、财政部、最高人民法院、最高人民检察院、公安部、司法部六大部委联合发布的《关于建立完善国家司法救助制度的意见（试行）》对国家实施司法救助的基本原则、救助对象、条件、资金来源和救助程序等做出了明确的规定，促进了国家司法救助工作的制度化、规范化。2016 年 7 月 1 日，最高人民法院发布的《最高人民法院关于加强和规范人民法院国家司法救助工作的意见》规定了当事人可以获得国家司法救助的情形和不能获得救助的情形。2016 年 7 月 14 日，最高人民检察院第十二届检察委员会第 53 次会议通过的《人民检察院国家司法救助工作细则（试行）》在《关于建立完善国家司法救助制度的意见（试行）》的基础上进一步规定了检察机关从事国家司法救助的工作原则、工作职责、救助的对象和范围、方式和标准、工作程序、救助金发放、救助资金管理等方面的工作。2019 年 2 月 26 日，最高人民法院发布的《人民法院国家司法救助案件办理程序规定（试行）》《最高人民法院司法救助委员会工作规则（试行）》等文件明确了人民法院开展司法救助的具体程序和工作规则。

（二）我国司法救助制度发展中存在的问题

我国不断完善的司法救助制度，为更多的群众尤其是经济困难人群和弱势群体提供了切实、有效的保障，体现了“以人为本”的核心理念，践行了尊重和保障人权的基本价值观，彰显了司法为民的理念，提升了司法救助的权威性和公信力，有利于促进社会稳定和谐和公平正义。近年来，我国司法救助制度的执行和完善越来越受到社会各界的广泛关注，各级法院切实将各项司法救助制度付诸实践、积极探索，以省为单位成立司法救助委员会牵头司法救助工作；检察机关作为司法救助的重要执行机关，在推进司法救助方面做了积极的工作，其成绩斐然。毋庸置疑，我国司法救助制度的建立和完善取得了积极的成效，司法救助制度的运行及工作机制逐步得到了完善，司法救助的外延不断地扩大，已经融入我国精准扶贫战略、助力打赢脱贫的攻坚战。

通过司法救助，社会弱势群体、涉法涉诉困难群体的权益得到了更多的保障，更多的案件被害人得以脱离困境，更多的社会矛盾得以化解。我国司法救助制度的推行已初见成效，制度的效用和重要性已经得到实践证明。但是，当前我国的司法救助体系还不成熟、发展还不平衡，制度运行面临着诸多问题和挑战。

1. 宣传力度不够。从目前的实施情况来看，国家及地方政府对司法救助制度的宣传力度不够，公民对于司法救助制度的了解不够、存在认识上的偏差。曾出现过当事人因为担忧接受司法救助会减轻对加害者的刑罚而放弃申请司法救助的情形，也有当事人误以为司法救助就是国家代替加害人执行损失赔偿，因此要求救助金额不应该少于加害人为其造成的损失。诸如此类的认知偏差，不利于司法救助制度的推行和实施。

2. 缺乏完善的立法支持。我国司法救助尚处于初步探索阶段，立法相对滞后，执行过程中的合法性、权威性、统一性、规范性难以被有效地保证，各省开展司法救助工作的标准和流程尚未能统一，这是我国司法救助工作长期面临的问题，亟待解决。

3. 制度规定和执行的差距比较大。虽然我国政府已经出台了针对司法救助的制度性规定，但在实际操作和案件办理的过程中仍存在诸多不规范的行为，个案错综复杂、范围往往难以界定、调查制度无规范、赔偿金额存在争议等问题层出不穷，需要相关管理部门出台更加细化的工作指导。

4. 办案时间比较长，部门之间的协调乏力。当事人提出申请后，由检察机关进行材料审批和资格审核。受理核实后，检察机关需要向救助资金的实际管理部门政法委及财政部门报备，经再审批后方能执行救助金的发放。由于权责相对分散、需要层层报备和审批，因而存在着司法救助办案时间较长、部门之间缺乏协调等方面的问题。

5. 司法救助资金不足。我国司法救助资金的主要来源是地方各级政府的专项救助资金。随着司法救助制度推行的不断深化，资金不足的问题开始出现。许多地方政府反映存在实际需要的救助金额远远超出财政预算、难以满足司法救助对象的实际需要。例如，受司法救助经费的掣肘，不少经济困难的当事人难以获得充分的救助①。我国司法救助的发展，迫切需要政府有关管理部门合理地安排救助经费，以充实司法救助资金池。

五、完善司法救助制度的对策建议

完善司法救助制度及工作机制、解决制度运行过程中存在的问题，需要对症下药，有针对性地解决问题，逐步攻克难关。对此，应当做好以下几个方面的工作。

1. 加大司法救助的宣传力度。各级政府应当加大司法救助的宣传力度，让公民特别是社会弱势群体了解司法救助的法律、法规，让社会弱势群体遭遇权益侵害时能够获得司法救助的帮助。

2. 完善司法救助的立法。加强立法支持，明确司法救助制度的特性，强化立法宣传，广泛、扎实地推进司法救助制度落地，才能使司法救助工作有法可依、有规可守，这对于司法救助制度的长期化、法治化、规范化、稳定运行具有重要的作用。

3. 规范司法救助工作的执行。政府有关管理部门应当对各省、各地区的司法救助工作进行整合，规范司法救助的范围、标准、程序等一系列基本标准，缩小制度规定和实际执行的差距。具体来说，就是要逐步建立案件库，为解决错综复杂的个案问题提供统一的操作指南；规范司法救助调查制度，确保查到的救助对象的实际情况属实，争取做到应救尽救、不错救、不漏救。

4. 加强各管理部门的协调、配合。对于司法救助程序多、时间长的问题，应当明确公检法相关部门的工作范围和职责分工，建立各部门相互配合的联动机制，加强各部门之间的协调、配合和衔接，确保工作程序顺畅、操作及时，提高司法救助制度执行的效率，及时提供必要的救助，以切实保障司法救助对象的合法权益。

5. 各级政府要结合历史案件、综合考虑当地实际情况和经济社会发展水平，合理地安排财政预算，设立和完善司法救助专项基金以及相关的资金运作机制，并在政府允许的范围内拓宽救助资金来源渠道，保证救助基金能够满足实际需求。

---

① 陈雷明，梁赋．我国司法救助制度现状及完善对策［J］．探求，2019（1）：80.

参考文献

[1] 杨鑫，吴振华．农民工工资拖欠的法律救济 [J]．西部学刊，2019 (13)：77 - 81.

[2] 国家统计局．2018 年农民工监测调查报告 [R]．国家统计局网站，[2019 - 04 - 29]．www. stats. gov. cn/tjsj/zxfb/201904/t20190429_1662268. html.

[3] 谭晓峰．建立多层联动机制　完善司法救助制度 [N]．人民法院报．2019 - 07 - 03 (002).

[4] 陈雷明，梁赋．我国司法救助制度现状及完善对策 [J]．探求，2019 (1)：80.

案例适用说明

一、案例的适用范围和教学目标

1. 本案例的适用范围。本案例适用于保险学专业、风险管理专业硕士、劳动与社会保障专业、公共管理学专业开设的《社会保障理论研究》课程。

2. 本案例的教学目标。本案例旨在使学生了解我国农民工劳动权益保障存在的问题及造成问题的原因，掌握司法救助制度提供保障的范围、保障的形式、保障的标准、保障的程序，了解我国司法救助制度发展中存在的问题，分析解决我国司法救助制度存在问题的对策。培养学生将学习的司法救助理论，应用于解决农民工劳动权益保障中存在的问题，以提高学生解决实际问题的能力。

二、启发思考题

1. 我国农民工劳动权益保障存在哪些缺失？
2. 造成农民工劳动权益保障缺失的主要原因有哪些？
3. 我国司法救助制度是如何建立和发展的？
4. 我国实施司法救助的条件有哪些？
5. 我国司法救助的程序有哪些？
6. 我国司法救助制度如何保障农民工的权益？

7. 我国司法救助制度的发展存在哪些问题？

8. 解决我国司法救助制度存在问题的对策建议有哪些？

三、建议课堂计划

建议讲述 4 课时，并组织学生讨论。

1. 课前计划。课前发放从网络上搜集的一些案例资料，让学生了解案例资料上的内容。

2. 课堂计划。主持人要保持中立的态度，组织学生开展讨论，评价学生的讨论，激发学生深入思考，可以采取模拟会议、辩论会等形式讨论问题。

3. 课后计划。课堂讨论结束后，让学生课后写作案例，并提交案例分析报告。针对案例分析报告中存在的问题，予以讲评。

案例 19

退役军人的社会保险关系转移接续

袁嘉琳　刘钧[①]

随着军人退役事务部的成立，我国政府在切实保障退役军人权益、推进军人社会保障体系建设方面取得了显著的成效。但是，退役军人的社会保险关系在转移接续的过程中仍然面临着制度构建、权益保障、军地衔接等方面的现实问题。本案例以退役军人的社会保险关系转移接续为起点，分析我国退役军人社会保障法规体系建设存在的问题，为探讨如何构建科学、合理的退役军人社会保险关系转移接续机制提出了对策建议。本案例的写作目的是介绍退役军人社会保险关系转移接续的相关法律、法规体系建设，使学生了解退役军人社会保险关系转移接续中存在的问题，帮助学生提高分析问题、解决问题的能力。

① 袁嘉琳，女，中央财经大学在读研究生，研究方向：财政、社会保障。刘钧，女，经济学博士，中央财经大学教授，研究方向：劳动与社会保障。

案例正文

一、案例介绍

刘某，男，广东省台山县农民。刘某曾经于 1970 年 12 月至 1976 年 3 月期间在广东省台山县参军，后未经军人转业安置部门安排工作就回到了广东省台山县从事农业生产劳动。1982 年 4 月 1 日，刘某与珠海市甘某结婚后将户口迁入珠海市香洲区，但是刘某当时并未将个人参军服役的档案转入珠海市，属于非经组织、人事、劳动保障部门批准调动进入珠海工作的人员。在珠海市的生活稳定后，刘某于 2007 年 12 月 ~ 2016 年 11 月期间以灵活就业人员的身份在珠海市参加社会保险，并按照珠海市的相关规定缴纳了社会保险费。

2016 年 11 月 22 日，刘某还差一个月就满 60 周岁，刘某很迷茫，如果自 1970 年 12 月 ~ 1976 年 3 月服役期间的军龄算作视同缴费年限，刘某可以领取基本养老金；如果军龄不算作视同缴费年限，刘某就不能领取基本养老金。在办理退休手续时，刘某的军龄未能算作视同缴费年限。

刘某遇到的问题比较具有代表性，说明我国退役军人社会保险关系转移接续在立法时效、保障对象、制度设立等方面存在有待于进一步改进和完善的问题。

二、我国政府对退役军人社会保险的制度建设进程和成效

（一）我国政府推进退役军人社会保险制度建设的进程

1997 年 3 月 14 日，第八届全国人民代表大会第五次会议审议通过的《中华人民共和国国防法》第六十条规定“国家实行军人保险制度”，首次从立法上明确了军人保险制度的目标和任务。1998 年 7 月 6 日，国务院、中央军事委员会批准通过的《军人保险制度实施方案》明确规定了军人保险制度实施的指导思想、原则和目标，保障对象和保障项目，保险基金的筹集与管理，保险给付与实施步骤等有关问题，标志着我国军人保险制度的正式实施。

为了解决军队、地方社会保险关系转移衔接不顺畅、待遇水平不公等方面的问题，国务院、中央军事委员会于 1999 年 12 月 16 日联合发布的《军人退役医疗保险暂行办

法》规定，国家实行军人退役医疗保险制度，设立军人退役医疗保险基金，对军人退出现役后的医疗保险费用给予补偿，标志着退役军人医疗保险制度的正式实施。2002年9月，国务院、中央军事委员会联合发布的《关于转业到企业工作的军官、文职干部养老保险有关问题处理意见的通知》对转业到企业工作的军官、文职干部的养老保险个人账户、经济补偿等问题做出了明确的规定，解决了军队、地方养老保险关系转移、衔接的问题。

2011年10月29日，国务院、中央军事委员会联合发布的《退役士兵安置条例》对不同安置方式下退役军人移交、接收、社会保险关系接续、法律责任等做出了明确的规定，并提出“退役士兵到城镇企业就业或者在城镇从事个体经营、以灵活方式就业的，按照国家有关规定参加职工基本养老保险，服现役年限视同职工基本养老保险缴费年限，并与实际缴费年限合并计算。退役士兵回农村的，按照国家有关规定参加新型农村社会养老保险①”。同时，针对医疗保险也做出了明确的划分，“退役士兵到各类用人单位工作的，应当随所在单位参加职工基本医疗保险；以灵活方式就业或者暂未实现就业的，可以参加职工基本医疗保险、城镇居民基本医疗保险或者新型农村合作医疗②”。相比于以前的政策规定，《退役士兵安置条例》在以下三个方面进行了完善：一是扩大了政策的适用范围，将退役士官、义务兵纳入条例适用的范围；二是规定了退伍士兵回农村的社会保险政策，但仍未就补偿办法做出具体的规定；三是明确了制度衔接与社会保险关系转移接续的经办部门及机构。

2012年4月27日，第十一届全国人民代表大会第二十六次会议通过的《军人保险法》规定，国家建立军人保险制度，对军人伤亡保险、退役养老保险、退役医疗保险和随军未就业的军人配偶保险的建立、缴费和转移接续等进行了规定，使军人保险制度更加契合军人特点，并与社会保险制度相衔接，适时补充完善使之与经济发展水平相适应。《军人保险制度》的发布，标志着我国军人保险制度从此有法可依。为了推动《军人保险法》的贯彻实施，人力资源和社会保障部、财政部、总后勤部等部门于2012年8月联合发布的《关于军人退役养老保险关系转移接续有关问题的通知》细化了不同类型退役军人与不同类型养老保险制度衔接的规定，明确了各方的职责、义务和转接流程，对军人退役养老保险关系转移接续工作的开展具有指导意义。随着机关事业单位基本养老保险制度改革的推进，退役军人社会保险关系转移、接续也面临新的问题，为此，人力资源和社会保障部、财政部、总后勤部等部门于2015年9月30

①② 退役士兵安置条例，中央政府门户网站，[2011-10-30]. www.gov.cn/flfg/2011-10/30/content_1982299.htm.

日联合发布的《关于军人退役基本养老保险关系转移接续有关问题的通知》规定，军人退出现役参加基本养老保险的，国家给予军人退役基本养老保险补助。军人服现役期间单位和个人应当缴纳的基本养老保险费由中央财政承担，所需经费由总后勤部列入年度军费预算安排。《关于军人退役基本养老保险关系转移接续有关问题的通知》比较系统地规定了军人退役基本养老保险关系转移接续的问题。2015 年 9 月 30 日，人力资源和社会保障部、财政部、总参谋部、总政治部等部门联合发布的《关于军人职业年金转移接续有关问题的通知》对军人职业年金转移接续办法做出了明确的规定，使军人的社会保险制度建设向多元化、规范化、全面化发展迈出了积极的一步。

为了推进军人社会保险的制度建设，落实退役军人社会保险权益，建立健全统一部署，优化退役军人社会保险服务管理体制，国务院于 2018 年 3 月向审议机构递交改革议案，提出将民政部、人力资源和社会保障部、中央军事委员会政治工作部、后勤保障部的部分职责进行整合，组建退役军人事务部。在机构改革整体“做减法”的背景下，退役军人事务部的设立体现了党和政府对退役军人的重视，是军人社会保障层面管理的重要部署。2019 年 1 月 21 日，中共中央办公厅、国务院办公厅印发的《关于解决部分退役士兵社会保险问题的意见》规定，未参加社会保险的允许参保。退役士兵入伍时，未参加城镇职工基本养老保险、基本医疗保险的，入伍时间视为首次参保时间；2012 年 7 月 1 日《中华人民共和国军人保险法》实施前退役的，军龄视同为基本养老保险、基本医疗保险缴费年限；在《中华人民共和国军人保险法》实施后退役、国家给予军人退役基本养老保险补助的，军龄与参加基本养老保险、基本医疗保险的缴费年限合并计算。《关于解决部分退役士兵社会保险问题的意见》规范了退役军人参加社会保险的问题，进一步解决了退役军人社会保险关系从军队转移到地方的衔接问题。

（二）退役军人社会保险制度建设取得的成效

我国退役军人社会保险关系转移接续相关法律、法规和部门规章的发布，促进了退役军人从优抚安置型向社会保险主导型的转变，形成了较为完整、系统的退役军人社会保险体系，有助于军队、地方社会保险关系的转移衔接。我国退役军人保险制度建设取得的积极成果主要有以下几个方面。

1. 军队、地方社会保险关系转移、接续工作机制日益健全。退役军人事务部成立后，退役军人社会保险关系转移、接续工作原来由人力资源和社会保障部、财政部、总参谋部、总政治部、总后勤部等部门共同管理，转变为退役军人事务部统筹协调、相关部门紧密配合的机制，使退役军人的保障工作更加正规化、标准化和一体化。建立退役军人事务部，可以理清各相关机构的职责和权限，管理权的集中为退役军人社会保险关系转移、接续的全国统一部署、统一政策、统一行动奠定了基础。

2. 退役军人的社会保障体系日趋多元化。《军人保险制度实施方案》首次提出建立军人伤亡保险、退役军人基本养老保险和基本医疗保险三个社会保险项目。《退役士兵安置条例》明确了失业保险关系的转移、接续，至此初步形成了退役军人社会保险体系。《关于军人职业年金转移接续有关问题的通知》提出，建立军人职业年金制度，“军人退出现役参加基本养老保险的，国家给予军人职业年金补助。军人服现役期间单位和个人应当缴纳的职业年金费用由中央财政承担①”，推动了我国“多支柱”军人保障体系的建设。

3. 退役军人社会保险关系转移、接续的工作规则基本完备。在军人社会保险制度设计上，退役军人的种类不同、安置方式不同，其保障需求、制度设计等也应有所不同，这就要求在制度设计时既要考虑统一性，又要兼顾差异性。退役军人主要分为计划安置、自主择业、复员和退休四种，退役形式不同，需要衔接的社会保险关系也不同。目前，以政府安置方式退役的军人，主要被安置到机关事业单位和企业工作，需要按照城镇职工基本养老保险和基本医疗保险进行转移、接续；自主择业的退役军人根据其最终的工作性质进行划分。例如，退役士兵回农村的，按照政府发布的有关规定参加新型农村基本养老保险和新型农村基本医疗保险制度。针对不同的退役方式，规定了相应的缴费基数、缴费费率、经办机构、转接办法等，使退役军人社会保险关系可以同各类社会保险制度转移、接续，其规定覆盖了各类就业情况，退役军人社会保险关系转移、接续的工作规则基本完备。

三、我国退役军人社会保险制度建设存在的问题

虽然退役军人社会保险的制度建设和管理机构的设立在不断地推进，但是由于社会保险具有广泛性和基础性，退役军人的社会保险关系转移接续在实际操作中仍然面临着一些现实的问题。本案中刘某的军龄问题代表着退役军人普遍面临的问题，解决这些问题有助于了解退役军人社会保险立法体系建设的进程，为探讨如何构建科学、合理的退役军人社会保险关系转移、接续机制提供有益的对策建议。我国退役军人社会保险制度建设存在的问题主要有以下几个方面。

---

① 关于军人职业年金转移接续有关问题的通知［EB/OL］. 人力资源和社会保障部网站，［2015 - 09 - 30］. www. mohrss. gov. cn/gkml/zcfg/gfxwj/201510/t20151023_223580. html.

1. 退役军人社会保险立法存在滞后性。我国《退役士兵安置条例》自 2011 年 11 月 1 日起开始施行，其中第五十三条虽然规定“本条例施行以前入伍、施行以后退出现役的士兵，执行本条例”。但是，刘某于 1976 年退役，其退役的时间早于《退役士兵安置条例》开始实行的时间，因此不属于《退役士兵安置条例》加以规范的范围。退役军人社会保险立法存在的滞后和空白，导致刘某基本养老保险权益的损失。

2. 退役军人社会保险立法有失公平。目前，我国政府于 2012 年 4 月 27 日发布的《军人社会保险法》规定，军龄视同养老保险缴费年限。但是，在实际执行这一政策的过程中，却存在不认同退役军人尤其是自由择业的退役军人的军龄，或者对退役军人到城镇工作和农村劳动区别对待的情况，有失公允。

3. 制度建设的全面性有待于进一步加强。目前，我国政府发布的法律、法规和部门规章大多为政府安排工作的方式退出现役的士兵设计的。对于义务兵、参军不满 12 年的士官退役，则由人民政府扶持自主就业，这部分群体所获得的政策关注远远少于政府安排工作的退役士兵，造成他们的军龄既未算成城镇职工基本养老保险的视同缴费年限，也未算成城乡居民基本养老保险的视同缴费年限，其保障的范围是有缺陷的。值得注意的是，目前我国有越来越多的大学生在本科就读期间应征入伍服役 2 年，他们的社会保险关系转移接续就更为特殊。退役大学生往往面临着户籍地、兵源地和学籍地不一致的问题。退役后，这部分人的社会保险关系转移到哪里？退役后，继续接受学历教育造成退役军人社会保险中断缴费的问题如何解决？毕业后，工作地同社会保险关系转接地可能不一致，如何进行二次转移接续？目前相关政策规定的缺位，使大学生参军后的社会保险较难获得足够的保障。

4. 政策的指导性有待进一步细化。目前，我国现有的法律、法规中，部分规定较为简要、原则性强，可操作性和指导性弱。例如，我国政府发布的《军人保险法》规定，回乡务农的退役军人参保“按照国家有关规定办理”，这使各地区在实际执行过程中出现同样安置、不同转移接续的问题，存在着一定的模糊地带。如《退役士兵安置条例》规定“退役士兵到城镇企业就业或者在城镇从事个体经营、以灵活方式就业的，按照国家有关规定参加职工基本养老保险，服现役年限视同职工基本养老保险缴费年限，并与实际缴费年限合并计算。退役士兵回农村的，按照国家有关规定参加新型农村社会养老保险”[①]。《军人保险法》也规定：“军人服现役年限与入伍前和退出现役后参加职工基本养老保险的缴费年限合并计算[②]。”“军人退出现役后参加新型农

---

① 退役士兵安置条例，中央政府门户网站，［2011 - 10 - 30］. www. gov. cn/flfg/2011 - 10/30/content_1982299. htm.

② 军人保险法，中央政府门户网站，［2012 - 04 - 27］. www. gov. cn/flfg/2012 - 04/27/content_2127629. htm.

村社会养老保险或者城镇居民社会养老保险的，按照国家有关规定办理转移接续手续[①]。”本案例中，刘某在退役后先回乡务农，之后以灵活就业人员的身份参加基本养老保险，其在服现役期间的社会保险在再次参保之后却不予认同。“视同缴费年限”政策落实不到位的问题，暴露了针对退役军人“视同缴费年限”管理中存在的问题，造成退役军人权益的损失。

5. 军队、地方社会保险信息的传输有待于进一步加强。目前，军人退出现役时，需要部队财务部门为其开具《军人退役基本养老保险参保缴费凭证》《军人退役基本养老保险关系转移接续信息表》《军人职业年金缴费凭证》和银行受理回执等保险关系转移资料。这些资料需要详实地记录退役军人的参保时间、缴费比例基数、个人账户资金金额、单位统筹资金金额，是地方社会保险经办机构进行转移接续的重要凭证。在凭证开具完成后，部队财务部门需要将转移凭证邮寄至退役军人安置地或户籍地社会保险经办机构，并将生成的保险关系转移数据上传至军委后勤保障部军人保险基金管理中心。尽管我国政府在2014年已经搭建起了退役军人养老保险关系转移部级信息系统平台，但是在实际执行中仍有部分省市无法实现系统数据的对接传输，要求退役军人携带证明材料进行转交。如果在转移接续的过程中，退役军人不慎将材料遗失，那么地方社会保险经办机构就会无法办理社会保险关系的转移解学，退役军人的权益也得不到有效的保障。

四、解决退役士兵社会保险关系转移接续的对策建议

习近平总书记在党的十九大报告中指出：“组建退役军人管理保障机构，维护军人军属合法权益，让军人成为全社会尊崇的职业。”[②] 这是新时期加强退役军人社会保险关系转移接续法律、法规建设的行动指南，也为新时期完善退役军人养老保险关系转移接续工作指明了方向。对此，需要做好以下工作。

1. 加强军人社会保险关系转移、接续的法制建设。随着我国社会保险体制改革的逐步推进，有关管理部门应当修订、完善《退役士兵安置条例》《军人保险法》等法律、法规，改变不同的安置方式衔接不同类型的基本养老保险、基本医疗保险的规定，以不断适应经济发展的要求和新时期面临的挑战。同时，应当整合零散的指导性意见、通知、复函等，将军人保险的制度内容、管理模式、险种类别、待遇水平和基金筹集

① 军人保险法，中央政府门户网站，[2012 - 04 - 27]. www. gov. cn/flfg/2012 - 04/27/content_2127629. htm.

② 退役军人事务部挂牌 首任领导班子组建完成 [N/OL]. 中国共产党新闻网， [2018 - 04 - 17]. www. chinanews. com/gn/2018/04 - 17/8492974. shtml.

等问题以专门的国家立法的形式确定下来。

2. 健全军人保险基金筹集机制。军人保险基金主要包括军人伤亡保险基金、军人退役养老保险基金、军人退役医疗保险基金和随军未就业的军人配偶保险基金，是军人保险制度发挥作用的经济基础。目前，我国军人保险基金的筹集渠道主要包括中央财政直接划拨、军费调剂安排、参保者个人缴费、利息收入等，其中以中央财政直接划拨为最主要的筹资方式。以往，我国退役军人的社会保险资金主要由安置地地方财政承担，这就导致一些经济欠发达省份、兵源大省财政支出的压力比较大，以至于无力解决退役军人的社会保险转移接续问题。资金支出调整为中央财政承担后，退出现役时的基本养老保险补助资金由军队后勤（联勤）机关财务部门转入地方社会保险经办机构，既解决了军龄算作视同缴费年限认定难的问题，又减轻了地方政府的财政压力。同时，针对退役士兵补缴基本养老保险所需要的资金，国家通常以中央财政补助资金的形式“对中西部兵员大省、中西部非兵员大省、东部兵员大省、东部非兵员大省分别按照 50%、40%、30%、20% 的比例给予补助①”，补缴的基本医疗保险资金由地方财政承担。要妥善地解决日益增长的退役军人养老金支付的压力，需要转变军人保险基金的筹集机制，将退役军人所需资金科学合理地分配到中央、地方层面，确保军人保险基金有稳定、可靠的来源。对此，应当加强对军人保险基金的预算、决算的管理，同时加大事前、事中、事后的全过程监督力度，实现军人保险基金管理的安全化、正规化。

3. 调整军人保险立法存在的有失公允的规定。针对军人保险中存在的区别对待退役军人视同缴费年限的问题，本书认为，有必要修改现行的法律、法规，统一规定为“军人的军龄视同城镇职工基本养老保险、基本医疗保险的缴费年限”，以解决退役军人由于退役后就业地不同而带来的基本养老保险视同缴费年限的差异，以提高制度的公平性。

4. 加强军人保险的军队、地方信息化服务平台的建设。从长远发展来看，军人保险管理需要跟进时代的发展，积极搭建军人保险网络平台，既满足军人内部调动保险关系的需要，也使军人退伍后的社会保险关系能够与国家统一的社会保障信息平台互联、互通和共享。党的十九大报告指出，我国要“建立全国统一的社会保险公共服务平台”，构建更加科学、合理的退役军人社会保险转移接续法规体系，逐步将退役军人保险全面纳入“全国统一的社会保险公共服务平台”，最终实现退役军人保险同全

① 关于解决部分退役士兵社会保险问题中央财政补助资金有关事项的通知（财社〔2019〕81 号），财政部社会保障司网站，[2019-08-01]. www.gov.cn/xinwen/2019-08/01/content_5417773.htm.

国社会保障管理平台进行统一的管理。

5. 加强退役军人社会保险转接的宣传工作。目前，退役军人在社会保险关系转移接续的过程中遇到的部分问题可以归结于其对社会保险政策缺乏了解、对社会保险关系转移接续认识不够。因此，军队、地方联合加强对退役军人社会保险关系转移接续的宣传工作，从源头降低出现问题的可能性。一方面，应当由部队人事管理部门组织学习，提高退役军人对社会保险转移接续的重视程度；另一方面，由用人单位和各地退役军人安置办公室定期开展政策宣传工作，提高退役军人保障自身合法权益的水平。针对已经出现的社会保险费中断缴费、少缴而无法正常获得相应保障的历史遗留问题，退役军人事务局应当及时开展清查、核实工作，并向这部分退役军人积极地提供政策咨询服务，协助解决相关的问题，切实维护退役军人的合法权益。

参考文献

[1] 珠海市人力资源和社会保障局. 珠海市社会养老保险条例 [EB/OL]. 珠海市人力资源和社会保障局政府信息公开, [2014 - 12 - 11]. zhrsj. zhuhai. gov. cn/gkmlpt/content/2/2118/post_2118162. html#338.

[2] 国务院，中央军事委员会. 退役士兵安置条例 [EB/OL]. 中央政府门户网站, [2011 - 10 - 30], www. gov. cn/flfg/2011 - 10/30/content_1982299. htm.

[3] 全国总工会，劳动保险部. 关于革命军人的军龄如何计算工龄问题的复函（已废止）[EB/OL]. 华律网, [1957 - 07 - 22]. laws. 66law. cn/law - 35926. aspx.

[4] 人力资源和社会保障部，财政部，中国人民解放军总参谋部等. 关于军人职业年金转移接续有关问题的通知 [EB/OL]. 人力资源和社会保障部网站, [2015 - 09 - 30]. www. mohrss. gov. cn/gkml/zcfg/gfxwj/201510/t20151023_223580. html.

[5] 全国人大常务委员会. 军人保险法 [EB/OL]. 中央政府门户网站, [2012 - 04 - 27]. www. gov. cn/flfg/2012 - 04/27/content_2127629. htm.

[6] 姚茜. 退役军人事务部挂牌首任领导班子组建完成 [EB/OL]. 中国共产党新闻网, [2018 - 04 - 17]. renshi. people. com. cn/n1/2018/0417/c139617 - 29931327. html.

[7] 财政部，退役军人事务部等. 关于解决部分退役士兵社会保险问题中央财政补助资金有关事项的通知（财社〔2019〕81 号）. 财政部社会保障司网站, [2019 - 08 - 01]. www. gov. cn/xinwen/2019 - 08/01/content_5417773. htm.

案例适用说明

一、案例的适用范围和教学目标

1. 案例的适用范围。本案例适用于保险学、风险管理专业硕士、劳动与社会保障、公共管理等专业开设的《社会保障理论研究》课程使用。

2. 案例的教学目标。本案例旨在使学生了解、掌握退役军人社会保险的相关基础理论，了解退役军人社会保险管理的实践，以加深对军人社会保险的理解。

二、启发思考题

1. 我国政府是如何推进军人社会保险制度建设的?

2. 退役军人社会保险制度建设取得了哪些积极的成果?

3. 我国退役军人社会保险制度建设存在哪些问题?

4. 解决退役军人社会保险制度存在问题的对策建议有哪些?

三、建议课堂计划

建议讲述 4 课时，并进行讨论。

1. 课前计划。课前发放从网络上搜集的案例资料，让学生了解案件发生的经过，了解我国政府出台的相关政策。

2. 课堂计划。主持人要保持中立的态度，组织学生开展讨论，评价学生的发言，可以采取模拟会议、辩论会、提问等形式讨论问题。

3. 课后计划。讨论结束后，让学生练习写作，提交案例分析报告，并针对案例分析报告中存在的问题予以讲评。